✦ 조선시대 함흥에서의 과거시험 장면이다. 과거시험은 출사를 택한 선비들이 반드시 거쳐야 할 관문이었다. 「북관별과도北關別科圖」, 비단에 채색, 57.5×186.0cm, 조선시대, 국립중앙박물관 소장.

❀ 서쪽 교외에서 누군가를 전별하는 쓸쓸한 풍경을 담았다. 그 누군가는 어디로 향했던 것일까. 혼탁한 세상에 부대끼다 유배를 떠나거나 낙향하는 것은 아니었을까. 정선, 「서교전의도西郊餞儀圖」, 종이에 먹, 26.7×47.0cm, 조선 후기, 국립중앙박물관 소장.

乾知大始坤作成物乾以易
知坤以簡能易則易知簡
則易從易知則有親易從
則有功有親則可久有功
則可大可久則賢人之德
可大則賢人之業易簡而
天下之理得矣天下之理
得而成位乎其中矣

簡易書

丙寅六月 日石峯為

❀ 석봉 한호가 쓴 『주역』 「계사전」. 『주역』에서의 출처관이 보여주는 한 특성은 간괘의 "그 등에 그치면 그의 몸을 보지 못한다"라고 한 데서 볼 수 있다. 이는 눈으로 보지 않음으로써 무심의 경지에 가고, 또 무아의 경지에 들어감으로써 욕심을 내지 않게 된다는 뜻이다.

❀『맹자』「진심상」에 나오는 말이다. "맹자가 말했다. '천하에 도가 있을 때에는 도로써 몸을 따르게 하고, 천하에 도가 없을 때에는 몸으로써 도를 따른다. 도를 가지고 남을 따른다는 것을 나는 들어보지 못했다."

❀ 산은 은둔자의 고향이자 은둔의 상징이었다. 속세를 버리고 산으로 들어서면 새와 나무가 벗을 해주었고 나를 가로막는 모든 것이 사라졌다. 「백자 금강산형 향로白磁金剛山形香爐」, 높이 22.2cm, 19세기, 국립중앙박물관 소장.

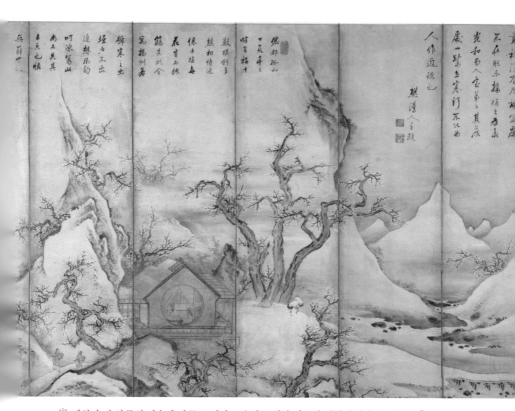

❀ 매화가 핀 산중의 집은 출사를 포기하고 은거를 택한 이들의 이상향이었다. 김한철, 「매화서옥도梅花書屋圖」, 종이에 담채, 138.3×198.3cm, 19세기, 국립중앙박물관 소장.

🏵 한량은 출처의 결단을 요구받는 경계境界의 존재들이다. 사진은 조선시대 한성부의 유생들이 차고 다니던 한량패閑良牌, 나무 목각, 국립중앙박물관 소장.

출처,
경계의 **철학**

출처, 경계의 철학

경계의 **철학**

먼저 도道가 있는 곳인지를 살펴보라

오용원 지음

글항아리

인간은 시공을 초월하여 늘 일상 속에서 '어떻게 살 것인가'에 대한 해답을 찾기 위해 끊임없이 노력해왔다. 물론 이 화두는 자신이 추구하려는 삶의 가치와 행복을 구체화하기 위한 지극히 주관적인 판단과 직결되는 문제다. 동서고금을 막론하고 격동의 시대를 살았던 위대한 현철賢哲 역시 그 해답을 찾기 위해 고민했고, 우리에게 나름대로 지남指南을 제시해주곤 했다. 특히 동아시아 한자 문화권에서는 어떻게 살 것인가에 대한 문제의 해법을 출처出處에서 찾았다. 지난 과거에는 물론이고 21세기를 살아가는 우리도 한 번쯤 출처에 대한 현실에 직면한 경험이 있고, 그 결과에 환희와 고뇌를 맛본 적이 있을 것이다.

한국국학진흥원에서는 우리 선현들이 지난 수 세기 동안 늘 고민하고 관심을 가질 수밖에 없었던 문제를 중심으로 '오래된 질문을 다시 던지다' 시리즈를 교양총서로 간행해왔다. 지금까지 이미 간행된 매회 시리즈에서 던졌던 질문은 누구든 한 번쯤 관심을 가져봤던 중요한 키워드들이다. 이 글에서 설정한 '출처' 역시 마찬가지다. 지난 오랜 세월 현철들의 입에 오르 내리고 붓 끝에 노닐며 많이 단련되었지만, 아직도 이에 대한 명쾌한 해답을 얻지 못했다. 그래서 중국 춘추시대를 살았던 공자에서부터 조선시대 문자를 향유했던 시골 선비들에 이르기까지 자신의 삶을 재단하면서 누구나 한 번쯤 출처를 언급했고, 이를 후세에 글로 남겨 전했다.

출처는 세상에 나아가고 물러남을 말한다. 그리고 범위는 매우 넓고, 그 것을 형용하는 어휘들도 다양하다. 지난날 우리 선현들은 출처, 은현隱現, 행지行止, 행장行藏, 개합開闔, 거취去就, 동정動靜 등의 이분법적 사고로 경계 境界 짓고 표현했다. 삶의 행위 그 자체를 이분화한다면 출처는 자칫 흑백 논리의 오류에 빠질 위험이 다분하다. 예를 들어 고고한 선비로 자칭하며 세상에 나아가지 않고 그저 은둔하며 학문을 하고 후학을 양성했다고 해 서 그 사람을 긍정적으로만 평가할 수 있을까? 그렇지 않을 것이다. 왜냐 하면 유가에서는 수기치인修己治人이나 수기안인修己安人을 삶의 대체로 삼 았기 때문이다. 그래서 이런 원칙 아래서 그들이 추구했던 학문적 이상은 같았다. 인간의 도리를 밝히고 도덕과 윤리를 바로잡아 함께 행복하게 살 아가는 대동 사회를 구현하고자 했던 그들 삶의 이상 역시 같을 수밖에 없 다. 하지만 출처에 대한 입장은 서로 달랐다.

'출出'이란 출사 곧 현실 정치에 참여하여 배우고 익힌 '도道'를 실천하 는 행위를 뜻한다. 이와 반대로 '처處'란 은일함, 곧 벼슬길에 나아가지 않 고 초야에 머물며 도를 연마하는 것을 뜻한다. 물론 출처에서, 세상에 나 아가는 출의 공간, 다시 말해 세속은 처의 공간보다 인간 관계망 속에서 일어나는 각종 사욕이 만연하고 팽배할 수밖에 없다. 그렇다. 세상이 늘 평온할 수는 없다. 어쩌면 치란의 반복 속에서 사회가 발전하고 새로운 역사가 만들어질 수밖에 없다. 그래서 공자는, 위태로운 나라에 들어가지 말고 어지러운 나라에서 살지 않으며, 천하에 도가 있으면 나타나 벼슬하고 도가 없으면 숨어서 살 것을 적극 권했다. 도에 뜻을 둔 자士는 나라가 위급하면 목숨을 바쳐야 하는데 도가 행해지지 않는 나라에 출사하게 되면 헛된 죽임을 당할 수도 있으니, 이는 도에 뜻을 둔 자의 행위가 아니라는 것이다. 따라서 출사에는 도가 행해져야 한다는 단서가 늘 붙는다.

출처를 좀더 구체적으로 얘기하기 위해서는 도에 대한 이해가 선행되어야 한다. 도는 공동체의 성립과 질서 유지에 필요한 각종 다양한 관념이 총망라된 복합 관념으로 공동체의 안위는 물론 바람직한 삶을 영위하는 데 직접적이고도 근본적으로 영향을 미치는 것이기 때문에, 도에 뜻을 둔 사람이라면 이것을 실행하는 것을 삶의 목표로 삼고 이를 완수하는 데 온 힘을 기울여야 한다. 하지만 그것은 동시에 자연적 존재로서 인간이 탈자연화하는 과정에서 자신에 내재한 자연성, 예를 들면 폭력성·야만성·반문명성을 억제하는 등의 행위를 통해 형성된 것이기 때문에, 만일 인간이 이 자연성을 통제하지 못하면 자연성이 자연스럽게 분출하고 동요할 수밖에 없다. 그래서 늘 문명 상태에서 반문명 상태로 회귀할 개연성이 있다. 따라서 공자와 그의 제자들은 이 도의 실현 여부에 문명과 인격이 달려 있다고 보고, 결국 이 도를 배우고 익히고 행하는 데 공력을 쏟았던 것이다.

그렇다면 출처의 경계에서 늘 고민할 수밖에 없었던 당대 엘리트들, 왜 그들은 출처에 대한 자신들의 입장을 밝혔을까? 그들이 넘나들던 경계선은 어딜까? 이 글을 쓰게 된 궁극적인 목적이 바로 여기에 있다. 물론 출처에 대한 이분법적 정답을 곧바로 이 글에서 제시할 수는 없다. 그저 당대 지식인들이 표방했던 삶의 경계를 소개하는 정도에서 그칠 수밖에 없다. 이 책은 크게 두 장으로 나누어 1장에서는 출처의 경계와 개념을 시대별로 소개하고, 2장에서는 이런 이론들에 대해서 원전을 통해 좀더 구체적으로 밝혀보고자 한다.

1장에서는 중국 고대 원시 유학에서부터 우리나라 조선시대에 이르기까지 다양한 출처의 개념과 몇몇 주요한 인물의 출처관을 구체적으로 살펴보았다. 우선 출처의 형성 배경을 알아보기 위해 고대적 질서의 성립과 붕괴에서 출처와 도의 상관관계를 언급했다. 물론 시대별 선각자들을 일일이 다 소개하지 못하는 한계는 있다. 유교의 시조이자 동양 최고의 성인으로 꼽히는 공자를 비롯하여 공자의 정통 유학을 계승 발전시켜 공자 다음의 아성亞聖으로 불렸던 맹자의 출처관도 빼놓을 수 없다. 그리고 후대의 백이, 유하혜, 이윤 등의 출처관도 살펴보았다. 아울러 조선시대에 출처를 직접 언급했던 몇몇 선현의 삶과 그들의 출처관을 다양한 작품을 통해 확인할 수 있다. 그리고 2장에서는 이들이 남긴 원전을 통해 출처에 대한 의미와 선현들이 추구하고자 했던 출처의 이상을 좀더 구체적으로 밝혀보았다.

오늘날 우리 사회는 전통 사회에 비해 사회구조가 매우 복잡할 뿐만 아니라, 일반 대중의 사회참여 욕구가 증대하여 누구나 계층을 초월할 수 있는 여지가 있다. 과거에 선현들이 이렇게 살았으니 우리도 이렇게 살아야 한다고 강요할 수는 없다. 시대가 변했고, 살아가야 할 환경 역시 매우 다르기 때문이다. 인간은 누구나 삶의 정점에 이르면 자신을 되돌아보는 자성自省의 시간을 갖는다. 그리고 사후에는 후대 사람들이 나의 삶을 평가해주기도 한다. 성현들도 그랬고 우리 선현들도 그랬듯이, 출처에 대한 궁극적인 판단은 이제 우리 각자의 몫으로 돌려야 할 것이다.

병신년丙申年 국월菊月 죽천재에서

오용원 쓰다

※ 차례

出處

1장

출처의 이해를 위한 경계境界

1.
출처의 형성을 위한
요소들

　'출出'이란 출사 곧 현실 정치에 참여하여 배우고 익힌 도道를 실천하는 행위를 뜻한다. 이와 반대로 '처處'란 은일함, 곧 벼슬길에 나가지 않고 초야에 머물며 도를 연마하는 것을 뜻한다. 공자는 위태로운 나라에는 들어가지 말고 어지러운 나라에는 살지 않으며 천하에 도가 있으면 나타나 벼슬하고 도가 없으면 숨어서 살 것을 권했다.[1] 도에 뜻을 둔 자(사士)는 나라가 위급하면 목숨을 바쳐야 하는데[2] 도가 행해지지 않는 나라에 출사하면 헛된 죽임을 당할 수도 있으니, 이는 도에 뜻을 둔 자의 행위가 아니라는 것이다. 따라서 출사에는 도가 행해져야 한다는 단서가 붙기 마련이다.

　이와 마찬가지로 출사한 사에게도 지켜야 할 의무가 있었다. 출사하면 자기가 섬기는 군주에게 충성을 다해야 하고,[3] 자기 일이 아닌 분야에는 참견하지 말아야 하며,[4] 일을 맡아서는 미덥게 해야 하고, 나라가 위태로울 때는 목숨을 내놓아야 한다는 것이다. 이렇게 도를 행하기 위해 출사하는 사를 순자는 '정신지사正身之士'라 하여 이록을 위해 출사하는 '영록지사迎祿之士'와 대립적으로 구별했는데,[5] 영록지사는 도의 실현에는 관심이 없고 오직 권력과 재물만을 도모하는 사를 말한다.

한편 전제 군주가 지배하는 국가에서는 군주와 국가가 동일시되는 경향이 있기 때문에, 도가 행해지는 국가란 도를 행할 의지가 있거나 현재 도를 행하고 있는 군주라는 의미로 해석해도 좋다. 즉 도를 행할 의지가 있는 군주에게는 출사해도 되지만 그렇지 않은 경우에는 출사하지 말아야 한다는 것이 공자의 의견인 것이다. 바로 이것이 유교의 출처관의 핵심이다.

또 한편 도를 실천하는 군주를 만나지 못해 출사하지 않고 초야에 거처하는 사에게도 지켜야 할 의무가 있는데, 위급한 나라에는 머물지 말아야 하며,[6] 인심이 후덕한 마을을 찾아 머물면서[7] 빈천한 생활을 하더라도 남을 탓하거나 하늘을 원망하지 말고 그 상황을 즐기면서, 도를 행할 의지가 있는 군주가 나타날 때를 대비하여 열심히 도를 배우고 익혀야 한다.[8] 도에 뜻을 둔 이는 거친 옷과 거친 음식을 부끄러워하지 않고,[9] 자기를 알아주는 이가 없어도 서운해하지 않으며,[10] 오직 도를 행하는 데 부족함이 있을까만을 근심해야 한다[11]는 것이다. 그러므로 도에 뜻을 뒀다면 처한 위치에 상관없이 덕德을 굳게 지키고 인仁에 의지하며 예藝에 노닐 수 있어야 한다[12]고 가르친 것이다.

이처럼 출의 개념에는 출사만이 아니라 출사에 따른 제반 사항, 즉 직무를 수행하는 데 필요한 학식과 재주, 군주를 섬기고 백성을 다스리는 데 필요한 덕행과 품성을 배우고 익히는 과정이 포함되며, 공자는 이런 학식

출처, 경계의 철학

과 덕행 및 이것을 갖추기 위한 기본 소양을 익히고 기르는 법을 가르친 최초의 선생으로 알려져 있다. 이 때문에 공문 제자들은 공자를 칭할 때 늘 '부자夫子'라 높여 불렀는데, 부자는 존귀한 사람을 존칭하는 말이다. 당시에는 공문 제자뿐만 아니라 일반 백성도 공자를 부자라 존칭하며 따랐다고 하는데, 공자가 가르친 학이 '현학顯學'[13]으로 칭해진 것으로 미루어 공자의 이름이 당시 매우 널리 알려져 있었음을 알 수 있다. 그렇다면 출처를 얘기하기 위해서는 『논어』를 중심으로 유가의 출처관을 살펴보지 않을 수 없다. 그리고 『맹자』『순자』 등 유교의 저작을 참고하면 출처관을 이해하는 데 반드시 도움이 될 것이다.

출처와 도의 상관관계

출처관을 논하기에 앞서 우선 따져봐야 할 것이 바로 출처관이 등장하게 된 배경이다. 모든 일에는 그 일을 발생시킨 원인이 있듯이, 출처관에도 나타나게 된 원인과 배경이 있다.

먼저 도의 의미에 대해 살펴보는 것이 순서가 아닐까 한다. 『논어』에도 보이지만 공자와 공문 제자들이 지향했던 것은 바로 궁극적으로 '도道'의 실현이었다. 증자曾參도 말한 바 있지만, 도는 출처에 관계없이 죽을 때까지 배우고 익히고 행해야 할 것이었다.

도는 매우 넓은 의미를 지니고 있을 뿐만 아니라 복합적인 관념이기 때문에 딱 한마디로 정의할 수 없다. 하지만 『논어』「요왈堯曰」과 『시경』「증민烝民」을 통관할 때,[14] 고대의 선왕先王(聖王)이나 위대한 상제가 백성을 내신 뜻을 받들어서 제정한 준칙, 규범, 정치와 관련된 지식, 바람직한 삶을 사는 데 필요한 대원칙, 영원한 지혜라고 말할 수 있겠다. 곧 도는 고대의 선왕이 다스리던 이상적인 사회를 오늘날에 재현하기 위해 배우고 익히고 행해야 할 것들의 총체라는 뜻을 담고 있다.

매우 복잡하고 다양한 의미를 지닌 이 도道라는 개념은, 오직 도와 연결되어야만 마침내 그것의 가치와 의미를 드러낼 수 있는 다양한 유類, genus 개념과 종種, species 개념을 포함하고 있는데(이를테면 '천지만물天地萬物' '선왕先王(聖人)' '문명文明' '경전經傳' '삼대三代' '주공周公' '주周의 쇠락' '공자' 등), 이는 개별적인 유 개념와 종 개념이 만들어지기 훨씬 이전부터 이 개념에 공통적으로 적용될 수 있는 어떤 본질적인 관념이 있었기 때문에 가능했을 것이다. 그 본질적인 관념을 개념화한 것이 바로 '도'요, 공자가 말하는 '인仁'인 것이다. 송유宋儒들이 말하는 '이理'도 그런 관념의 일종이라 할 수 있다.

생각건대 그것은 아마 인간이 '자신이 누구인지를 처음 알게 되었을 때', 즉 자신은 자연의 일부이면서 동시에 자연으로부터 초월적인 존재임을 처음으로 깨달았을 때, 야만적이고 폭력적인 자연(여기에는 환경으로서의 외적 자연과 통제할 수 없는 자기 감정으로서의 내적 자연을 모두 포함한다)으로부터 자신의 생명과 삶을 지키고 안정시키고자 하는 필요에서 처음 나타났을 것이다. 인류 초기에는 개인과 공동체가 분리되지 않았기 때문에 개인의 욕망·이상과 사회의 욕망·이상은 동일한 것으로 간주되었다. 그 후 인구가 늘어나고 주변과의 교류가 빈번히 확대되면서 그것을 적용해야 대상도 점차 늘어났다. 아울러 모범적인 사례가 더욱 필요해지면서 앞에서 언급했던 유 개념으로서의 대원칙 또는 상징물(또는 상징적인

출처, 경계의 철학

사건)이 정해지고, 이 유 개념하에 포섭될 수 있는 다양한 종 개념이 만들어지면서, '도-유-종'으로 구성·조직된 일사분란하고 체계적이며 보편적인 대일통적 원칙과 규범이 정립되었을 것이다. 그리고 이들 개념과 원칙은 자기 공동체를 다른 공동체와 구별해주는 상징이 되기도 했기 때문에 예전부터 자기 공동체에게만 고유한 어떤 대표적인 것, 이를테면 공동체의 토템(뱀, 용, 봉황 등)이라든가 창업자先王 등의 현신現身으로 의인화된다. 만일 생활의 필요에 의해 제정해야 할 규범이나 제도, 이념, 교육 같은 것이 있다면(예컨대 한나라와 당나라 때의 '오경'에 기초한 전장 문물 제도의 건설과 통치 이념의 확립, 송대 이학자들이 성리학적 세계관에 바탕하여 '천하위공天下爲公'을 논하고 군신관계를 학립한 것들) 이들 상징물에 가탁하여 그것의 위대한 타당성과 불멸의 가치 그리고 영원한 의의를 입증했을 것이다. 이른바 '경전'은 이 위대한 선왕과 그 신하들이 나누었던 대화와 그들이 행했던 치적 및 삶의 자세들을 일종의 서사시적 형태로 논저한 저작이다. 따라서 도에 뜻을 둔 자라면 경전을 배우고 익히는 데 진력해야 하며, 이런 학습 행위를 통해 자신의 정체성을 확인하고 그것을 실현하는 것이 자신이 살아가는 당위적이고도 본질적인 이유임을 스스로에게 납득시켰을 것이다. 『논어』「학이學而」서두에 나오는 "(도를) 배우고 늘 익히면 또한 기쁘지 아니한가" "(도를 배우고 익히고 행한다는 사실을) 알아주는 이가 없다 해도 (그것을 감내하고) 서운하게 생각하지 않는 것이야말로 도에 뜻을 둔 군자의 바른 자세가 아니겠는가" "나와 뜻을 같이하는 사람이 멀리서 왔으니 어찌 즐겁지 아니하랴"[15] 등의 구절보다 공자의 뜻을 더 잘 표현한 말은 없다.

요컨대 도는 공동체의 성립과 질서 유지에 필요한 각종 다양한 관념들이 총망라된 복합관념으로서, 공동체의 안위는 물론 바람직한 삶을 영위하는 데 직접적이고도 근본적으로 영향을 미치는 것이기 때문에, 도에 뜻을 둔 사람이라면 이것을 실행하는 것을 삶의 목표로 삼고 목숨이 다하는 날까지 이를 완수하는 데 온 힘을 기울여야 한다. 하지만 동시에 도는 자연적 존재인 인간이 탈자연화하는 과정에서 자신에 내재한 자연성(즉 폭력성, 야만성, 반문명성)을 억제하는 등의 행위를 통해 형성된 것이기 때문에 만일 인간이 이 자연성을 통제하지 못하면 자연성이 분출되어 동요할 수밖에 없다. 그래서 늘 문명 상태에서 반문명 상태로 회귀할 개연성이 있다. 따라서 공자를 비롯한 공문 제자들은 이 도의 실현 여부에 문명과 인격이 달려 있다고 보고, 결국 이 도를 배우고 익히고 행하는 데 공력을 쏟았던 것이다.

다음은 보편 관념으로서의 '도'를 이해하는 데 필요한 여러 가지 유 개념을 정리해본 것이다.[16]

천지만물天地萬物 일체의 생명을 생산하고 유지하는 유기적 시스템으로서의 자연 체계를 말한다. 인간은 자연으로부터 출발했다. 그것에서 인간은 생존을 위해 금수와 경쟁하고 자연적 존재인 자기와도 경쟁했다.

선왕先王(聖人, 聖王) 문명을 창조하여 인류를 자연 세계에서 끌어냈다. 자연 세계의 드러난 패턴을 관찰하여 사회 조직을 위한 치침으로 번역한 것이다. 예컨대 역법의 제정, 위계질서 수립 등, 선왕이 창조한 제국과 통합된 사회 질서는 자연의 유기적 시스템과 공명하는天人感應[17] 것으로 간주되었다.

문명文明 문자·예의·기구·역법·제도 등 인간이 공동체를 영위하는 데 필요한 각종 문물과 전장 제도. 선왕이 창조했으며, 시대에 따라 변형되거나 다양화·부연되기도 하지만 '손익損益'[18]을 통해 현재까지 유지되고 있다.

경전經傳 선왕과 신하들의 세계 인식을 담아 편찬된 저서. 뒤에 공자에 의해 정리되었다. 한漢 이후의 시대를 거치며 많은 주석이 달렸다. 인간·자연·사회의 이상적 근거이자 규범으로, 세계를 이해하고 다스리는 데 필요한 모든 지혜와 지식을 담고 있다.

삼대三代 선왕이 창건한 시스템에 의해 운영되던 이상적인 국가를 가리킨다.

주周의 쇠락 이상적인 고대가 무너짐을 의미한다. 이후 고대에 실행되던 것과 매우 다른 제도와 실천이 출현했다.

걸왕桀王과 주왕紂王 삼대의 이상적인 질서를 무너뜨린 무도하고 패악한 군주로, 악인의 상징이다.

공자孔子 주나라의 쇠락이 분명해지자 도斯文[19]가 사라지는 것을 염려하여 경전을 정리해서 고대 선왕이 제정한 대원칙을 밝히고 후세에 전했다. 인류의 영원한 스승이다.

마치 잘 짜여진 드라마를 보는 것 같은 이러한 도의 세계가 바로 '사士'가 현실 정치 세계에 실현하고자 했던 이상이요, 그들이 평생 배우고 익혀서 현실 정치에 나갔을 때 실현해야 할 목표였다. "천하에 도가 행해지면 출사하고 도가 행해지지 않으면 출사하지 않아야 한다"고 했을 때, '도가 바로 이것인 셈이다.

고대적 질서道의 성립과 붕괴

도는 어떤 배경에서 어떻게 형성되었고 쇠락했을까? 인구는 적고 통치해야 할 지역이 매우 넓었던 고대의 중국, 통치자들은 통치 행위를 효과적으로 수행하기 위해 특별한 제도적 장치를 고안해야만 했다. 이것이 바로 봉건제인데,[20] 대개 자녀라든가 가계 내의 동성 씨족, 그리고 창업공신 등을 봉했기 때문에, 국가의 실질적 주인인 천자天子와 봉건의 수혜자인 제후諸侯는 정치적으로는 군신君臣 관계이지만 가족적으로는 부자 관계를 띠게 되었다. 이것은 봉건 제후국도 마찬가지였다. 제후 또한 자신의 영지를 여러 개로 나누어 자신의 가신家臣들에게 봉했다. 그리하여 온 나라가 군신 관계와 혈연관계로 짜여지게 되었는데, 각국은 외교권이나 군사권을 포함하여 입법권까지 소유하고 행사했기 때문에 국가 형태로 보면 일종의 연합체 형식을 갖추고 있었다.

보통 중국 고대 사회를 설명할 때 망망대해에 떠 있는 함대에 비유하곤 한다. 중앙에 위치한 항공모함이 천자국이라면, 항공모함 주위에 늘어선 호위함, 구축함, 순양함 등은 제후국에 해당한다. 이때 제후국의 군주는 천자가 임명한다. 하지만 제후의 가신인 대부大夫는 천자가 아닌 제후국의 군주 즉 제후가 임명한다. 각 제후국의 관리도 이와 마찬가지였다. 그들 역시 천자가 임명하는 것이 아니라 제후가 자신의 통치에 도움이 되는 자를 임명했다. 각 봉국封國을 둘러싸고 있는 대부의 가家도 마찬가지다. 대부의 가신인 사士는 제후가 아닌 대부가 임의로 임명할 수 있었다.

따라서 천자와 제후 사이에는 군신 관계가 성립하지만, 천자와 대부(제후의 가신), 그리고 제후와 사(대부의 가신) 사이에는 직접적인 군신 관계가 성립하지 않았다. 이를 '배신陪臣'이라고 하는데, 신하의 신하란 뜻이다. 즉 제후는 천자에게 충성을 맹세하고, 제후의 대부는 제후에게만 충성을 맹세하면 되었던 것이다. 이로 인해 제후국은 정치적으로 천자국의 지휘를 받을 뿐, 실질적으로는 독립된 국가나 다름없었다. 중국 고대의 특별한 인간 관계인 문생고리門生故吏나 전관前官을 예우하는 관습은 바로 이러한 봉건 정책에서 빚어진 것이다.

한편 이런 사회 구조하에서는 천자국의 권위가 강력해야 호위함, 순양함에 비유된 제후국의 모반이나 반역, 이탈을 막을 수 있다. 이 제도를 처음 시행한 주나라 초기는 아직 건국 초기라서 창업 이념이 살아 있었고, 천자국과 제후국 사이에도 긴장감이 없었다. 게다가 천자와 제후 사이에는 부자 관계 외에 끈끈한 정치적 동지 관계가 형성될 수밖에 없었다. 그리고 각 제후국도 형제 관계이거나 친척 관계 또는 동지적 관계로 맺어져 있었기 때문에 전 국가 사회는 천자의 통치 이념하에 대일통되어 있었다.

『서경』 등에 따르면, 이러한 제도를 처음 창안한 사람은 바로 주나라의 건국자 문왕文王의 친제인 주공周公이라고 하는데, 주공은 주나라의 봉건제를 마련하는 한편, 천자국과 제후국의 관계가 부자 관계라는 것에 착안하여 효제孝悌를 으뜸으로 하는 도덕규범을 제정하고, 이를 '수명受命'의 근거인 '덕德'으로 합리화했다.

사회와 국가를 유지하기 위해서는 종적인 상명하복의 체계와 횡적인 근린 친선의 관계가 그물망처럼 얽혀 있어야 한다. 천자와 제후 사이에는 정치적 군신 관계 외에 혈연적 부자 관계가 성립하고 있고, 각 제후국들은 서로 형제 관계에 놓여 있기 때문에 종적으로 효孝를 다하고 횡적으로 제悌를 다하면 그 국가는 문란 없이 잘 유지될 수 있다. 여기서 나온 것이 바로 공자와 후대의 유교에서 중시한 "친한 이를 친하게 대한다"는 '친친親親'과 "존귀한 분을 존경으로 대한다"는 '존존尊尊' 덕목이다.

그리하여 주공은 효와 제를 최고의 도덕으로 정초하는 한편, 이 효와 제를 주나라의 창업 이념에 연결시킨다. 즉 작은 나라인 주나라가 큰 나라인 은殷나라를 정복하고 창업한 것은 인간의 힘으로는 불가능한 것인 바, 이것은 상제上帝의 명령, 즉 '천명天命'을 받았기 때문에 가능했다는 것이다. 환언하면 천명은 고정된 것이 아니라 항상 유동하는 것인데, 은나라는 상제의 뜻을 저버리고 부덕한 정치를 펼친 까닭에, 백성을 널리 사랑하는 상제가 덕이 높고 백성을 위하는 주나라의 창업자(문왕)에게 주나라를 창업하도록 명령했고, 부득이하게 은나라를 정복하고 주나라를 창업하게 되었다는 것이다. 주초의 문헌에는 '천天' '덕德' '천명미상天命靡常' '보민保民'이란 말이 많이 등장한다. 이는 주 문왕이 천하를 쟁취하려는 마음에서 은나라를 정벌한 것이 아니라, 상제가 천명을 은나라에서 주나라로 이동시키고 또 왕조를 창업하도록 자신들에게 명을 내려서 그 결과 주나라를 창업하게 되었다는 것을 이념적으로 정당화하기 위해 만든 사상적 기저다. 이렇게 해서 주나라가 안정기에 접어든 이후, 주나라에는 '부모에게 효도하고 형제간에 우애 있게 지냄孝悌 → 백성을 위한 정치保民 → 덕으로 다스림德治 → 덕을 닦음修德 → 하늘의 명을 받음天命 → 주나라를 건국함肇國'이라고 하는 이념적 시스템이 마련된다.

출처, 경계의 철학

공자가 효제를 보편적 관념인 '인'을 실현하는 최고의 덕목으로 생각하고, 또 다른 보편적 관념인 '예'의 본질은 기실 '효제'를 행함에 있다고 한 것, 한 제국의 황제들이 모두 자신의 위호位號 앞에 '효' 자를 붙힌 것, 당송 이후의 '인효仁孝', 오늘날에도 부모에 대한 효도孝와 어른에 대한 공경悌을 가장 기본적인 덕목으로 간주하는 관습은 이렇게 만들어진 것이다. 한나라 때 행해진 5000여 종의 죄목 가운데 가장 악한 범죄로 분류된 것이 바로 불효였던 것을 보면, 주나라의 통치자들이 봉국의 이반을 얼마나 걱정했는지 짐작할 수 있다. 『논어』에서 공자가 칭송하는 문文, 출사한 지식 계층들이 출사의 이유로 삼았던 도道, 초야에 묻혀 있던 처사處士들이 출사의 기회를 엿보며 꾸준히 익히고 닦았던 경敬, 오직 군자만이 가능하다고 맹자가 말했던 항상된 마음恒心의 본질도, 실은 이 효제의 실천 의지에 지나지 않는다. 제후가 천자에게 효를 다하고 제후들이 서로에게 제를 다하는 한, 설사 외적의 침입을 받는다 해도 국가는 큰 혼란 없이 유지될 수 있고 백성들의 삶도 안정될 수 있다고 보았다.

이후 주공으로 대표되는 주나라 창업자들은 이 효제 정신에 바탕하여 '선왕' 전설을 '조설造說'하고[21] 정치 질서로 예제周禮를 창제하는데, 봉건제 사회가 끝날 때까지 정부 내각의 편제로서 가장 널리 사용된 육부 편제(이吏·호戶·예禮·병兵·형刑·공工)는 이때 정제된 것이다.[22] 이 육부 편제는 근대 국가가 성립하는 1910년까지 중국과 우리나라에서 수없이 많은 왕조 교체에도 불구하고 단 한 번도 변경된 적이 없는, 이른바 성인이 제정한 모범적인 예제로 정치 제도의 근간을 이룬다.

하지만 주대 봉건제는 천자의 힘이 강력할 때는 문제가 없지만, 제후의 힘이 천자보다 강하거나 강대한 제후들이 연합을 이루어 대항할 경우에 위력을 상실할 수밖에 없다. 이른바 춘추전국시대의 사회 대혼란은 천자 국과 제후국 간의 상명하복 관계, 제후국과 제후국 간의 유대 관계가 붕괴 되면서 일어난 사회 변동이다. 이러한 현상을 중국의 마르크스주의자들 은 생산 도구의 혁신으로 인한 생산력의 발달을 기존의 사회 관계가 수용 하지 못해 일어난 대사건으로 보고 생산기법상의 혁명을 결정적 원인으 로 꼽지만, 그보다는 건국 초기부터 있었던 주대 봉건제의 문제 즉 천자 와 제후 간의 길항 관계가 제후국의 비대·팽창으로 인해 제후국이 천자 국을 압도하면서 표면화된 것으로 보는 것이 더 합리적인 해석이 아닐까 한다.

즉 주나라 초기에는 천자국의 힘이 강력했을 뿐만 아니라, 건국 이념 역 시 살아 있었다. 또한 천자와 제후의 관계가 혈연관계로 맺어져 있어서, 천 자를 중심으로 일사분란하게 국가 체제를 형성할 수 있었다. 하지만 유능 한 통치자를 얼마나 보유하고 있는지 그 여부에 따라 제후국이 더욱 부강 한 제후국과 빈약한 제후국으로 재편되었고, 제후 간의 유대 관계가 붕괴 되면서 천자 쪽에서도 이를 통제할 힘을 갖지 못하게 되자, 결국 열국은 혼 돈의 도가니로 빠져든 것이다. 이로부터 강한 제후국은 주위의 약한 제후 국을 병탄하여 더욱 부강해졌고, 천자국은 제후국에 대해 점차 약소한 상 태가 되어갔다.

이로 인해 춘추 초기에 이르러 주나라 초기에 봉건된 국가 대부분이 점 차 몰락하고 몇몇 강력한 제후국春秋五霸을 중심으로 천하의 대사가 좌우 되는 국면에 접어들었다. 이런 사태는 융적戎狄의 침입으로 주나라가 낙

양洛陽으로 동천東遷하면서부터 더욱 심해져, 결국 공자 때에는 제후국 상호 간에서만이 아니라 각 제후국 내에서도 통치 권력의 하강 현상이 본격적으로 일어나게 된다. 『논어』에 자주 언급되는 맹손씨, 계손씨, 숙손씨가 노魯나라를 셋으로 나누어 다스렸다든가, 한때 천하의 패자로 군림했던 진晉나라가 한韓·위魏·조趙로 삼분되어 해체된 것이 바로 이때 일어났던 현상들이다. 전국 중·말기에 이르면 초기에 1000여 개에 달하던 봉국들이 대부분 거의 패망하고, 초강대국인 진秦나라와 초楚나라 사이에서 망국을 걱정해야 하는 몇 개의 작은 봉국만이 남게 된다.

사회의 변화와 출사出仕

주나라 초에는 봉국이 몇몇 제후국을 제외하고 대부분 작은 소국으로 나뉘어져 있었다. 그래서 오로지 통치만 담당하는 전문 기술 관료(사士를 말한다. 앞으로 전문 기술 관료는 사를 지칭하는 개념으로 쓰려 한다)의 중요성이 크게 부각되지 않았다.

한편 이 사의 기원에 대해서는 몇 가지 설이 있다. 주대의 관명 중 하나였다는 설, 농부에서 유래되었다는 설, 무사武士였다는 설, 사민四民 중 하나라는 설 등이 있다. 하지만 어느 설도 춘추전국시대에 등장하는 사 계층의 속성에 대해 정확한 개념을 정의 내리지 못했다. 그리고 주나라 초기의 사는 춘추 중기 이후에 나타나는 사, 예컨대 『맹자』에서 "군주도 쉽게 얻을 수 없었다"[23]고 하는 사와는 질적으로 다른 계층이었다.

그 자세한 것이 『맹자』와 『예기』 「왕제王制」에 보인다. 그 체제를 보면, 제후 밑에 귀족으로서 경과 대부가 있고, 그 아래에 사(상사上士·중사中士·하사下士)가 위치하고 있다.[24] 주나라 초기의 사는 봉국의 반작제班爵制에 속해 있던 관직명의 하나였던 것이다. 이들은 귀족이 아니었고 귀족과 서인 사이에서 귀족의 지시를 받아 행정 실무에 종사했다. 그리고 '하사'의 경우에도 관의 일을 맡아보던 서인("서인재관자庶人在官者")과 그 녹봉이 같았다고 하는데,[25] 이로 보면 사와 서인 간에 특별한 구분은 없었던 것 같다.[26] 다만 사에게는 통치에 따른 전문적인 행정 지식이 있었기 때문에 육체노동에 종사하지 않고도 삶을 영위할 수 있었고,[27] 또 서인들을 직접 통치하고 관리하는 위치에 있었기 때문에 서인들에게는 선망의 직급이었던 것 같다.

이러한 사가 춘추시대에 이르러 새로운 지배자로 부각하게 된 데에는 몇 가지 이유가 있다. 그중 가장 결정적인 것이 제후국 상호 간의 영토 확장을 위한 전쟁, 그리고 제후국 내부에서 일어난 귀족 간의 정치 투쟁이다.

앞서 언급한 것처럼 주나라 초기에는 봉국의 규모가 협소하고 통치에 따른 직관도 상속되었기 때문에 사는 제도 안에 있을 수밖에 없었다. 그리고 이때는 학술과 관직이 통일되어 있어서, 학學의 내용도 직무를 수행하는 데 필요한 지식을 습득하는 것에 지나지 않았다. 그리고 직에 매어 있었기 때문에 그다지 출처에 따른 고민을 할 필요도 없었다. 대대로 세습되는 직에서 본인이 맡은 업무를 수행하면 되었고, 설령 전쟁과 같은 국가 위기 사태에서 전공을 세웠다 하더라도, 물질적인 보상만 주어질 뿐 귀족으로 신분이 상승하는 일은 결코 없었다. 간혹 서인 중에서 유능한 자를 뽑아 사의 업무를 대신하게 하는 일은 있었지만, 이것도 매우 드문 일이었다.

그런데 제후국 간의 힘의 균형이 무너지면서 귀족이 몰락하는 일이 일어났다. 공자는 물론이거니와,[28] 공문 제자들 중에도 이런 자가 많았다.[29] 예컨대 안연은 귀족의 신분이었지만 당시 뗏거리를 걱정해야 하는 빈한한 처지에 놓여 있었고,[30] 공자의 학을 후세에 전했다는 증삼 역시 마찬가지였다.[31] "사직에 상봉常奉이 없고 군신에게 상위常位가 없다는 것은 예로부터 그러했습니다. 그래서『시경』에 이르기를, '높은 언덕이 계곡이 되고 깊은 계곡이 높은 언덕이 되었다'는 말이 있는 것입니다. 우씨·하씨·은씨 등 삼후三侯가 지금은 서인이 되었다는 것은 주군께서도 아시는 것입니다"라는 말이 있는 것을 보면,[32] 수많은 봉국의 귀족들이 세력 확장 전쟁에 희생되어 몰락한 것으로 보인다. 그중에는 천민으로 전락한 층도 있지만 이들은 극소수였던 것 같고, 대부분이 농민이 되어 밭을 일구거나 자신이 가진 재능을 바탕으로 승리한 귀족에 의부하며 통치를 보좌했다. 이른바 '학재민산學在民散'의 세상이 된 것이다.

사실 영토 확장 전쟁에서는 부산물이 많이 나온다. 기존의 귀족 계층이 몰락하는 현상도 그렇지만, 확대된 영토를 손수 다스리기 위해서는 자기에게만 충성하는 황제의 '낭중郎中' 같은 사람이 반드시 필요하다. 이때 만일 그들에게 행정에 관한 지식이 있거나 과거 서인을 지배해본 경험이 있다면 독립 왕국을 꿈꾸는 제후나 대부들에게 아주 요긴하게 사용되었을 것이다. 그들 중에는 제후의 공경이나 대부에 임명되어 최고위직에서 국가 통치를 전담한 사도 있지만, 이런 것은 공자나 묵자 같은 부자夫子나 대사大師들에게만 해당되고, 대부분은 중대부나 하대부 또는 공주의 식읍인 읍의 재宰(邑宰)로서 서인들을 대상으로 치안을 담당하거나 조세를 수납하는 등의 업무에 종사했다. 그리고 무武에 대한 지식과 경험을 지닌 사들은 겸병 전쟁에서 중하위의 지휘관이나 실제 전투에 직접 참여하는 무사로서 봉직했다.

따라서 당시의 제후와 대부들은 통치에 대한 전문 지식과 통치를 직접 경험한 사를 매우 중시했는데, 이때는 주나라 때의 제도가 이미 붕괴하여 전공을 세워 승상의 지위에 오르는 서인이 있는가 하면, 정치 투쟁에서 패해 천민으로 전락하는 귀족들도 허다했다.[33] 인사 관리 시스템이 모두 붕괴된 셈이다. 이 시기에는 농민이나 상민, 공민 중에서도 본업을 폐하고 벼슬을 얻기 위해 학술에 종사하는 층이 많았다. 그 결과 사 계층의 수효도 점차 크게 증가했다. 사농공상士農工商이 언제부터 '사민四民'으로 칭해졌는지는 확실치 않다. 하지만 이때에 이르러 사농공상의 구분이 사라진 것은 사실이다. 이 시기에는 또한 '사대부'란 말이 등장하는데, 이는 사와 대부 간의 신분적 격차가 이미 사라졌음을 뜻하는 것이다.

사의 직업을 구하려는 농공상민이 증가하고, 제후와 대부들이 원하는 맞춤형 관료 수요가 증가하자 사의 공급을 위한 전문 강학 집단이 형성되었다. 수요가 증가하면 공급도 따라서 증가하기 마련이다. 공자와 묵자가 운영하던 학원도 그중 하나다. 그들은 자신들에게 전승된 과거의 직무 지식과 자신이 개발한 새로운 지식으로 사가 되고자 하는 사람들을 가르쳤는데, 입학 조건도 그리 까다롭지 않아서 사가 되려는 자들이 매우 많았다. 공문 제자 중에 전문 지식을 갖춘 자가 72명이요, 그중에서도 한 분야에서 정통한 자가 10명이며 기타 문하생이 3000명 정도 있었다[34]는 것은 그리 놀랄 만한 일이 아니다. 말하자면 공자나 묵자가 세운 학원은 사 계층을 공급하는 보충대였던 것이다.

출처, 경계의 철학

제후들 입장에서도 '도의 실현' 같은 것을 고려하지 않고, 오직 영토 확장과 사민四民 통제에만 관심이 있었기 때문에 사의 도덕성을 문제 삼지 않았다. 자신의 영토와 재산을 늘려줄 수 있는 사라면 출신과 신분을 가리지 않고 채용했으며, 능력이나 성과가 있으면 관직을 높여줬다. 양혜왕이 맹자를 처음 보았을 때 했던 말이 "당신은 내게 무슨 이득을 줄 수 있느냐"고 말한 것이나,[35] 제후들이 교언영색巧言令色하는 사를 달가워하지 않았다는 것을 보면,[36] 이 시기에 사가 출사를 위해 어떤 행동을 했는지 미루어 짐작할 수 있다. 사들도 이때 줄서기를 잘해야 좋은 자리로 영전되거나 출사한 자리에서 오래 머물 수 있었기 때문에 '부자' 선택을 잘해야 했다. 게다가 벼슬길에 나가지 않고 농업에 종사하면 신분 보장이 되지 않음은 물론, 풍년에는 굶주리고 흉년에는 생명을 보장받을 수 없는 처지가 되기 때문에, 모든 사람들이 관직을 얻으려 했다. 이로 인해 전국 중기에 이르면 공급 과잉에 따른 병목 현상이 일어나기도 한다. 그리고 맹자 때에는 사상적인 측면에서 타학파를 비난했지만, 순자 때에 이르면 출사 문제를 놓고 다른 학파를 비난했다.[37] 이것은 수요에 비해 사의 공급이 지나치게 많았음을 보여주는 예이기도 하다. 물론 제후·대부·사가 처한 어려운 면을 이용한 측면도 있다. 자신에 대한 헌신과 충성심만 보이면 능력에 상관없이 부와 권력을 보장해주었기 때문에, 사는 도에 대한 학습이나 실현 같은 것은 그다지 생각지도 않았다. 가난한 사, 귀족에서 몰락한 사, 농사와 장사로 고통받는 서인에게 출사는 부귀와 명예, 권력을 보장받을 수 있는 유일한 길이었기 때문에, 출사하기 위해서는 수단과 방법을 가리지 않았다.

하지만 출사에 성공했다고 해서 모든 것이 보장된 것은 아니었다. 힘들게 출사한 뒤 섬기던 군주가 전쟁에서 패하거나 정치 투쟁에 휘말리면 죽임을 당할 수도 있고, 예전보다 더 못한 처지로 전락할 수도 있다. 이 때문에 사에게는 직무 수행능력 습득 못지않게 나아가고 물러나야 할 때를 판단할 수 있는 지혜 또한 필요했다. 춘추전국시대에 등장하는 제자諸子, 다시 말해 제자사상가는 이런 사 중에서 출사에 필요한 특별한 지식과 지혜를 갖고 있던 사람들이다. 출처관은 바로 이런 배경에서 나온 셈이다.

출처, 경계의 철학

2.
중국 현철賢哲들의
출처관

언제 출사하고 언제 물러나야 자신이 원하는 것을 용이하게 달성하고 안전하게 자리를 지킬 수 있으며 많은 권력과 재물을 얻을 수 있는가? 앞에서 말한 바와 같이 출처관의 형성에는 영토 확장 전쟁과 이에 따른 사인 계층의 필요성, 부귀와 권세를 바라는 사민四民의 욕망, 출사에 따른 위험 요인 감지 및 해소 등 복합적인 요인들이 있었다. 지금부터 이런 점을 염두에 두고 당시에 유행한 출처관의 면모를 짚어보자.

백이의 출처관

백이伯夷의 출처관을 한마디로 요약하면 도를 실현할 의지가 있는 군주가 있을 경우에게만 출사해야 한다는 것이다. 도를 실천할 의지가 있는 임금이 아니면 섬기지 않고, 도를 실천할 벗이 아니면 친교를 맺지 않고, 도가 아닌 짓을 일삼는 사람과는 대화하지 않는다. 혹여 부득이 해서 그런 종류의 사람과 대화를 해야 하는 일이 생기면 정장과 예복을 곱게 차려 입고 더러운 진흙 구덩이에 앉아 있는 것처럼 생각하고, 다른 사람과 만날 때 그 사람의 의관이 바르지 않으면 두 말 않고 떠나 버렸던 사람이 바로 백이였다. 그래서 백이는 성인의 청결한 면을 실천한 성인이면서 동시에 매우 좁은 의미의 출처관을 가진 현인으로 평가되곤 했다.[38]

『사기史記』「백이열전伯夷列傳」에 따르면, 백이와 숙제는 고죽군孤竹君의 아들이었다. 아버지가 죽을 적에 숙제를 세우라는 유명을 했다. 그런데 아버지가 죽자 숙제는 백이에게 양보했다. 그러자 백이는 아버지의 유명이라 하고 도망갔고, 숙제도 왕위에 서지 않고 도망갔다. 이에 사람들은 궁리 끝에 둘째 아들을 세웠다. 그 뒤 백이와 숙제는 주나라 문왕이 노인을 존경하고 도의의 정치를 실행한다 하여 그를 찾아갔으나, 마침 문왕은 죽고 그의 아들 무왕이 문왕의 위폐를 수레에 싣고 은나라 주왕을 정벌하기 위해 출친하는 군대와 마주했다. 그러자 백이와 숙제는 신하로서 군주를 치는 것은 도리가 아니라며 말고삐를 잡고 충간叩馬而諫했다. 그러나 무왕이 백이와 숙제의 충간을 무시하고 주왕을 정벌하자 백이와 숙제는 부덕한 주나라의 녹을 먹는 것은 부끄러운 일이라 여기고 주나라를 떠나 수양산에서 살다 끝내 굶어 죽었다고 한다. 이에 공자는 백이와 숙제의 의로움을 높이 평가하여 '그분들은 천자도 신하로 삼지 못하고 제후도 벗으로 삼지 못할 정도로 위대한 분이다'라고 찬양했다.

이런 유형의 출처관은 출사하는 자가 출사할지 여부를 결정하는 것이다. 자기의 뜻에 부합하지 않으면 출사하지 않는다. 설사 굶어 죽는 길을 택할지언정 출사하지 않는다. 물론 출사하지 못하는 경우에 따른 피해는 본인이 감당해야 한다.

출처, 경계의 철학

중국 고대사회에는 출사할 경우 경제적 풍요는 물론 신분도 확실히 보장받았다. 비단 본인만 그러한 것이 아니라 일가 전체가 그 혜택을 받을 수 있다. 가계 중 한 사람이 조정에 출사하게 되면 일가 전체가 조세와 군역을 면제받았으며 심지어 음서권을 통해 자식이나 친인척을 조정에 출사시킬 수 있는 권리도 보장받았다. 뿐만 아니라 관官은 특권층을 의미하는 작爵을 얻는 길이기 때문에 추가 혜택도 많이 따른다. 예를 들어 법을 위반하더라도 형의 적용이 가혹하지 않았으며, 분쟁 대상자가 서인일 때에는 더욱 우월한 조건에서 재판을 받을 수 있었다. 오늘날에 비유하면 불구속 상태에서 수사를 받거나 여간한 죄가 아니면 집행유예로 석방될 수 있는 특권을 갖는 셈이다.

하지만 출사하지 못할 경우에는 서인의 신분이기 때문에, 조세·부역·군역은 물론 온갖 고난한 일을 도맡아 해야 했다. 절강 동양현의 곽씨 집안이 그런 경우다. 12세기 중엽 곽씨 집안의 조부 곽언명은 상인으로서 크게 성공한 사업가였다. 그러나 그 집안이 죄를 짓자 그에게 은혜를 입었던 주변인 중 어느 하나 그를 변호하는 사람이 없었고, 평소 도의의 실천으로 이름이 높던 사대부들까지도 그의 재산을 강탈하는 데 가세했다고 한다. 이는 그가 평민 신분이었기 때문에 생긴 일이다. 그리하여 곽씨 집안은 고난의 시절이 끝난 뒤 자식을 과거에 급제시키기 위해 온갖 정성을 다했고, 인근 지역의 학교에 재정적 후원을 게을리 하지 않았다고 한다.[39]

물론 출사하지 않을 경우에는 군주와 군신 관계가 성립하지 않는다. 그래서 국가 위난 시에도 군주에게 몸숨을 바쳐야 한다거나 군주와 운명을 같이해야 하는 부담도 없었다. 또한 도에 어긋나는 모습을 보여도 불의를

1장 출처의 이해를 위한 경계境界

행했다는 비난을 면할 수 있다. 가난과 비천한 신분 때문에 고난의 생활을 영위해야겠지만, 자유로운 생활을 만끽할 수 있고 '도를 지켰다'는 명예도 얻을 수 있다.

『사기』「백이열전」에 '천도무친天道無親'이라는 전고가 있다. 하늘이 내리는 길흉화복吉凶禍福의 규칙을 보면 일반적인 상식으로 도저히 이해할 수 없는 면이 있다는 말인데, 그 요지를 이렇게 정리할 수 있다. 우리는 하늘이 선善을 행한 사람에게 복으로 보상하고 불선不善을 행한 사람에게 재앙을 내리는 것으로 알고 있다. 그런데 세상에는 선을 행한 사람보다 선을 행하지 않은 사람이 부귀와 영화를 더 누리며 사는 때를 흔히 본다. 백이와 숙제는 평생 도를 실천하며 살았지만 고난을 겪었고, 삶의 최후도 굶어서 죽는 비극의 종말을 겪었다. 반면 도척은 평생 도둑질만 하고 나쁜 짓만 골라서 했는데도 떵떵거리며 잘 살았다고 한다. 도대체 하늘의 도天道라는 것이 과연 있는 것인가? 그 사실을 믿을 수 없다. 선한 일을 하면 가난하고 비천한 신세를 면치 못하지만, 적당히 선하지 않은 일을 하면 잘 살 수 있는 길이 열린다면, 선을 행해야 한다고 권할 하등의 이유가 없지 않은가.

사마천의 생각이 절묘하다. 명예를 지키는 데 인생의 목적을 두는 사람이 있는가 하면 재물과 권력을 취하는 데 두는 사람이 있다. 이 양자는 서로 조화를 이룰 수 없다. 왜냐하면 명예를 취하다 보면 재물과 권력에서 멀어지고 재물과 권력을 취하다 보면 불명예스러움을 감수해야 하기 때문이다. 뜻이 다른 사람과 일을 같이하면 늘 분란이 생기듯이 마음속에 서로 다른 두 가지 뜻을 품고 있으면 이도 저도 아닌 꼴이 되고 만다. 백이와 숙제는 평생 명예를 소중히 여겼다. 그래서 가난하고 비천하게 살았다. 하지

출처, 경계의 철학

만 백이와 숙제는 그들이 바라던 이상을 실천하고 얻은 셈이다. 명예를 원해서 명예를 얻었다. 명예를 지킨 뜻있는 지사志士의 이미지로 후세에 남는다면 그것으로 족한 것이다. 평소에 바라던 것을 얻었는데 어찌 불쌍하고 고달프다 하겠는가? 명예를 추구하여 명예를 얻었다면 그것으로 족한 것이 아니겠는가? 공자도 이와 비슷한 말을 한 적이 있다. 인仁을 얻고자 해서 인을 얻었는데, 어찌 그를 불쌍하다 여기겠는가?[40]

백이와 같은 출처관을 지니면 곤란한 생활을 면하기는 어렵지만 명예를 얻을 수 있고 도를 지킬 수 있다. 인정仁政을 펼치는 군주가 아니면 절대 현실 정치에 참여하지 않겠다, 차라리 굶어서 죽을지언정 불의한 타협하는 일을 하며 살지 않겠다는 이런 식의 출처관이 바로 백이 식의 출처관이다.

유하혜柳下惠의 출처관

천하에 도가 있으면 출사하고 도가 없으면 출사하지 않았던 백이와는 달리, 유하혜는 무조건 출사했다. 마치 천부적으로 출사의 DNA라도 지니고 있는 양, 군주가 예우를 하건 하지 않건, 관직이 높건 낮건, 봉록이 많건 적건, 불러만 주면 언제든 출사했다. 심지어 자리에서 내쳐져도 멀리 가지 않고 다시 등용되기를 기다렸다.

그는 죄인을 다스리는 옥리獄吏로 재직하면서 무려 세 번이나 파직되었는데도 불구하고 끝내 그곳을 떠나지 않았다고 한다. 벼슬에서 쫓겨났는데도 원망하는 기색이 없었으며, 벼슬에 올라도 기뻐한 적이 없었다고 한다. 이에 유하혜의 학식과 재능을 알아본 사람이 다른 나라에서 벼슬할 것을 권하자, 그는 "나는 어느 나라에 가서 벼슬을 해도 나아가고 쫓겨나기를 반복할 것이다. 도의에 입각하여 군주를 섬기기 때문이다. 그렇다고 도를 굽혀 벼슬할 수는 없지 않겠는가. 어느 나라에 간들 쫓겨날 것이 뻔한데 이왕 쫓겨날 바에야 부모의 나라에서 쫓겨나는 것이 낫지 않겠는가"라고 했다.[41]

이처럼 그는 섬길 대상의 임금이 무능해도 부끄럽게 여기지 않았고, 낮은 벼슬을 줘도 탓하지 않았다. 벼슬길에 나가서도 자신의 능력을 숨기지 않았으며, 어떤 일을 맡겨도 반드시 옳게 처리했다. 버려져도 원망하지 않았으며 곤궁에 빠져도 번민하지 않았다. 이러한 그의 출처관은 그의 생활 철학에 바탕을 두고 있다. "너는 너고 나는 나인데, 네가 옆에 있다 한들 어찌 네가 나를 더럽힐 수 있겠느냐?" 마치 스토아주의자들처럼 나만 깨끗하면 그만이라는 세계관을 가지고 있었던 것 같다. 그래서 무도한 나라의 부덕한 군주에게도 떳떳하게 출사할 수 있었고 미관말직을 줘도 기꺼이 맡았다. 비록 자리에서 쫓겨나도 성내거나 서운하게 여기지 않았다.

속설에 의하면, 그는 폭풍우로 집을 잃은 이웃집 젊은 과부가 자기 방에 재워달라고 요청하자 서슴지 않고 한방에서 밤을 보냈다고 한다. 남녀 칠세면 부동석이요 불공식이라는 관념이 보편화된 전통사회에서, 유별해야 할 남녀가 같은 방에서 밤을 지새운다는 것은 지금도 그렇지만 당시에도 쉽게 용납될 수 없는 일이다. 그럼에도 유하혜는 그것을 전혀 부끄러워하지 않았으며, 당시 사람들도 어느 누구 하나 유하혜와 과부의 관계를 의심하는 이가 없었다고 한다.

유하혜의 출처관을 보면, 화엄 사상의 '일체유심조一切唯心造'가 연상된다. 모든 것은 마음먹기에 달려 있다는 것이야말로 의와 불의를 따지지 않고 출사하는 유형의 사람들에는 그들의 행위를 본질적으로 정당화시키는데 안성맞춤일 것이다. 그래서 유하례의 풍모를 들은 이들은, 비루鄙陋한 지아비라 해도 너그러워지고 박덕薄德한 사람이라 해도 인심이 후해졌다고 한다.[42] 득도한 자가 아니면 능히 흉내 낼 수 없는 출처관이 아닐 수 없다. '아무리 멀리 간다 한들 내가 이른 자리는 내가 가기 전의 본래 그 자리이고, 갖은 고생을 해서 고원한 경지에 이르렀어도 그 자리 또한 내가 떠나기 전에 있었던 그 자리行行本處至至發處'라는 의상대사의 말처럼 유하례의 입장에서는 벼슬길에 나가든 아니면 벼슬길에서 내쳐져서 처사로 머물러 있든, 도를 행하겠다는 마음에 변함이 없다는 것이다.

그에게 출사와 은일은 아무런 의미가 없었다. 대부분의 사람이 출사와 은일을 구분하고 각각 처신의 도를 논하지만, 유하례에게는 벼슬자리가 곧 은일 자리고 은일 자리가 곧 벼슬자리였던 셈이다. 그 둘을 나누어보는 것 자체가 모순인 것이다. 내 지식을 숨길 것도 없고 드러낼 것도 없다. 있는 그대로 보이면 되는 것이다. 어디에 처하든 나는 나일 뿐, 절대 나 아닌 다른 나가 될 수 없다. 때문에 험한 군주를 만나도 자신 있고 넉넉하게 처신할 수 있었던 것이며, 요행히 어진 군주를 만나면 자신의 재주와 능력을 다 발휘할 수 있는 것이다.

언뜻 보면 이런 유형의 출처관은 지조 없는 사람처럼 보일 수 있다. 공자가 출사에 신중을 기하라고 한 이유는 '견위수명見危授命', 즉 위급함을 보면 목숨을 내놓아야 하기 때문이다. 섬기는 군왕이 성군이라면 절대 그런 일이 일어나지 않겠지만, 만일 군주의 무도와 패덕으로 나라에 큰 위기가 왔다면 처신하는 것이 매우 힘들기 때문이다. 목숨을 보전하려면 바로 떠나야 하는데, 그런 경우 의롭지 못한 자라는 오명과 불명예를 받을 것이다. 아울러 목숨을 다해 상황에 간여하면, 무엇을 위해 자신을 희생해야 하는지 불분명해지기 때문이다. 천운을 입어 상황이 호전된다 해도 그것은 무도한 군주의 실정과 도탄에 빠진 백성의 고통을 연장시키기 위해 애쓴 것밖에 되지 않는다. 도에 뜻을 둔 자라면 마땅히 인을 이루기 위해 목숨을 바쳐야 하는데, 불인不仁을 위해 목숨을 바치는 것은 도에 뜻을 둔 자가 취할 자세가 아니다.

　물론 유하혜는 출사하기 위해 교언영색巧言令色하지는 않았다. 애써 출사하려고 하지도 않았다. 써주면 나가고 그렇지 않으면 처사로 머물렀다. 이 점은 여느 '영록지사迎祿之士'와 분명히 다른 점이다. 그것은 "도를 굽혀 처신하지 않겠다"는 각오가 있었기 때문에 가능했을 것이다. 맹자도 말했지만, '치세에는 몸이 하는 대로 도를 맡기고, 난세에는 몸을 도에 맞춰야'⁴³ 명철보신할 수 있는 길이 열린다. 어진 정치를 펴고자 하는 군주를 만나면 내가 하고 싶은 대로 해도 모두 도에 맞는 것이 되기 때문에 거리낄 게 없다. 하지만 난세에는 도를 펼치기 어려운 조건이 도처에 널려 있다. 따라서 내가 하고 싶은 대로 도를 추구하다 보면 도를 펼치기도 전에 목숨이 위태로울 수도 있다. 그렇다고 도에 뜻을 둔 자의 입장에서 위기가 닥쳤다고 해서 군주와의 약속을 저버리고 떠날 수도 없다. 위급함을 보면 몸을 바치는 것이 사의 도리이기 때문이다. 그래서 공자와 맹자도 도를 굽혀 처신하는 잘못을 저지르지 않기 위해 출사하기 전에 미리 뜻을 펼칠 수 있는지 살펴보고, 펼칠 여건이 된다 할 때 심사숙고하여 출사를 결정하되, 조금이라도 난세의 조짐이 보이면 출사하지 않고 은둔하는 것이 낫다고 한 것이다. 하지만 유하혜는 그런 것조차 고려하지 않고 무조건 출사의 길을 택했다. 때문에 이런 유형의 출처관은 자칫 몸이 고달플 수 있다. 다행히 마음속에 흔들리지 않는 곧은 지조가 있다면 다행이겠지만, 현실의 선비가 수용하기에는 어려운 점이 있는 것이 사실이다. 따라서 유하혜의 출처관은 오직 도를 체득한 자에게만 가능한 출처관이 아닐까?

이윤伊尹의 출처관

무도한 나라에는 출사하지 않고 오직 도가 실현되는 나라에만 출사하는 것이 백이의 출처관이고, 도의 실현 여부를 따지지 않고 출사하여 자신의 뜻을 펼치는 것이 유하혜의 출처관이라면, 이윤의 출처관은 군주가 도를 실현할 의지가 있고 자신의 뜻을 존중해주며 예의를 갖춰 대접해줄 때에만 출사하는 출처관이다. 이윤의 출처관은 언뜻 보면 어느 분을 섬기든 내 군주가 아니며 어느 사람을 부리든 내 백성이 아니겠느냐는 점에서는 유하혜의 출처관과 같다. 그렇지만 미관말직이라도 고사하지 않고 자리에서 내쳐져도 떠나지 않았던 유하혜의 출처관에 비해, 이윤은 군주와 백성을 가리지는 않았지만 군주의 의지와 예우를 매우 중시하여, 출사하더라도 설혹 군주의 의지와 예우가 없으면 뒤도 돌아보지 않고 떠났다. 이윤이 이러한 출처관을 보인 것은 그만의 독특한 철학이 있었기 때문이다. 그는 도의 실현을 자신의 소명으로 알고 살았던 인물이다. 그의 철학과 출세관은 『맹자』 「만장」에 집중적으로 소개되어 있는데, 그 단서를 살펴볼 필요가 있다.

어느 날 만장이 맹자에게 물었다. "사람들이 말하길 이윤은 탕 임금에게 등용되기 위해 탕의 조정에 각종 주방 기구를 짊어지고 가서 직접 고기를 썰고 요리하는 일을 하면서 탕 임금에게 등용되기를 바랐다고 합니다. 실제 그런 일이 있었습니까?"[44]

『사기』「은본기」에 보면, 이윤은 도를 행하기 위해 훌륭한 인군을 만나고자 했으나 특별한 방법이 없자 마침내 유신씨有莘氏의 잉신勝臣이 되어 솥과 도마를 지고 가서 맛있는 음식으로 탕을 설득하여 마침내 왕도에 이르게 했다고 한다. 맹자 당시에는 이런 말을 하는 이가 많았던 같다. 그래서 만장이 맹자에게 그런 일이 있었는지 물었던 것이다.

이에 대해 맹자는 다음과 같이 대답했다.

아니다. 절대 그렇지 않다. 과거 이윤은 유신의 들에서 밭을 갈면서 요순의 의와 도를 좋아하여 요순의 의가 아니고 요순의 도가 아니면, 설사 천하를 녹으로 준다고 해도 거들떠보지 않고, 천사를 매어서 준다 해도 마음에 두지 않았던 사람이다. 그는 도의에 어긋나고 도리가 아니면 지푸라기 하나도 남에게 주지 않고 남에게 취하는 일이 없었다. 그래서 탕이 각종 예물을 준비하여 그를 청했을 때에도 부담 없이 거절했던 것이다. "나는 탕 임금의 초빙에 응할 의사가 전혀 없다. 그것이 어찌 밭 가운데 처해 있으면서 요순의 도를 즐기는 것만 하겠는가." 그러자 탕은 다시 사람을 보내 이윤을 설득했다. 이윤의 거절이 계속 되자 더욱 예의를 갖춰 초빙에 응해줄 것을 요청했다.[45]

이때 이윤은 초야에 묻혀 살면서 요순의 도를 마음속 깊이 흠모하여 요순의 풍도를 담을 시를 암송하고 요순의 덕행을 기록한 글을 읽으면서, 사양하고 받으며 취하고 주는 일을 할 때면 언제나 도의로써 행하고 구차하게 살지 않았다. 그러는 한편으로 자신과 더불어 요순의 도를 세상에 펼칠 어진 성군을 하염없이 기다렸다고 한다.

하여튼 탕은 세 번에 걸쳐 이윤을 찾았고, 이에 이윤도 마음을 고쳐먹고 출사를 결심했다고 한다. 『맹자』에는 이때의 과정을 다음과 같이 기록되어 있다.

내가 밭 가운데 처해 이대로 요순의 도를 즐기기보다 차라리 이 군주(탕왕)를 요순과 같은 군주로 만드는 것이 낫지 않겠는가. 지금 백성들에게 요순의 백성들이 누리던 것을 누리게 하는 게 낫지 않겠는가. 내 몸으로 직접 도가 실현되는 세상을 만들어보는 것도 괜찮지 않겠는가. 하늘이 백성을 낸 것은 먼저 안 사람으로 하여금 늦게 아는 사람을 깨우치게 하고, 먼저 깨달은 사람으로 하여금 뒤늦게 깨닫는 사람을 깨우치게 하기 위함일 것이다. 나는 하늘이 낸 백성 가운데 먼저 깨달은 사람이니, 내 장차 하늘의 도로써 이 백성을 깨우칠 것이다. 내가 하지 않으면 그 누가 하겠는가?[46]

맹자에 의하면, 이윤은 천하의 백성 가운데 요순의 혜택을 입지 못하는 자가 한 사람이라도 있으면 마치 자신이 그들을 그렇게 만든 것처럼 여겼다고 한다. 그래서 백성들이 도탄에서 헤매고 있는 장면을 보면 마치 자신이 그들을 그런 곳으로 몰아넣은 것처럼 생각하고, 그들을 어려운 지경에서 구제할 방도를 찾아 고민했다고 한다.[47] 한마디로 말해 이윤은 천하 백성의 삶을 안정시키는 일을 하늘이 자신에게 부여한 소명으로 알고 살았던 사람이었다. 그래서 탕 임금에게 나아가 탕 임금을 설득하여 부도한 하나라를 정벌하여 백성을 구제했던 것이다. 『서경』에 의하면 이윤은 자신이 모시는 군주를 요순과 같은 성군으로 만들지 못하면, 사람이 운집한 거리에서 모든 사람이 보는 앞에 종아리를 맞는 것처럼 여겼다고 한다. 단 한 명의 가장이라도 살 곳을 얻지 못하는 경우가 생긴다면, 그것을 자신의 잘못으로 여겼다고 하는데,[48] 맹자의 언급은 바로 『서경』에 근거한 것이다.

> 맹자께서 말씀하셨다. "나는 자신을 굽혀 남을 바로잡았다는 자는 들어보지 못했다. 하물며 자신을 욕되게 하고 천하를 바로잡을 수 있겠느냐. 나는 요순의 도로써 탕 임금에게 등용되었다는 말은 들었어도, 고기를 자르고 요리를 하는 일로(즉 요리를 잘해서) 탕 임금에게 등용되었다는 말은 듣지 못했다."[49]

가장 자신을 욕되게 하는 것은 자신의 뜻을 굽히는 것이다. 천하 백성을 도탄에서 구제하는 것을 자신의 소명으로 생각했던 이윤이 한갓 천인들이나 하는 고기를 자르고 요리를 하는 천한 일을 하면서 탕 임금이 자신을 알아주기를 바랐다면 이는 자신을 욕되게 함이 매우 심한 것이다. 이렇게 하고서 어찌 천하를 바로잡을 수 있겠는가. 맹자의 요지는 이윤이 요순의 도로써 탕왕에게 등용을 바란 것이 아니라, 이윤이 요순의 도를 갖추었기에 예물과 격식을 갖추고 뜻을 펼치는 데 합당한 자리를 만들어 이윤을 초빙하여 이윤이 그에 응해 출사하게 되었다는 것이다. 다시 말하면 이윤이 탕에게 자신을 써달라고 요청하여 등용된 뒤 탕을 성군聖君으로 만들고 천하를 안정시킨 것이 아니라, 이윤이 요순의 도를 펼칠 수 있는 도와 지식과 능력을 지니고 있어서 탕이 어진 이를 대하는 태도로 출사를 부탁하여 탕이 마지못해 출사했다는 것이다.

앞에서 언급했지만 이러한 출처관은 유하혜의 출처관과 사뭇 다른 것이다. 즉 유하혜는 군주의 예우라든가 관직의 고하에 관계없이 자신을 써주기만 하면 무조건 출사했지만, 이윤은 자신이 생각하는 합당한 대접과 격식을 갖추고 있을 때에 한하여 출사했던 것이다. 이윤의 출처관은 또한 백이의 출처관과도 다른데, 백이는 현재의 군주가 성군이고 그 군주가 도를 펼치고 있는 상황이 아니면 여하한 일이 있더라도 출사하지 않았지만, 이윤은 설사 현재의 군주가 성군이 아니라 하더라도 그가 자신의 뜻을 알아주기만 하면 또 자신에게 예법에 맞는 대우를 해주고 자신의 뜻을 펼칠 수 있는 자리를 만들어주기만 하면 그가 누구든 출사를 결행했다. 그래서 "누구를 섬기든 내 군주가 아니며 누구를 부리든 내 백성이 아니겠는가"[50]라고 했던 것이다.

실제로 이윤은 군주 위를 승계한 태갑太甲이 군주의 직분을 망각하고 부덕한 짓을 일삼자, 그를 동桐이란 땅에 3년 동안 강제 유폐시키고 일시 국정을 맡았다. 이후 태갑이 스스로 자신의 과오를 뉘우치고 영지인 동 땅에서 어진 정치와 도의를 실천한다는 소식을 듣고, 직접 3년간 더 지켜보며 확인한 뒤에야 국정을 태갑에게 넘겼다고 한다. 바로 이런 출처관이 있었기 때문에 이윤은 요순의 도의 실천, 곧 천하 백성의 안정과, 현인을 대하는 군주의 태도, 자신의 뜻을 펼칠 수 있는 기회나 자리를 보장받을 때에 한하여 출사했던 것이다.

백리해百里奚의 출처관

한편 『맹자』에는 백리해百里奚의 출처관이 언급되어 있어 여기에 소개한다. 이 또한 그의 제자인 만장과의 대화를 통해 설명되고 있다.

만장이 물었다. "혹자가 이르기를, '백리해는 스스로를 진나라에서 희생을 기르는 자에게 팔고, 다섯 마리 양 가죽을 받는 조건으로 소를 먹여 진나라의 목공에게 등용되기를 바랐다'고 하는데, 그런 사실이 있습니까?" 맹자가 대답했다. "아니다. 절대 그렇지 않다. 일 만들어내기를 좋아하는 자들이 지어낸 말이다. 백리해는 우나라 사람이다. 예전에 진나라 사람이 수극이라는 땅에서 생산된 구슬과 굴 땅에서 생산된 말을 가지고 와서 괵 땅을 정벌할 수 있도록 길을 빌려달라고 한 일이 있다. 이때 궁지기는 우공에게 충간했지만 백리해는 충간하지 않았다. 진실을 말해도 우공이 알아들을 만한 인물이 못 되었기 때문이다. 그리고 우나라를 떠나 진나라로 들어갔다. 그때 백리해의 나이 이미 70세였다. 노예가 되어 소를 먹이는 일로 진나라 목공에게 등용되고자 하는 것은 매우 더럽고 천한 일이다. 도에 뜻을 둔 군주는 도를 굽혀 사람을 따르지 않는다. 도에 뜻을 둔 백리해가 그 일이 더럽고 천한 일임을 몰랐다면 그를 지혜롭다 할 수 있겠느냐? 충간을 해도 알아듣지 못하는 인물이라서 충간을 하지 않았으니 또한 지혜롭다 할 수 있지 않겠느냐? 당시 백리해가 진나라에 등용된 것은 목공이 백리해의 사람됨이 함께 도를 펼칠 만한 인물임을 알았기 때문이다. 그래서 목공을 도와 천하에 드러내었고 후대에까지 이름과 업적이 전해지게 했으니, 또한 지혜롭고 어질지 않다 할 수 있겠느냐? 스스로 팔려 가서 군주를 훌륭한 인군으로 만드는 것은 자기 지조를 아끼는 시골의 인사들도 하지 않는 일인데, 도에 뜻을 둔 현자가 그런 짓을 하겠느냐?"[51]

맹자의 요지는 분명하다. 옛 성현들은 불우할 때 비천한 일을 하는 것을 부끄러워하지 않았다. 공자가 이런저런 일에 다재다능함을 보이자 이를 의아하게 생각한 태재太宰가 어찌 그럴 수 있느냐고 물은 적이 있다. 그러자 공자는 "어렸을 때 나는 매우 불우했다. 그래서 비천한 일을 많이 했다"[52]고 했다. 이렇게 보면 백리해가 남을 위해 소를 기른 것도 이상할 게 전혀 없다. 다만 군주가 지극히 존경을 표하고 예의를 다하지 않으면 결코 그의 뜻을 드러내지도 않았고, 군주를 만나려고 하지도 않았으니, 어찌 먼저 스스로를 더럽히고 욕되게 하면서 군주에게 등용되기를 바라겠는가. 전하는 기록에 의하면, 백리해가 처음 진나라에 들어갔을 때 진나라 목공은 그의 신분이 천함을 보고 미관박록을 제시했다고 한다. 그러자 백리해는 작과 녹이 마음에 들지 않자 일부러 소를 먹였다고 하다. 그런데 그가 먹인 소마다 살이 찌는 것을 보고 목공이 백리해의 재주를 알아보고 경과 예를 다하여 초빙해 정사를 맡겼다고 한다.[53]

고사의 내용이 탕에게 출사한 이윤의 경우와 비슷한 점이 많다. 도에 뜻을 두고 있었다는 점, 천하 백성을 위하는 일을 자신의 중요한 임무(소명)으로 생각하고 있었다는 점, 군주가 마음으로부터 우러나오는 존경과 예의를 갖춰 초빙하지 않으면 절대 나서지 않았다는 점, 자신의 도를 펼칠 수 있는 자리를 보장하지 않으면 출사하지 않았다는 점, 누구를 섬기든 그를 성군으로 만들어 후세에 이름이 전하도록 했다는 점에서 이러한 출처관은 백이와도 다르고 유하혜와도 다른 것이다. 물론 백리해와 이윤이 모두 이와 같지는 않았음을 짐작할 수 있다.

　물론 이러한 출처관이 전제 군주가 지배하는 사회에서 과연 용납될 수 있겠느냐 하는 점에서 납득하기 어려운 면도 있다. 전제 군주 국가에서는 군주와 신하의 관계가 마치 천지天地의 관계와 같아서, 천지가 뒤바뀔 수 없듯이 군신君臣의 지위도 뒤바뀔 수 없는 것이다. 군주가 군주의 도리를 다하지 못했다고 해서 신하가 신하의 도리를 저버릴 수는 없는 것이다. 사해의 백성 모두가 군주의 신하다. 국가와 군주가 동일한 것으로 간주되었던 전제 군주 국가에서 군주가 신하에게 예를 갖추고 공경을 표한다는 것은 결코 쉬운 일이 아니다. 게다가 신하는 자신에게 출사의 기회를 열어준 군주를 평생의 은인으로 생각할 수밖에 없다. 또 출사하면 중앙정부에서는 물론, 향리에서도 신분적·경제적·정치적으로 수많은 특권을 향유할 수 있다. 이런 상황에서 출사하기에 충분한 지식과 재능을 지니고 있으면서 개명한 군주의 공경을 기다리며 처사의 삶을 산다는 것이 과연 가능하겠는가 하는 점에서도 선뜻 이해하기 힘들다. 하지만 그럴수록 이런 출처관은 더욱 강조되었고, 마지막에는 성현이 지닌 출처의 큰 절목으로 크게 중시되었다.

출처, 경계의 철학

은일의 출처관

한편 당시에는 위에 언급된 출처관 외에, 일민逸民과 은민隱民의 출처관
이 있었다. 예를 들면 허유許由라든가 장저長沮와 걸익桀溺,[54] 우중, 이일, 주
장, 소연 등이 그런 경우이다.[55] 공자는 이 가운데 장저와 걸익은 '은민'이
라 칭하여 '일민'인 우중 등과 구별했다. 은민은 유가에 속하는 지식계층
과 동일한 유 개념하에 포섭될 수 없는 완전히 이질적인 세계관을 갖고 있
던 사람들이다.

공자와 공문 제자들은 어떤 상황에서도 도의 실현을 자신의 엄중한 책
무로 알고 있었다. 즉 출사出仕하든 처사處士로 남든 그들의 궁극적인 목적
은 도의 실현, 곧 이상적인 고대 선왕의 정치를 당대에 복원하는 것이다.
출사를 할 것인가, 처사로 남을 것인가 하는 것은 그다음 문제였다. 그래
서 자기 뜻을 알아주지 않는다 해서 노여워하거나 서운해하지 않고 그 뜻
을 저버리는 것을 죽기보다 싫어했으며, 그런 세상을 이루는 데 위협적인
일이 다가오면 기꺼이 목숨을 내놓았던 것이다. 그러나 은민은 세상의 일
에 관심이 없었다. 비록 그들에게도 도가 있었지만, 그 도는 천하 인민을
위하는 도와 하등의 관계가 없는 것이다. 그들은 세상을 완전히 등지고 살
았으며, 천하의 흥망성쇠에 대해 아무런 생각도 갖지 않았다. 사회라든가
공동체를 건설하여 동고동락하는 사회적 존재로서의 삶을 포기함은 물
론, 천하 인민의 안정된 삶보다 자기의 세계에 갇혀 자신이 원하는 것을
추구하는 데에만 골몰했다. 그들이 추구한 도는 유교의 도와 다른 것이
었다. 따라서 유교적 소양을 지닌 지식인의 범주에 포괄하기에는 어려운
인물이라 하겠다.

이에 대해 일민의 경우는 은민과 같은 생활을 영위하면서도 천하를 구제해야 한다는 마음은 항상 갖고 있었다. 어떤 이는 자신의 청결함을 우선시하고, 또 어떤 이는 자신의 몸을 더럽히며, 또 어떤 이는 선왕의 법도에 어긋나는 말과 행동을 하며 다녔지만, 이들에게는 한결같은 공통점이 있었으니, 고대 선왕의 질서를 회복해야 한다는 목표의식만은 잊지 않았다는 것이다. 따라서 일민은, 천하 대의를 해치고 손상시킴으로써 대륜大倫을 어지럽히는 은민과는 유가 다르다고 할 수 있다. 그래서 공자와 맹자도 이들을 내치지 않고 고대의 현인 범주에 넣었던 것인데, 이들은 조건과 환경이 갖추어지면 언제든지 출사할 수 있는 학식과 재주를 갖고 있던 사람들이었다.

출처, 경계의 철학

3.
우리 선현들의 출처관

출처관의 수용 양식

어떻게 해야 전쟁에서 승리하고 확보한 영토를 안전하게 지킬 수 있을까? 춘추전국시대에는 지식계층의 수요도 늘어났지만, 새로운 지식과 함께 이를 수용할 통치술도 더불어 발전했다. 바야흐로 힘의 우위, 또는 균형을 확보하기 위한 새로운 지식의 시대가 도래한 것이다. 이에 따라 사회에는 출사 문제와 더불어 지식의 선택성 문제가 전면에 부각되면서 새로운 사회적 이슈로 등장하게 된다.

이것은 진·초 등 변방 지역에서부터 시작되었다. 뒤에 상앙商鞅(기원전 395~?) 등에 의해 정립되는 후대의 군현제는 하·은·주 삼대 이래의 정치 제도를 완전히 혁신하는 것이었다. 그 효과도 매우 커서, 열국은 새로운 정치 제도와 통치술의 발명과 습득에 열을 올렸고, 전통적인 제도와 지식에 익숙해 있던 제자諸子들은 출사 경쟁에서 뒤처질 수밖에 없었다. 이것은 공문孔門도 마찬가지였다. '덕으로써 이끌고 예로써 부리면 정치하는 데 어려울 게 없다'[56] '적은 것이 문제가 아니라 고르지 못한 것이 더 큰 문제'[57]라는, 선왕의 도를 따르고 인의仁義의 정치를 펼쳐야 나라를 부강하게 만들수 있다는 주장은 더 이상 효과가 있을 것 같지 않았다. 염유冉有에 대한비판에서도 나타나지만,[58] 지금 필요한 것은 전쟁에서 승리할 수 있고 새로 편입된 영토를 군사적 병참기지로 활용하는 데 도움이 되는 방안이었다. 자국의 백성이든 정복지의 백성이든 전쟁에 도움이 되는 방향으로 의식을 개조하는 데 도움이 되는 정책만이 필요할 뿐이다. 비록 그것이 사회적·정치적 환경의 요청에 의한 일시적인 지식이요, 통치 기법이기 때문에사회가 안정기에 접어들면 폐기되어야 할 것들이라고 해도, 현실의 정치담당자들에게 그런 주장은 공허한 메아리로 들릴 뿐이었다.

기나긴 역사를 뒤돌아봐도 또 지금의 실정에서 생각해봐도, 민생과 나라의 안정을 도모하는 데는 유교의 사상만큼 유용한 사상도 분명히 없다. 이는 유교의 사상이 인정人情에 기초해 있고, 전통과 명분을 중시하고 있으며, 또 누대에 걸친 통치 경험과 이론 보완을 거쳐 완성되었기 때문이다. 그러나 현실은 그들의 주장과 정반대의 길로 달려갔다. 부와 권력을 획득하려는 사람들은 새로운 지식을 바탕으로 사회 전체를 점차 반전통·반문명·반인륜 속으로 몰아넣었다.

공자는 바로 이러한 격동의 시대를 살았던 사람이다. 역사는 승자의 편에서 기술되기 때문에 전모가 다 드러나지 않지만, 공자 스스로도 당금의정치 현실天下無道을 고대 선왕의 치세天下有道로 되돌리는 것이 그리 쉽지않다는 것을 알고 있었을 것이다. "하도河圖가 나오지 않는다"[59]거나 "이제는 주공이 꿈에 보이지 않는다"[60]는 말에서도 알 수 있지만, 그가 처한 환

출처, 경계의 철학

경은 그의 이상만으로 가지런히 하기에는 너무 거칠고 어지러웠다. 그래서 십 수 년에 걸쳐 수많은 나라를 찾았지만 자신의 이상을 수용할 군주를 만나지 못한 것이다. 단언할 수는 없지만 공자는 미래를 준비하고 있었던 것 같다. 이것은 그의 철학, 사상, 인생관 등에서도 발견되지만, 그의 출처관에서도 공히 발견되는 것이다.

공자의 출처관을 이렇게 정리할 수 있다. ① 독실하게 신뢰하고 학문을 좋아하며, ② 도를 죽음으로 지키면서 잘 행해야 한다. ③ 위태로운 나라에는 들어가지 말 것이며 어지러운 나라에는 살지 않아야 한다. ④ 천하에 도가 있으면 나아가 벼슬하고 도가 없으면 숨어야 한다. ⑤ 나라에 도가 있을 때는 가난하고 천한 것이 부끄러운 일이나 나라에 도가 없을 때에 부하고 귀한 것은 부끄러운 일이다.

『논어』에 기록된 공자의 이 말은 도道와 출사出仕의 관계에 대해 많은 것을 함축하고 있다. 먼저 공자는 도에 뜻을 둔 사람이 지녀야 할 자세에 대해 설명하면서, "독실하게 신뢰하고 학문을 좋아하며, 도를 죽음으로 지키면서 잘 행해야 한다"라고 했다. 믿음과 배움의 대상이 '도', 즉 선왕의 치적임은 말할 것도 없지만, 이것을 지키는 데 목숨까지 걸어야 한다는 것에서는 순교자의 정신이 엿보인다. 도의 실현이 그만큼 절실한 문제였기 때문일 것이다. 그래서 공자는 도가 실현되었다는 소식을 들으면 바로 그날 죽어도 좋다[61]고 한 것이며, 꿈에 주공이 보이지 않자 문文의 실종이 임박했다면서 안타까워했다.[62] 광匡 땅에서 위기에 닥쳤을 때에는 "문이 나에게 있고 하늘이 사문斯文의 실종을 바라지 않는데, 광인匡人이 나를 어찌하겠는가?"라는 말을 했고,[63] 봉황이 이르지 않고 하도河圖가 나오지 않자,

자신道은 끝났다는 투의 말을 하기도 했다.[64]

도에 대한 공자의 애착은 『논어』 곳곳에 보인다. "도에 뜻을 두고 거친 옷과 거친 음식을 부끄러워하는 자라면 만나볼 가치도 없다"[65] "도에 뜻을 두고 편안함을 생각한다면 사라고 할 수 없다"[66] "군자는 도가 실현되지 않음을 걱정할 뿐 가난함을 걱정하지 않는다"[67] 등의 이런 말들은 사士가 추구하는 가치의 최후 근거가 '도', 즉 고대의 이상적인 정치의 실현에 있음을 분명히 한 것이다. 그래서 공자는 늘 시詩와 서書를 말하고, 예禮를 지켜야 한다고 했다.[68] 그것은 거기에 기록되어 있는 것이 바로 선왕의 치적이었기 때문이다.

확실히 공자에게는 이상주의적 기질이 있었던 것 같다. 그래서 제자들에게도 자기 자신과 집단의 이해득실을 따지지 말고 그것을 초월해 우주-자연-사회의 핵심을 꿰뚫어 보라고 권했던 것이다. 비록 그의 사후 제자들이 많은 문제를 일으키기도 하지만, 공자가 자임한 것은 도의 실현이었고 능히 실현하지 못하는 자신을 항상 원망하고 걱정했다.[69]

출사의 목적은 바로 이 도를 구현하기 위한 것이다. 그러나 출사는 도의 실현에 있기 때문에 도가 실현되지 않을 때는 몸을 숨기라고 했다. 사는 나라가 위태로울 때는 목숨을 내놓아야 하고,[70] 군주를 속이는 일이 없어야 하며 군주의 면전에서 간쟁해야 하는데,[71] 자주 간하면 욕을 당할 수 있기 때문이다.[72] 그러나 일단 출사하면 도로써 군주를 섬기고,[73] 공명정대하게 일을 처리하여 믿음이 가게 하고 재물을 절약하여 백성을 사랑하되,[74] 장엄함으로 임하고 예로서 감동시켜야 한다.[75] 그는 말한다. "위정자가 자신을 바르게 한다면 정치하는 데 무슨 어려움이 있겠는가?"[76] "군자

출처, 경계의 철학

는 천하의 일에 있어서는 오로지 주장함도 없고 즐겨 하지 않는 것도 없다. 군자는 다만 의를 따를 뿐이다."[77]

그러나 대부가 '팔일무八佾舞'를 펼치고,[78] 태산에서 '여제旅祭'를 지내며,[79] 예악형벌을 제정하고 펼치는 현실에서,[80] 공자가 뜻를 펼칠 수 있는 기회를 잡기란 매우 어려운 일이었다. 의봉인儀封人도 말했지만, 세상에서 도가 실종된 지 이미 오래고 이제는 도를 펼치는 것이 가능해 보이지도 않는 현실이 되었다.[81] 그래서 공자는 말한다. "위정자라면 지조가 있고 부끄러워할 줄 알아야 한다. 자질은 부족해도 근본은 되어 있어야 한다. 그러나 지금의 사는 식견이나 도량이 좁아서 시정의 무리라고밖에 볼 수 없는 사람들이 대부분이다."[82] 비록 맹자는 공자의 출처관을 유교 철학 최고의 경지인 '시중聖之時'에 비유하면서, 공자는 '백이의 청결함聖之淸' '이윤의 소명의식聖之任' '유하혜의 어울림聖之和'을 집대성한 성인 중의 성인이다.[83] 만일 백이·이윤·유하혜의 성聖이 소성小成인 '음音'에 해당한다면, 공자가 이룩한 성은 대성大成인 '악樂'에 해당한다고 칭송했지만,[84] 정치판에서의 공자의 위상은 '불가능에 도전하는'[85] 미래의 '목탁木鐸'[86]일 뿐이었다. 즉 벼슬할 수 있으면 벼슬하고, 그만두고 싶으면 그만두고, 오래 있고 싶으면 오래 있고, 속히 떠나고 싶으면 속히 떠나는 것이 모두 마땅함時中에 맞아서,[87] '가한 것도 없고 불가한 것도 없었다'고 했지만, 공자를 받아준 곳은 단 한 군데도 없었다. 그래서 공자는 '비록 나를 알아주는 이는 없지만 하늘만은 나를 알아줄 것'[88]이라는 회한의 말을 남기고, 미래에 올 성인을 준비하기 위해 고국으로 복귀를 결심했던 것이다.[89]

상황이 급박하다 해도 공자는 선왕의 질서를 혁신하려는 뜻이 없었다.[90] 다만 선왕의 업적을 믿고 그것을 따르고자信而好古 했을 뿐이다. 그래서 선왕의 업적이 담긴 '오경'을 찬수하는 것으로 만족하고 『춘추』를 저술[91]하여 미래를 대비했던 것이다.

이러한 공자의 '지어도志於道' 정신은 공문 제자들에게 많은 영향을 준다. 이 '지어도' 정신을 내면의 인격으로 성숙시킨 사람이 바로 증삼이다.

공자가 말했다. "삼아! 나의 도道는 한 가지 이理가 만 가지 일을 꿰뚫고 있단다." (…) 공자가 밖에 나가자 문인들이 물었다. "무슨 말씀이십니까?" 그러자 증자가 말했다. "부자夫子의 도는 충忠과 서恕일 뿐입니다."[92]

사는 도량이 넓고 뜻이 굳세지 않으면 안 된다. 책임이 무겁고 갈 길이 멀기 때문이다. 군자는 인에 바탕을 두고 책임을 삼으니 막중하지 않은가? 죽은 뒤에야 그 책임이 끝나는 것이니 멀지 않은가?[93]

송유宋儒들은 증자가 공자의 도를 전했다고 하지만 이것을 다 믿을 수는 없다. 하지만 증삼이 공자의 '지어도' 정신을 세밀하게 다듬고 발전시킨 것만은 분명하다. 이러한 공자의 이상주의적 전통은 맹자의 정신세계에서 더욱 발전한다. 맹자는 어렴풋하게만 관계되어 있던 출사와 도의 관계를 더욱 긴밀하게 연결시켰다.

천하에 도가 있을 때에는 도로써 몸을 따르고, 천하에 도가 없을 때에는 몸으로써 도를 따른다. 나는 도를 가지고 남을 따른다는 것을 듣지

출처, 경계의 철학

못했다.[94]

맹자 역시 공자의 뜻을 이어 천하에 도가 있으면 나타나 벼슬하고, 도가 없으면 숨어야 한다고 했다. 하지만 도에 임하는 자세는 공자보다 더 적극적이고 열정적이다. 공자는 출처를 결정하기 전에 천하에 도가 행해지고 있는지를 먼저 살펴보라고 했지만, 맹자는 한 걸음 더 나아가 도가 행해지는 세상이 오게 되면 (출사 여부에 관계없이) 목숨까지 내어놓고 도를 따르라고 요구했다. "천하가 바로 섰을 때에는 죽기 살기로 도가 펼쳐지도록 전력을 다하고, 천하가 도에 어긋나는 방향으로 흘러갈 때에는 절대 자신을 드러내지 말고 도를 지키는 일에 진력해야 한다"[95]고 하면서 출사의 목적이 도의 실현에 있음을 더 분명히 한 것이다.

그래서 『맹자』에서는 사와 도의 관계도 더 긴밀해진다.

왕자숙이 물었다. "사는 무엇을 일삼습니까?" 맹자가 말했다. "뜻志을 고상히 한다." 다시 왕자숙이 물었다. "무엇을 고상한 뜻이라 합니까?" 다시 맹자가 답했다. "인의仁義일 뿐이다. 한 사람이라도 죄가 없는 사람을 죽임은 어진 사람이 할 짓이 아니며, 자기 것이 아닌데도 취하는 것은 의로운 자가 할 짓이 아니다. 머문다면 어디여야 하는가? 바로 인이어야 할 것이다. 길은 어디에 있어야 하는가? 바로 의여야 한다. 인에 거하고 의를 따른다면 대인大人의 일이 구비된 것이다."[96]

공자는 "사는 도에 뜻을 두어야 한다士志于道"는 것을 언급하는 데 그치고 있지만, 맹자는 사와 도는 한 몸이라고 한다. '인의'란 공자가 말하는

'도'의 맹자적 표현이니, "인에 거하고 의를 따른다"는 말은 "도에 뜻을 둔다"는 말로 해석할 수 있겠다. 사는 도에 머물고 도를 실천하는 사람이다. 따라서 도를 떠난 사는 존재할 수 없다. 뒤에서 '항심恒心'과 함께 다시 설명하겠지만, 맹자에서는 사가 곧 도고 도가 곧 사였다. 사와 도의 관계가 더 긴밀하게 결합·합체된 것이다. 이에 따라 유가의 출처관은 더욱 선명해지고 '영록지사'에 대한 비판[97]도 논리적 근거를 갖춤은 물론 더욱 정밀하고 엄격해진다.

> 맹자가 말했다. "옛날 어진 왕들은 옳은 것을 좋아하기만 할 뿐 세력勢을 형성하는 일에는 관심이 없었다. 그러니 옛 현사들이 어찌 홀로 그렇지 않을 수 있겠는가? 그들 또한 도를 즐기기만 할 뿐, 남(군주)의 세력에 대해서는 관심이 없었다. 그러므로 왕공이라 해도 경敬을 지극히 하고 예禮를 다하지 않으면 그를 자주 볼 수 없었던 것이다. 만나는 것도 자주 할 수 없는데 하물며 그를 신하로 삼을 수 있었겠느냐?[98][99]

한편 이 문장에서는 출사 시 고려할 요소로 도 외에 또 다른 요소가 등장한다. 바로 세력이라고 하는 '암묵적 동의'에 기초한 무형의 힘이다. 즉 천하는 천하 인민의 것이라는 생각을 하면서도 그 이면에서는 천하를 군주 개인의 것으로 여기고 인정하는 '무언의 동의'가 있는 것이다.

국가가 지배세력의 이익을 도모하기 위해 만든 고도의 이념적 정치라는 것에 대해 이의를 제기할 사람은 아마 없을 것이다. 이것은 유가만이 아니라 전국시대의 제자나 한나라 이후의 백가 및 관료 일반이 모두 공통적

출처, 경계의 철학

으로 인정했던 것이다.

비록 전설에 속하는 것이지만, 천하를 천하 인민의 것으로 생각하던 시절에는 왕위王位가 '선양禪讓'이라는 예제적 형식을 통해 현자에게서 현자에게로 양위되었기 때문에 '세'를 형성할 필요가 없었다. 하지만 통치 권력이 전제 군주의 힘에서 유래했던 전제 군주 국가에서는 군주와 국가가 등치됨은 물론, 통치권도 배타적으로 군주 개인 가家의 고유한 권리로 인정된다. 물론 이것은 군주권이 강했을 때의 일이고 그렇지 않은 경우에는 통치권을 잃을 수도 있다. 심한 경우 정권이 찬탈될 수도 있다. 이에 군주는 통치권 확보를 위해 공적인 정책을 펴면서 사적인 이익을 추구할 수밖에 없는데, 중국 고대의 전제 군주에게는 법의 제한을 받는 군주권黃帝權 외에 법의 제한을 받지 않는 특권天子權이 있었다. 이를테면 사작권賜爵權이 그런 경우인데, 작爵은 공적 권한인 황제권에서 유래한 것이 아니라, 법 외의 권한인 천자권에서 유래한 것이기 때문에 그 행사에서 법의 제한을 받지 않았다. 출사한 관리에게 부여된 조세·부역·병역 면제권 등이 그런 경우에 해당한다. 군주는 바로 이 천자권을 이용해 자신의 통치권을 보호했던 것이다. '세勢'란 군주가 자신에게만 고유한 천자권을 활용해 자기와 가까운 사람들에게 특별한 선물과 작위를 부여하여 통치권 확보를 위해 일정한 세력을 형성하는 통치 행위를 말한다.

따라서 현실 정치에 참여出仕하는 자는 군주가 도를 행할 의지가 있는지도 살펴야 하지만, 세의 흐름에 대해서도 자세히 알고 있어야 했다. 그것은 세의 흐름盛衰에 따라 도의 실행 여부가 좌우될 수도 있기 때문이다. 사는 "도를 굽혀 남을 따르지 않는다"[100]는 맹자의 말도 세를 따를 수밖에 없는 정치계의 암울한 환경을 음으로 보여주는 것이다.

　그런데 맹자는 전제 군주 국가의 그와 같은 정치 환경에도 불구하고 "도가 세보다 더 중하다道尊于勢"는 취지의 말을 하고 있다. 이는 유교의 출처관뿐만 아니라, 정치관에서도 매우 중요한 의미를 갖는 것이다.

　사실 전제 군주 국가에서는 세와 도(도리道理)의 관계가 통치 행위를 하는데 매우 중요한 역할을 했다. 군주권(황제권)은 종묘宗廟에서 받는다. 이때 군주는 그의 조상에게 '도'를 펼치겠다는 맹세를 하고 군주권을 받는다. 하지만 종묘를 나온 뒤 황제는 곧바로 '천자권(사직에서 하늘에 제사한 뒤 받음)'을 활용해 통치권 보호를 위한 세력 확보에 나선다. 각종 '참절'함이 행해진다. 통치권 보호를 위해서는 어쩔 수 없는 일이다. 그래서 "세는 제왕의 권權이요, 도는 성인의 권"이라는 말이 있게 된 것이다. 하지만 성인의 도가 없는 군주의 권은 일시적으로만 유효할 뿐 결국에는 굽혀지기 마련이다. 그래서 국가의 존망은 세를 믿는 데서 비롯된다는 말이 있는 것이다. 공자도 무위로 다스린 순임금의 사례를 들어 몸을 공손히 하고 '남면'할 것을 권했던 것인데,[101] 그러나 이것이 가능하려면 통치 담당자들(보통은 군주의 가와 군주에게 통치권을 위임받은 관료) 간의 실제적인 합의가 있어야 한다. 즉 군주는 천하를 공적인 것으로 생각하고 법이 정한 군주권만 행사해야 하며, 관료는 군주가 위임한 권력을 오직 공적인 일에만 사용해야 한다. 그러나 역사에서도 보듯이 군주는 공적인 정책을 통해 자신의 사적인 이익을 추구하고, 관료 역시 군주에게 위임받은 권력을 이용해 자신의 부를 축적하는 데에 주력하곤 한다. 관료들의 성장은 군주의 통치권 행사에 심각한 위협이 된다. 그래서 군주는 통치권의 보호를 위해 사적으로 천자권을 사용하여 세를 형성할 수밖에 없는 것이다. 천하 백성을 위해 즉 도를 실현하기 창업出仕했다는 창업의 당위와 자기家를 위해 창업할 수밖에 없는 현실적 문제 사이의 갈등은 군주와 관료 간의 길항 관계를 형성하며, 전제 군주 국가 체제가 지속되는 한 사라질 수 없는 것이다.[102] 이것은 통치권이 민의民意에서 나오는 근대 국가에 와서야 비로소 종식된다.

이와 같이 보면 맹자가 말한 "도는 세보다 중하다"는 말의 혁명적인 의미를 알 수 있다. 『논어』에는 세에 대해 언급한 공자의 말이 보이지 않는다. 앞서 인용한 요순의 행사도 공자가 한 말은 아니다. 요순은 맹자 대에 이르러 처음 등장하는 고대의 선왕聖王이기 때문이다. 하여튼 공자나 맹자에게 이와 같은 뜻이 있었기 때문에 당시의 군주들은 공자와 맹자를 즐겨 받아줄 수 없었던 것이다.

진자가 말했다. "옛날 군자들은 어떠하면 벼슬했습니까?" 맹자가 말했다. "나아간 것이 세 가지요, 떠난 것이 세 가지였다. ① 공경을 지극히 해서 맞고 예를 갖추며 장차 그 말을 행하겠다고 하면 나아갔다. 단, 예모가 쇠하지 않더라도 말이 시행되지 않으면 떠났다. ② 그다음은 비록 그 말을 시행하지는 않더라도 공경을 지극히 하여 맞이하고 예를 갖추면 나아갔다. 하지만 예의가 쇠하면 떠났다. ③ 마지막은 아침도 저녁도 먹지 못하여 굶주려서 문을 나갈 수도 없는 처지가 되었을 때, 군주가 이를 듣고 "내가 크게는 그 도를 행하지 못하고 또 그 말을 따르지도 못하지만, 내 땅에서 굶주리게 하는 것은 부끄러워한다"고 하면서 구원해 주면, 그것을 받는다. 하지만 그것은 단지 죽음을 면하기 위한 것일 뿐

이다.[103]

맹자가 가장 원했던 유형은 바로 첫 번째이다. 즉 "공경을 지극히 하고 예를 갖추고 도를 실현하겠다는 약속을 할 경우에만 출사한다"는 것이었다. 하지만 이것을 기대하기에는 현실의 세가 너무 거대했다. 그래서 고대의 선왕 때를 제외하고 이런 예가 없었던 것이다. 제3유형은 사실 출사就라고 보기 어려운 것이다. 아사를 면하기 위해 잠시 머무르며 구제를 받는 것일 뿐이니, 오래지 않아 떠나야 할去 상황이다. 결국 취할 수 있는 것이 도를 실현할 의지는 없다 해도 공경을 지극히 하고 예의를 갖추어 초빙할 때 출사하는 것인데, 새로운 지식 없이 고대의 이상만을 고집하는 공문 제자들의 사상이 제후들에게 통할 리 없다.

생각건대, 맹자는 사의 양심과 용기에 기대를 걸었던 것 같다. "진정한 대장부라면 원하는 것을 얻지 못해도 그에 개의치 않고 인의를 좇아 뜻한 바를 행할 것이다."[104] "사라면 먹고 살 게 없어도 도를 향한 단심을 지닐 수 있을 것이다."[105] 하지만 '항'은 공자도 지적한 바 있지만 쉽게 얻을 수 있는 것이 아니다. 어떤 상황에서도 인에 머물고 의를 따라야居仁由義 하기 때문이다.

공자가 말했다. "내가 성인을 만나볼 수 없다면, 군자만이라도 만나볼 수 있으면 좋겠다. 선한 이를 만나볼 수 없다면, 떳떳한 마음恒心을 지닌 자라도 만나볼 수 있으면 좋겠다. 없으면서 있는 체하고, 비었으면서 가득한 체하며, 적으면서 많은 체하면 항심을 두기 어려울 것이다."[106]

공자가 말했다. "남쪽 나라 사람들의 말에 '사람이 항심이 없으면 무당이나 의원도 될 수 없다'고 하니, 좋은 말이다."[107]

그리하여 맹자는 출사 문제를 '부동심不動心'과 '용기浩然之氣'의 문제로 끌고 간다. 그리고 여기서도 뜻이 기보다 더 중한 것이라고 하면서 호연지기를 기르면 도와 의에 배합되기 때문에 맹시사孟施舍나 북궁유北宮黝 또는 고자告子처럼 일부러 자신의 뜻을 굽히는 따위의 노력을 하지 않더라도, 세에 주눅들지 않고 도에 뜻을 둔 마음을 보존할 수 있을 것이라고 했다. 그리고 이를 기르는 방법으로 이른바 삼물三勿을 제시하기까지 한다. 도에 뜻을 둔 마음이 아직 미약하더라도 너무 조급해하거나 일부러 자신을 굽히는 등의 행위를 하지 말고 조용히 기다리다 보면 언젠가는 마음에 둔 뜻이 이루어질 날이 있다는 것이다.[108]

그러나 맹자의 말처럼 당시의 사에게 그렇게 할 수 있는 용기와 의지가 있었는지도 의문이지만, 도와 의에 바탕을 둔 마음으로 대처한다고 해서 정치가 바르게 될 것 같지도 않았던 게 당시의 현실이었다. 물론 현대의 지식사회학에서는 지식인의 가치 중립성과 지식인의 사상적 신념을 믿지만, 이제까지의 역사가 보여주듯이 단 한 번도 의 현실화된 적이 없으며, 지금도 지식인들은 군주의 편勢에 서기를 주저하지 않는다. 국가가 존망에 처한 군주에게 '당신에게는 선을 행할 수 있는 소질이 있으니 힘써 그것을 기르다 보면 나라는 저절로 안정될 것'이라고 한 주장도 겸병전쟁이 치열한 상황하에서는 받아들이기 힘든 것이다. 결국 맹자 또한 공자와 마찬가지로 자신의 생각을 하늘에 빙자하여 "만일 인정仁政을 실시하면……"이라는 가정적인 논법으로 표현하곤 했다. 하지만 "사람이 할 수 있는 일을 다하고 하늘의 이루심을 기다린다盡人事, 待天命". 논법이 도에 뜻을 사에게 이념적 지주는 될 수 있어도 현실의 세에 굴하지 않을 수 있는 실제적인 용기를 제공하지 못한다.

그리하여 순자 대에 이르면 세가 도를 완전히 압도하여 '정신正身'[109] 한 사는 거의 찾아볼 수 없고 세에 기대어 이익을 취하려는 '영록지사迎祿之士'만 들끓게 된다.[110] 군주의 세가 성인의 도에 바탕해야 나라의 안정을 도모할 수 있는 이론은 전제 군주는 물론 출사한 사에게도 '우활迂闊'[111] 한 이론으로 여겨졌던 것이다. 실제로 이 시기에 이르면 도를 추구해야 하는 사조차도 자기의 세를 형성하는 방향으로 정진해갔고, 이것은 향후 전제 군주 체제가 종식될 때까지 군주와 관료의 오랜 길항 요인이 된다.

지금까지 고찰한 바와 같이 공자와 맹자는 출사를 통해 고대 선왕의 이상적인 세계를 현실에 구현하고자 했다. 공자는 그런 세계의 구현을 자신의 임무로 삼고 그것을 이루기 위해 열국에 유세했다. 맹자도 도의 실현을 자임하면서 더욱 강력한 이론으로 현실의 군주에게 도의 실천을 주장했다. 하지만 현실에는 도 외에 세라는 것이 있었다. 고대의 이상 세계에는 어떠했는지 몰라도, 현실의 정치 세계에서 도가 실현된 적은 단 한 번도 없었다. 따라서 차선책으로 생각했던 것이 공경을 다하고 예의를 갖춰 초빙할 때 그에 응하여 출사하는 것인데, 이것도 세가 도를 압도했던 당시의 현실에서는 기대하기 어려운 일이었다. 그렇다고 해서 아사를 면하기 위해 출사하는 것은 도에 뜻을 자의 도리가 아니기 때문에 공문에서는 벼슬길에 나가지 않을 때의 도의 실현이 중요한 문제로 떠오르게 된다.

조선시대 선비들의 나아감과 물러남

일반적으로 '처사處士'는 벼슬길에 나가지 않고 향리에서 은일하며 유교의 도를 펼치는 선비를 뜻한다. 그중에는 ① 벼슬을 구하지 못해 부득이하게 처사의 길로 들어선 사람도 있지만, ② 도를 펼치고자 하나 군주와 뜻이 맞지 않아서 처사의 길로 들어선 사람도 있다. 그런가 하면 ③ 세상의 번잡함을 꺼려서 자기만의 세계에서 도를 즐기기 위해 은일을 선택하는 사람도 있다. ④ 한편 처사 중에는 은자도 있지만, 은자는 세상과의 연을 완전히 끊고 자기만의 세계에 침잠해 사는 사람들이기 때문에 유교에서는 처사로 보지 않는다.

이 가운데 ① 유형과 ② 유형은 주관적인 선택보다 객관적인 정세에 의해 출사의 뜻을 접은 것이기 때문에 엄밀하게 말하면 처사라 할 수 없다. 여건만 갖추어지면 언제든지 출사할 사람들이기 때문이다. 반면 ③ 유형은 출사할 여건이 된다 해도 출사할 생각이 없으니, 주관적인 선택에 의해 처사의 길로 들어선 사람이라 하겠다.

① 유형은 도를 실천하기 위해 출사했던 사와 달리, 능력의 부재로 할 수 없이 처사가 된 것이기 때문에 처사라고 보기도 어렵다. 따라서 이에 대해서는 글의 마지막에서 잠깐 살펴보기로 하고, 우선 ② 유형부터 살펴보겠다.

② 유형의 전형적인 인물은 민손閔損(閔子騫)이다.[112] 『논어』에 의하면 일찍이 그는 노나라 대부 계손씨가 그를 벼슬에 앉히고자 사자를 보내왔을 때 '또 다시 나를 찾아오면 나는 노나라를 떠나 제나라에 가 있을 것'이라고 하면서, 계손씨의 청을 거절했다고 한다.[113] 어지러운 나라에 살면서 강

직으로 일관하면 반드시 화를 당하기 마련이다. 또 약하게 보이면 반드시 욕을 당한다. 자로와 염구가 그런 경우이다. 따라서 그런 일이 일어날 것을 내다보고 미리 대비한 것이다.

③ 유형은 원헌原憲(子思)이 전형적인 예인데, 『사기』 「중니제자열전仲尼弟子列傳」에 따르면 원헌은 공자가 죽은 뒤 세상을 등지고 풀이 무성한 늪가에 숨어 살았다고 한다. 어느 날 위나라 재상으로 있던 자공이 네 마리의 말이 끄는 마차를 타고 호위병을 대동한 채 찾아왔다. 자공은 원헌의 초라한 형색을 보고 이를 안타깝게 여겨, "어쩌다 이리 병이 들었습니까?"라고 물었다. 그러자 원헌은 "내가 듣건대 재물이 없는 것을 가난하다 하고, 도를 배우고도 실행하지 못하는 사람을 병이 들었다고 하는데, 저는 가난하지만 병은 들지 않았습니다"라고 답했다. 자공은 자기가 한 말이 경박했음을 알고 평생을 부끄럽게 여기며 살았다고 한다. 원헌이 가난했음에도 도를 실천했던 반면, 자공은 도를 굽혀 세를 따랐기 때문이다. 이런 경우가 바로 전형적인 처사에 속한다 하겠다.

칠조개도 ③ 유형의 인물이라 할 수 있다. 그는 일찍이 공자가 벼슬할 것을 권하자 "저는 아직 (공부가 부족해서) 벼슬하는 것에 자신이 없습니다"고 했다. 그러자 이 말을 들은 공자는 칠조개가 도에 뜻을 두고 있음을 알고 무척 기뻐했다[114]고 하는데, 이런 유형의 사람들은 벼슬자리가 주어진다 해도 즐겨 나아갈 사람들이 아니다.

한편 『논어』에는 이 밖에도 처사 생활을 했을 것으로 추측되는 안회顔回(子淵), 공석애公晳哀(季次), 증점曾點(晳) 등의 행적이 소개되어 있다. 먼저 안연은 공자가 그 인물됨을 품평하기를, "써주면 나아가 도를 행하고 버리면 은둔하는 것은 오직 너와 나만이 그렇게 할 수 있다"고 한 것으로 보아 ② 유형에 속한다고 볼 수도 있겠지만, '한 그릇의 밥과 한 표주박의 음료로 누추한 곳에 살면서도 그 즐거움을 바꾸지 않았다'는 공자의 말에 근거해보면 ③ 유형에 속한다고 볼 수 있겠다. 다만 스물아홉의 나이로 몰하여 그 자취가 어떠했는지는 평할 수 없다.

그리고 공석애는『논어』에 그에 대한 기사가 보이지 않아 그 행적을 자세히 알 수 없지만, 천하의 사들이 모두 도를 실천하지 않고 대부분 대부의 가신이 되어 도성의 관리가 되었을 때도 계차만은 지조를 지켜 남에게 벼슬하지 않았다.『사기』「중니제자열전」을 보면 그 또한 ③ 유형(또는 ② 유형)에 속했던 인물로 보인다.

그리고 공자가 "만일 내가 너희들을 알아준다면 어찌 하겠느냐, 너희들의 포부를 말해보라"고 권했을 때, 동석한 공문 제자들은 모두 정치와 관련된 일을 하고 싶다고 답한 데 대해, 증석은 그들과 달리 "늦 봄에 봄옷이 이미 이루어지면 (…) 기수沂水에서 목욕하고 무우舞雩에서 바람을 쐬고 노래하면서 돌아오겠다"[115]고 대답한 것으로 보아, 번잡한 세상사를 모두 잊고 현재 처한 위치에서 자기만의 떳떳함道을 즐기는 유형의 사람이었던 것 같다. 송대의 주석가들은 증석에 대해, 공자가 "중도를 걷는 사람中行을 얻어 함께할 수 없다면 반드시 광자狂者나 견자狷者와 함께하려 한다. 광자는 진취적이고 견자는 하지 않는 바가 있다"[116]고 한 말에 근거하여, "여기서 말하는 광자는 증석, 금장琴張, 목피牧皮와 같은 자를 칭한다. 이들은 뜻이 커서 언행이 일치하지 않지만, 그 뜻을 격려하고 억제하면 능히 도에 나아가게 할 수 있는 자들이다"고 했다.[117] 송유들의 말에 근거하면, 증석도 ③

유형에 속하는 인물이라고 볼 수 있다.

한편 '일민' 혹은 '은일의 선비'라고 하면 소극적이고 무책임한 지식인, 일반 백성과는 생각이나 행동이 매우 다른 고답적인 존재로 생각될지 모르지만, 실상을 들여다보면 전혀 그렇지 않았다. 그들은 반권력적인 입장에서 권력자의 편에 서지 않고 암묵의 비판자로서 백성의 편에 서 있었으며, 향촌에 어려운 일이 닥쳤을 때는 누구보다 앞장서서 민생을 걱정하며 향촌을 구제하고자 했던 지식인이다. 따라서 백성은 출사자보다 오히려 이들을 믿고 따르는 경향이 많았다.[118]

그 대표적인 예를 후한 말기의 원굉袁宏의 행적에서 찾을 수 있다.『후한서後漢書』「원굉전」에 따르면, 원굉은 후한 정부에서 대대로 삼공三公의 벼슬을 지낸 명문가의 후손이다. 종형인 원봉과 원외가 무도한 환관 정부에 안주하여 부유함을 누리면서, 덕으로 쌓은 선조들의 훌륭한 전통을 지키지 않고 교만하고 사치한 생활을 일삼으며 난세와 권력을 다투는 모습을 보고 속세와의 인연을 완전히 끊어버렸다고 한다. 이리하여 몸을 숨긴 지 18년 되던 해에 황건의 난이 일어나 군현이 함락되고 민중이 놀라 흩어졌을 때 원굉만은 경을 읊으며 움직이지 않았는데, 이때 도적들이 서로 약속하여 말하길 "당신의 마을에는 들어가지 않겠습니다" 했다. 그래서 향리 사람들이 원굉이 있는 곳으로 피난하여 전화를 완전히 피할 수 있었다고 한다. 유교의 도와 다른 태평도太平道를 신봉한 황건적이 유학의 경을 암송하는 원굉을 소위 현자로 여긴 이유는, 일민적 지식인을 자신이 속한 피압박계층 쪽에 가까운 자, 즉 자신과 마찬가지로 함께 살아가는 공동체大同社會[119]를 구현하려는 측에 서 있는 자로 여겼기 때문일 것이다.

일민이란 생각하는 소위 청풍명월淸風明月을 즐기거나 음풍농월吟風弄月이나 하는 무사태평無事太平한 일민이 아니다. 일민은 대혼란기에 사회 저변에 살면서, 이른바 요순의 도와 문왕의 도를 지탱하고 유지·발전시킨 힘의 원천이었다. 그들은 부와 권력을 누릴 수 있는 배경과 신분을 모두 포기하고, 사회의 밑바닥에서 향인들과 함께 살면서 향인들로부터 깨끗한 淸 지식인으로 무한한 신뢰와 존경을 받았던 사람이다. 그들은 백성들처럼 검소하게 살면서 백성들에게 유학의 도를 전하고, 남는 재물이 있으면 주변의 가난한 자들과 나누어 쓰면서, 고난이 닥쳤을 때는 누구보다 먼저 백성의 삶을 걱정하고 향촌의 붕괴를 막고자 했던 지식인이었다.

공자가 말했다. "천승의 나라를 다스리되 일을 공경하고 믿게 하며, 쓰기를 절도 있게 하고 백성을 사랑하며, 백성을 부리기를 제 때에 하여야 한다."[120]

공자가 오랑캐의 땅에 가서 살려고 했다. 그러자 혹자가 말하기를, "그것은 누추한데, 어떻게 하시려고 그러십니까?" 그러자 공자가 말했다. "군자가 거주하는 데 무슨 누추함이 있겠느냐?"[121]

일을 미덥게 잘 처리하기 위해서는 자신이 솔선수범하는 길밖에 없다. 사치스럽게 쓰면 재물을 손상하고 재물을 손상하면 반드시 이웃을 해치게 된다. 그러므로 이웃을 사랑한다면 반드시 절용節用을 먼저 해야 한다. 그리고 부역이 있을 때는 농한기를 이용해야 한다. 그렇지 않으면, 본업(농업)에 힘을 쓸 수가 없어서, 비록 이웃을 사랑하는 마음이 있다 해도 사람들이 혜택을 입지 못한다.

한편 처사는 도에 뜻을 둔 자이기 때문에 누추한 오랑캐 땅이라 하더라도 개의치 않는다. 그들은 오직 이익만을 탐하는 권력층과 달리, 부귀와 권세에 영합하지 않았기 때문에 '명사'나 '현사'라는 이름을 얻었는데, 청경한清 생활 태도가 인격의 상징이었다. 원래 '청'은 더럽고 탁한 정치에 맞서 당당히 비판을 가한다는 뜻에서 나왔지만, 시간이 지나면서 인격적인 생활 이념으로 내면화되었다. 비록 시대에 따라 사상적으로 심화되면서 다양한 해석이 가해졌지만, 청이 유교적 소양을 지닌 지식인의 기본 덕목이란 점에는 이의가 없다. 그렇게 생각된 이유는, 각종 재난으로 사회 생산력이 크게 저하되었을 때 사회를 안정시키는 데에는 비록 소극적인 것이긴 해도 가난에 안주하고 도를 즐기는 처사·일민적인 '청정함'만큼 뛰어난 덕목이 없으며, 또 인간이 삶을 영위하는 데에도 이런 삶이 가장 기본이 되는 삶의 방식이기 때문이었을 것이다.

여기서 ① 유형에 대해 다시 말해보겠다. 일반적으로 처사라고 하면 벼슬하지 않고 향리에 머물면서 유유자적하게 세월을 보내는 고결한 선비를 떠올리는데, 이들을 유교에서 말하는 처사라고 구분하기에는 곤란한 점이 매우 많다. 즉 『논어』에서 말하는 처사는, 백성과 같은 검소한 삶을 살면서, 평상시에는 공동체 유지에 필요한 유학의 기본 예절과 덕목을 백성에게 펼치고, 위기 시에는 민생의 파탄으로 인한 공동체의 붕괴를 걱정하며 백성의 입장에서 그들의 삶을 지키기 위해 솔선수범했던 고결한 정신을 지닌 일민 처사의 엘리트들이다. 반면 향당에서 칭해지는 처사는 일반 백성과 다른 삶을 살면서 평상시에는 '음풍농월' 하고 재난이 닥쳤을 때는 허울뿐인 규휼을 행하면서 군자연君子然하던 이들이다. 어떻게 보면 소위 '유자儒者'라고 보기도 어려운, 맹자가 말하는 이른바 '향원鄕愿'에 가까운 자들이다. 이들은 과거 시험에 낙방하여 어쩔 수 없이 향리에 머무른 자들로, 선왕의 도를 펼치고자 했으나 천하가 무도하여 출사를 포기하고 향리에서 도를 실천했던 고대의 처사와는 출처관이나 인품이 매우 다른 사람들이다.

하지만 이들이 관리 임용 시험(과거 제도)에 응시하기 위해 배우고 익혔던 소양道學과 지식이란 과거에 급제하여 관리로 재직 중인 자들이 지닌 소양과 지식이었기 때문에, 처사라 하지만 여느 처사와는 급이 다른 신분이 주어지는 계기가 되었다. 그것은 과거 시험에 급제하여 관리로 임용된 자들이 누리던 특권인데, 이를테면 조세 감면, 부역 면제, 군역 면제 등과 같은 특혜였다.

향당에 거주하는 처사에 대한 특권의 부여는 중앙의 고위 관료들이 더 선호했는데, 여기에는 그럴 만한 이유가 있다. 즉 당나라 때에는 과거에 급제하지 못하더라도 음서 제도가 발달하여 고위 관료의 자식들이 출사하는 데는 하등의 어려움이 없었다. 그리고 과거 시험이라는 것도 일종의 관리 임용 자격을 테스트하는 시험이었기 때문에, 과거 시험에 합격했다 하더라도 고위직에 친인척이 없으면 관리로 임용되기 어려웠고, 임용된다 해도 중요한 보직에서 배제되는 경우가 많았다. 환언하면 관리의 임용과 승진에서 음서 출신에게 더 많은 기회와 혜택이 주어졌던 것이다.

하지만 송나라 때에는 과거 제도가 보편화되면서 관리가 되려면 반드시 과거 시험을 통과해야 한다는 분위기가 조성되었다. 물론 이 시기에도 음서를 통해 출사하는 자들이 있었으나, 관리 임용에서는 음서 출신보다 과거 출신이 더 우대되고, 관료의 수도 과거 출신이 훨씬 많았으며 무엇보다 음서 출신을 낮게 보는 분위기가 있었기 때문에, 음서를 통해 출사했다 하더라도 다시 과거에 응시하는 예가 많았다.

때문에 출사와 관직을 일종의 가업 내지는 직업처럼 여겨왔던 명문 집안 출신의 고위 관료들은 후손을 위해 특별한 장치를 마련하지 않으면 안 되었다. 후손 중에서 과거에 급제하지 못하는 경우가 생기면 가문이 몰락할 수도 있기 때문이다. 이렇게 해서 과거 시험에 응시하기 위해 유교적 소양과 지식을 연마했거나 혹은 과거 시험에 응시한 적이 있는 자들에게도 관리에 준하는 대우를 해주었는데, 비록 이들이 과거 시험에 실패했다 하나, 이들에게는 관리가 갖추어야 할 지식과 소양을 모두 갖추고 있었기 때문에 여느 처사와 다른 대우를 해준다고 해서 이상할 것이 없었다. 이렇게 되자 이번에는 각 지방에서 향교나 서원 등에 등록하여 유학 즉 과거 시험 과목을 배우려는 사람들이 기하급수적으로 늘어나게 되었다. 그리고 결국 이들에게도 관리에 준하는 동일한 혜택을 주었다.

한편 특권층의 증가는 재정 수입의 감소로 이어지기 때문에, 비록 이전 시대에 비해 사회 생산력이 많이 증가되었다고 하지만, 그것을 부담해야 하는 백성의 고통은 가중될 수밖에 없었다. 이로 인해 민생의 파탄도 이전보다 더 심해졌다. 하지만 그런 상황에서도 향당의 처사들은 민생을 살피기보다 자기와 자기 당黨의 이익을 위하거나 향촌 사회에서 자기 위상을 확보하기 위해 각종 계와 파당, 규약을 만드는 경우가 허다했다. 이를 배경

출처, 경계의 철학

으로 백성을 차별하고 탄압하는 한편, 더 많은 권리와 특혜를 누리기 위해 반反백성의 입장에서 정부의 정책에 협조적인 태도를 취하는 경우도 많았다.

이것이 바로 향당에서 말하는 처사인데, 이와 같은 잠룡潛龍들을 민자건, 원헌, 칠조개, 안회, 공석애, 증점 등과 같은 공문의 처사와 같은 차원에서 비교하거나 평가할 수는 없다. 하지만 현실은 우리가 바라는 이상과 정반대로 흘러갔고, 그들 잠룡들이 처사의 전형으로 자리를 잡으면서 유학의 이상적인 청렴한 처사도 차츰 잊혀갔다. 오늘날 선비라고 하면 도학을 연마한 고결한 정신의 처사를 먼저 떠올리는 경향이 있다. 그러나 고결하고 깨끗한 처사는 백성들과 함께 살면서 반권력적인 입장에서 백성의 편에 서서 백성의 삶을 위하고 민생의 피폐로 인한 공동체의 붕괴를 걱정하던 이른바 '정신지사'를 말하는 것이다.

김극일의 출처관

조선이 개국한 이래로 16세기 후반에 접어들면서 사림士林 정계 진출에서 비롯된 인맥, 학연, 학설상의 문제는 정맥政派의 분열을 심화했고, 결국 동서東西의 대립과 영남학파와 기호학파의 대별을 낳았다. 특히 영남학파는 정치·사회·학문적으로 유교 문화를 정착시키고 발전시키는 데 지대한 영향을 끼쳤다고 할 수 있는데,[122] 영남의 재지 사족 가운데 안동의 내앞김문川前金門은 영남의 명문 거족으로서 동성촌을 형성하며 사림 세력의 성장 추세에 궤를 같이했고 주자학적 향촌 지배 질서에서 명문의 확고한 기반을 구축했다.

천전김문의 대표적인 인물이 바로 약봉藥峯 김극일金克一(1522~1585)이다. 그는 16세기에 주로 활동했던 영남 사림파의 문인이며, 퇴계의 문하에서 수학했다. 자는 백순伯純, 호는 약봉, 본관은 의성義城이다. 그의 아버지 청계靑溪 김진金璡(1500~1580)은 26세에 사마시에 합격하여 성균관에서 유학하면서 하서河西 김인후金麟厚(1510~1560), 퇴계退溪 이황李滉(1501~1570) 등 당대의 명유들과 교유했다. 그는 사림파가 대참변을 당한 을사사화(1545)때 과거를 단념하고 청기현靑杞縣에 강당을 건립하여 후학을 양성하며 일생을 보냈다.

약봉은 아버지 청계공과 어머니 민씨閔氏 사이에 다섯 아들 가운데 맏이로 태어났다. 아우로는 구봉龜峯 김수일金守一(1528~1583), 조졸한 김명일金明一, 학봉鶴峯 김성일金誠一(1538~1583), 남악南嶽 김부일金復一(1541~1591) 등이 있다. 이 형제들은 덕업과 문장이 당대에 출중하여, 세상 사람들이 '김씨오룡金氏五龍'이라고 칭했다. 그는 어려서부터 호상준일豪爽俊逸했고, 청계공이 성균관에 있을 때 말을 내면 주위 사람들을 문득 놀라게 하여 서울의 사대부들이 서로 다투어 신동이라고 평하게 되자 당시 촉망받는 인재였다.

어려서는 가학으로 청계공에게 수업을 받았고, 훗날 퇴계의 문하에 입문하여 많은 가르침을 받았다. 물론 현존하는 자료를 근거해볼 때, 다른 문하에 출입한 흔적은 거의 찾아볼 수 없다. 그가 퇴계의 문하에 입문한 시기는 퇴계가 서울의 경저京邸에 있을 때인 듯하다. 25세(1545) 때 과거에 급제하여 교서관 정자에 제수되었다. 이 해에 어머니 민씨의 상을 당했다. 상을 마치고 승문원에 선발되었고, 정자·저작·박사를 거쳐서 천거로 기거랑이 되었다.

이후 형조 원외랑, 사헌부 감찰, 홍원현감, 청홍도사, 직강, 형조·예조 정랑, 경상도사, 예조 정랑, 군기첨정, 평해군수, 사재감 첨정, 예천군수, 성균관 사성, 사도시정, 성주목사, 밀양부사 등을 지냈고, 1580년 아버지 청계공이 돌아가시자 3년 상을 마치고 내자시정을 지냈다. 이후 4년 뒤 64세에 별세해 임하현의 북쪽 비리곡에 안장되었다. 그는 환로에서 내직보다는 주로 외직에서 많은 관직을 수행했는데, 이는 부모의 봉양을 위한 배려였기에 효제충신을 몸소 실천한 인간적 면모의 일면을 엿볼 수 있다.

16세기 영남의 사림은 중앙 정계에 어느 정도의 참여는 있었으나 그다지 활발하게 이루어지지는 않았다. 물론 이러한 정국은 당시의 정치적인 판도가 서인의 주도로 이루어졌다는 데도 그 원인이 있을 것이다. 그래서 영남 사림들의 의식적 기저에는 대부분 출사에 연연하지 않고 주로 학문의 정진과 후학의 양성에 몰두하며 처사적인 삶으로 일관했다.

약봉은 그의 생평에서 약 40년간 환로의 길을 걸었지만 부모의 봉양을 핑계삼아 주로 한직을 구했고, 몇몇 지방 수령을 지냈다. 그는 생평에서 많은 해를 환로에서 보냈지만, 작품 속에 드러난 그의 의식적 기저에는 늘 벼슬을 그만두고 고향으로 돌아와 은거하려는 정서가 있었다.

사람 많은 도시에 붉은 먼지 드날리고,
조용한 강호에 대낮에도 한가롭구나.
이미 전원 흥취를 찾는 것이 즐거운데,
어찌 조정의 반열에 물들 생각하겠는가.

쓸쓸함은 팽택의 도연명과 같고,

처량함은 유자산과 같다네.

나의 삶이 비록 시대를 달리하지만,

벗삼으려 하는 뜻 버리기 어렵다네.[123]

예시는 송암松巖 권호문權好文(1532~1587) 등이 자신의 우거를 찾아왔지만 만나지 못하고 시만 남기고 떠났기에 남긴 시에 대해 약봉이 차운한 작품이다. 약봉의 연보나 행장行狀이 없어 정확히 창작한 시기는 상고할 수 없으나, 앞의 시를 근거해본다면 벼슬을 잠시 그만두고 낙향하고 있을 때 지은 작품인 듯하다.

예시는 시상의 전개에서 환로에 연연하기보다는 강호로 귀래하려는 자신의 의지를 강하게 표출하고 있다. 경락京洛보다는 강호를, 조반朝班보다는 일한日閒을 갈망하고 있다. 작품에서 경락은 경사京師로 대중이 사는 곳이라는 뜻인데, 바로 임금이 사는 궁궐이 있는 곳이다. 경사에는 많은 사람이 모여 정쟁으로 혼란스럽게 때문에 강호로 돌아가 한가롭게 지내고 있다. 그래서 강호의 이러한 삶속에서 전원의 흥취를 찾는 것이 즐거운데 구태여 조정의 반열에서 정쟁이나 세속의 잡스러운 것에 물들 생각이 없음을 피력했다.

현재 자신의 삶이 비록 시대는 다르지만 팽택령을 마지막으로 자신의 소신을 보인 도연명과 북주의 문학가인 유신庾信과 같은 쓸쓸함과 처량함은 있다. 그러나 그들의 삶과 벗삼고자 하는 뜻은 버리지 못함을 잘 드러내고 있다. '강호' '일한' '팽택' '유자산' 등의 상징어들은 주로 고답이나 초월의 동경일 수도 있겠지만, 현실 세계와의 일정한 거리를 표현했다고도 할 수 있다. 이렇듯 귀은을 갈망하는 그의 의식적 정서는 자신에게 주어진 여러 현실의 도피라기보다는 출처관의 기저에 이미 정립되어 있는 사유 체계의 노정이라 할 수 있다.

> 몸 밖의 헛된 이름 거의 관여치 않고,
> 돌아옴에 누가 석인의 관광함 막으랴.
> 폐허 된 집 10년의 빼어난 경치 급히 열고,
> 영춘의 백세를 위한 즐거움을 길이 받드네.
> 희디흰 강 물고기 느즈막 벼와 어울리고,
> 푸르디푸른 자형 그윽한 난초에 비치네.
> 한 관직에 매인 몸 진정 이로움이 없으니,
> 벼슬 그만두고 얼른 돌아와 부모 봉양하리.**124**

허명虛名과 관직에 마음 두지 않고, 전원으로 귀래하여 석인의 관광寬廣과 부모의 봉양에 힘쓰려는 자신의 결연한 의지를 잘 피력하고 있다. 강호로 귀래하려는 약봉의 정서는 전반부와 후반부로 나누어 살펴볼 수 있는데, 전반부에서 '석인관'은 『시경』 「위풍」의 '고반考槃'에서 현자가 간곡澗谷의 사이에서 은거하면서도 석대碩大하고 관광寬廣하여 근심하는 뜻이 없고 오히려 스스로 이러한 즐거움을 잊지 않겠다고 맹세한 것에서 인용한 것이다. 그는 세상에 모든 영화와 명리를 버리고 석인의 관광한 마음으로 전원으로 돌아와 부모의 백년해로를 위해 봉양할 것을 기약하고 있다. 그리고 후반부에서는 환로에서의 진정한 즐거움이 없으니 부모의 봉양을 위해 일찍 벼슬을 그만두고 돌아올 것을 구체적으로 드러내고 있다.

그의 이러한 의식적 기저에는 그의 사승 관계에서도 일정한 영향을 받았을 것이다. 그는 퇴문退門에 출입하기 이전에는 주로 청계공에게 많은 학문적인 가르침을 받았다. 청계공은 16세에 고모부였던 권간權幹에게 수학했고, 결혼한 후에는 민세정閔世貞(1471~?)에게 수학했다. 민세정은 조광조가 인재의 등용을 위해 건의하여 설치한 현량과로 출사한 기묘명유己卯名儒이다.[125] 이들에게 수학한 청계공이 배운 기본적인 텍스트는 『소학』이었다. 이를 통해 효제충신의 실천 유학이 강학의 주된 내용이었음을 짐작할 수 있다. 사승관계에서 알 수 있듯이 약봉 역시 어려서부터 이러한 학문적 영향을 받았을 것이며, 훗날 안동 사림의 학문적인 추이에도 많은 영향을 미쳤다. 실제 그의 시세계에서도 이러한 의식적 기저를 토로한 작품이 다수를 이루고 있음을 확인할 수 있다.

조임도의 출처관

개울가 소나무 홀로 좋아하는데,
찬 겨울에도 그 모습 고치지 않네.
깊이 내린 뿌리 절벽에 박혀 있고,
곧은 가지 우뚝한 봉우리에 솟았네.
바람 세찰수록 소리 더욱 크고,
찬 서리 내릴 때면 푸르름 더하네.

출처, 경계의 철학

그대 보았는가! 봄날과 여름날에,

모든 만물이 한없이 푸르디푸른 것을.[126]

예시는 간송당澗松堂 조임도趙任道(1585~1664)가 19세에 지은 작품이다.
17세기 초반 처사적 삶을 살다간 한 유자의 의식적 지향과 애송愛松의 각
별한 취미를 엿볼 수 있다. 천한天寒에도 변하지 않는 소나무의 자태, 절벽
에 내린 소나무의 깊은 뿌리, 위봉危峰에 솟은 소나무의 곧은 가지, 열풍烈
風에 더욱 씩씩한 소나무의 외형, 엄상嚴霜에 더욱 푸른 소나무의 절조 등
은 어쩌면 미래에 자신의 삶에 대한 동경의 대상 내지는 의지의 표명이기
도 하다. 그는 몇 번에 걸쳐 관직이 제수되었지만, 환로에 나아가지 않고 자
연에 은거하며 평생을 창작과 저술로 보내며 생을 마쳤다. 이 글은 그의 이
런 처사적 삶에 주목해보고자 한다.

조임도는 조선 중기의 학자로, 본관은 함안咸安이며 자는 덕용德勇, 자호
를 간송당澗松堂[127]이라 했다. 그는 함안군 검암리에서 아버지 식埴과 어머
니 문화류씨文化柳氏 사이에서 태어났다. 8세(1592) 때 임란으로 인해 왜적
을 피하여 아버지를 따라 합천으로 이거했다. 14세(1598)에 입암공과 함
께 정유난을 피하여 청송靑松에서 영천榮川으로 왔다가 다시 봉화奉化로
이거하게 되는데, 이때 반천槃泉[128]의 문하에서 수학하게 된다. 다음 해에
다시 반천을 따라 안동의 청량산淸凉山으로 가서 수학하며 반천의 학문적
권면을 크게 입게 된다. 16세(1600)에 두곡杜谷[129]의 문하에 들어갔고, 두
곡은 어릴 때부터 이미 탁월한 그의 학문적 입지에 감탄하며 『대학』 1책
을 주었다.

16세에 입암공과 함께 의성 하천리에 있는 사촌 자형 오봉梧峯 신지제申之悌(1562~1624)의 집에 갔다가 돌아오면서 여헌을 처음으로 뵙게 된다. 훗날 그는 「취정록就正錄」에서 당시의 소감을 다음과 같이 술회했다. "얼굴은 물에 담근 듯 붉고, 눈 모양이 단정하여 시선을 함부로 돌림이 없었다. 말과 행동에 법칙이 있어 조용하고 온화하면서도 굳세며 깊고 담박하며 원대했다. 내가 보건대 평이하면서 확고하여 함부로 뽑을 수 없는 지조가 있었고, 공손하고 겸허하면서 단정하여 함부로 범할 수 없는 기상이 있었다. 내가 비록 어린 나이이기에 아직 지식은 없지만 마음속으로 특이하게 여겼다……"[130]라고 했다. 여헌을 처음 대한 간송은 당시의 소감을 특이함으로 기술하고 있다.

다음 해 1601년에 그는 입암공과 함께 인동仁同의 가락동嘉樂洞으로 이우移寓하면서 여헌旅軒의 문하에 입문하여 수학하게 된다. 그가 여헌의 문하에 입문하여 훈자상장熏炙相長 한 것이 약 40년쯤 된다. 출입한 시기를 볼 때, 여헌의 가르침이 얼마나 지대했는지 짐작할 수 있다.[131] 여헌의 문하에 입문할 당시 간송은 초명이 기도幾道였으나, 도에 나아가기에 미진함이 있다고 하여 임도任道로 개명하라는 여헌의 권고에 따랐다.[132] 그리고 간송에 대한 여헌의 애정 역시 남달랐다. 하루는 간송이 여헌과 함께 '둔鈍' 자에 대해 논하다가 안자顔子를 언급하는 자리에서,[133] 여헌이 술회하기를, "오늘 그대와 함께 공자와 안자의 일을 의논하니 어찌 우연이겠는가? 어떻게 하면 매일 이와 같이 내 마음을 기쁘게 하고 위로할 수 있겠는가?"[134]라고 했다. 여헌 문하의 많은 제자 중에서도 간송은 공자에게 있어서 안자와도 같은 존재였다. 훗날 여헌의 문집 간행에서 부록편에 「언행록

言行錄」을 수록하면서 간송이 지은 「취정록就正錄」을 모두에 편차한 것도 이러한 그와의 관계와 무관하지 않을 것이다.

결국 간송은 18세 이전에 이미 어려서부터 입암공의 정훈庭訓을 받았고, 입암공의 삼천지교三遷之敎에 힘입어 당대 거유의 문하를 출입하며 교사를 받았다.[135] 이러한 그의 사승師承은 훗날 자신의 학문적 경향과 출처에 결정적인 역할을 했다. 20세에 향시에 합격했고, 21세에 천리天理·지락至樂·당비黨比·출처 등을 논한 『관규쇄록管窺瑣錄』을 지었다. 26세에는 향해鄕解에, 30세에는 동당시東堂試에 합격했다. 그는 32세에 회시會試에 응시한 이후에 더 이상 거업擧業에 나아가지 않고 오로지 독서와 창작, 상자연賞自然을 자신의 즐거움으로 삼았다. 이후 몇 차례에 관직을 제수 받았으나 나가지 않고 은자적 삶으로 일관하며 80세를 일기로 생을 마쳤다. 그의 인생 편력에서 학력과 가문, 학문적 역량 등에 비춰 볼 때 환로에 나아가 부입암공의 여망에 부응할 충분한 제조건을 갖추고 있었으나, 결국 처사적 삶으로 생을 마감했다.

간송은 나이 80세에 하세할 때까지 세 차례에 걸쳐 관직에 제수되었으나 현실에 나아가지 않고 스스로 산림처사를 자임하면서 강호에 은거하며 학문과 저술로 생을 마쳤다. 그렇다면 그가 현실에 관심이 없어서인지, 아니면 이러한 그의 삶이 의식 지향의 발로였는지는 그가 남긴 저술을 통하여 살펴볼 수 있다. 그는 20세 이후부터 하세할 때까지 다양한 양식의 저술을 남겼다. 특히 이 가운데 출처 문제, 은자적 삶, 처세의 방법 등에 많은 고민을 했고, 실제 자신의 창작물에서도 이러한 사실을 피력하고 있다. 먼저 눌은訥隱 이광정李光庭(1674~1756)은 『간송집澗松集』 서문에서 다음과 같이 말했다.

그의 입지는 확고했고 의리를 보는 것이 분명했다. 임금과 어버이에게 돈독했고 스승과 벗에게 극진했으며 몸가짐에 엄했고 출처에 자세했으며 부귀를 보잘것없게 여기고 빈천을 편안하게 여겼기에, 기꺼이 강호에 뜻을 두어 평생 고민이 없었다. 그렇다고 해서 선생이 세상을 염두에 두지 않는 데 그친 것은 아니다. (…) 세 번 관직을 제수받았지만 세 번 모두 이에 응하지 않았으니, 공문으로 하여금 선생을 평가하게 한다면 어찌 백이와 소연少連의 반열에 들지 않겠는가?[136]

간송 사후에, 눌은은 그의 위인과 삶의 지향, 그리고 출처에 대한 인식 등을 간결하면서도 적확하게 묘사하고 있다. 그래서 눌은의 서문을 통하여 간송이 현실 문제에 얼마나 신중했는지를 간접적으로 살펴볼 수 있다. 그는 입지가 확고하고 의리를 분별하는 식견이 밝았으며 자신의 몸가짐에 엄격했다. 갑술년(1634)에 공릉참봉恭陵參奉, 정해년(1647)에 대신사부大君師傅, 기해년(1659)에는 공조좌랑工曹佐郎에 제수되었으나 모두 병을 핑계로 부임하지 않았다.[137] 이는 출처를 섣불리 결정하기보다는 자세히 살펴 판단했기에, 결국 강호에 은둔하며 탈세속한 은자적 삶으로 생을 마감했다. 이렇듯 학문과 덕행을 갖추었으면서도 초야에 묻혀 벼슬하지 않았던 간송을 눌은은 '일민逸民'으로 규정하고, 백이·숙제·우중虞仲·이일夷逸·주장朱張·유하혜·소연 등의 대열에 설 수 있음을 강조하고 있다. 눌은의 간송에 대한 이러한 평가가 과연 조선시대 여느 선비들의 문집 서문에서 으

출처, 경계의 철학

레 미화되는 그러한 은자적 표현일까? 그렇지는 않았을 것이다. 사실 『간송집』은 눌은의 교정과 편차를 거쳐 1744년에 원집과 별집이 간행되었다. 이런 정황과 눌은이 영남에서 왕성한 문필 활동을 했던 점을 미뤄볼 때, 간송이 가진 의식적 기저와 현실 인식에 대한 눌은의 이해는 충분했으리라 짐작할 수 있다.

간송의 이러한 의식적 기저는 그의 스승과도 일정한 거리가 있어 보인다. 여헌의 「연보年譜」에, "출사를 부끄러워하는 사람이나 처해야 몸을 깨끗이 할 수 있고 자기 몸을 높인다고 생각하는 그릇된 생각을 갖고 있는 사람은 군신의 대의를 알지 못하는 사람이다"[138]라고 했다. 이는 여헌의 출처관을 단적으로 볼 수 있는 자료이다. 그는 단순히 은거하는 것으로 고절高節의 선비로 자임했던 전대 및 당대 선비들의 출처관을 경계하고 있다. 그래서 여헌의 출처관은 세상의 가부를 따지지 않는 단순한 피세적 은둔보다 어느 정도 출세지향적 출처관을 가지고 있었다. 그는 생전에 37회나 관직에 제수되었으나 대부분 사직소辭職疏를 올려 관직에 나아가지 않았다. 하지만 비록 짧은 기간이지만 보은현감, 의성현감의 외직과 세 번의 내직 생활을 했다. 여헌이 관직에 나아갈 때 간송이 스승에게 보낸 이색적인 편지 한 편이 있다.

산림에 처하거나 조정에 처하는 것은 그 사례가 같을 수 없습니다. 혹여 자유로울 수 없기 때문에 그 본심을 굽히는 경우가 많습니다. 예부터 곧음을 지키는 선비가 자신의 몸과 마음을 수렴하고 명절名節을 갈고닦아 처음부터 끝까지 허물이 없는 군자가 되기를 기약하고자 하지 않았겠습니까? 하지만 명장名場에 나아가서는 본래의 모습을 잃지 않는 자가 거의 없습니다. 정말 두려울 따름입니다.[139]

1624년(인조 2)에 여헌이 관직을 제수받자, 간송이 환로에 나아가는 여헌에게 보낸 편지이다. 일반적으로 산림에 은거하는 것과 환로에 나아가 조정에 있는 것은 일이 같지 않기 때문에 몸이 자유로울 수 없고 소신껏 처신할 수도 없다. 그래서 아무리 지조 있는 선비라 할지라도 명장에 나아가서는 자신의 의지와 무관하게 초심을 잃을 수밖에 없는 경우가 허다함을 역설하고 있다. 관직을 제수받고 출사出仕의 가부를 결정하는 문제에서 스승에게 조차도 감히 명절과 본보本步의 상실을 우려하고 있다.

그렇다면 그의 의식적 기저와 현실 인식의 실체를 실제 그의 창작물을 통하여 살펴보기로 하자. 간송의 창작물 가운데 그의 의식적 기저의 일면을 파악할 수 있는 자료로 「우언寓言」 「잡저雜著」 「자전自傳」 「저닉설沮溺說」 「기이記異」 「관규쇄설管窺瑣說」 등과 한시 작품이 있다. 여기서는 먼저 「잡저」를 통하여 구체적으로 살펴보고자 한다. 간송은 「자전」에서 자신의 인간적 풍모와 삶의 취향을 평한 바 있다.

정밀하지 못하고 강건하여 서툴며 벗이 적고 세상과 잘 맞지 않았다. 일찍이 문에 뜻을 두었기에 이름을 이룬 적이 없었다. 어려서부터 남다른 취미가 있어 번다하게 시끄러운 것을 좋아하지 않았다. 매번 유척幽泉, 기석奇石, 무림茂林, 수죽脩竹, 비수祕邃, 잠적岑寂 등을 만나면 문득 기뻐하며 돌아오는 것을 잊어버리곤 했으니, 떳집을 지어 여기서 평생을 보내려는 바람이 있었다. 성품이 술을 좋아하고 몇 잔 술에도 크게 취해서 흥기하여 천진을 드러내고 스스로 노래를 지어 자신의 감회를 읊조렸다.[140]

「자전」의 모두에서 "늙은이의 성명과 사는 향읍을 알지 못한다翁不知何姓名 亦不識其鄕邑"라고 했지만, 이 글은 간송이 자신의 타고난 성품과 지금까지 살아온 삶을 되돌아보며 자평한 글이다. 세상에 영합하지 못하는 자신의 성격, 번다한 세속에 나아가 입신양명하기보다는 탈속하여 강호에 은거하며 자연을 벗삼아 산림처사로 평생을 살아가려 했던 자신의 의식적 기저 등을 잘 드러내고 있다. 이러한 정서는 언필칭 '탈세속脫世俗'을 부르짖던 조선시대 여느 사대부들과는 다른 정서임을 알 수 있다. 사실 이러한 언급은 그의 부친 입암공의 지적에서도 잘 나타나 있다.

입암공은 간송의 이러한 의식적 기저를 내심 걱정하면서, "우리 아이의 기질은 맑기가 마치 가을 물과 같다. 하지만 그가 세속에 화합하지 못하고, 지금 세상에 벗어나기 어려우니 그것이 두려울 따름이다. 옹이 또한 백직白直을 자임했으니, 이에 대해서 방호防護하지 않고 말하기를 스스로 좋아할 따름이다. 다른 사람들이 좋아하고 좋아하지 않는 것이 어찌 내가 관여할 바이겠는가? 스스로 알 따름이다. 세상 사람들이 알아주고 알아주지 않는 것이 어찌 나에게 있겠는가? 완전함을 구하다가 받는 비방과 생각지 못했던 칭찬을 가끔은 한꺼번에 이를 수 있다"[141]고 한 바가 있다. 이러한 사실로 볼 때, 그는 어려서부터 환로에 나아가 세상과 영합하려는 의지가 애초에 없었음을 알 수 있다.

결국 그는 중년에 내내奈內에 은거하며 상봉정翔鳳亭을, 만년에 용화산 기슭에 연어대鳶魚臺를 짓고[142] 산수와 자연에 의지하여 흥기하며 문필로 자신의 즐거움을 삼았다. 「자전」의 말미에 있는 '찬贊'에서 문체적 특성에 맞게 절제된 언어를 통하여 자신의 타고난 재주와 천성, 그리고 삶의 지향점을 단적으로 묘사하고 있다.

> 타고난 재주 거칠고 모자라며,
> 천성이 고집스럽고 어리석구나.
> 세상에 나아가면 고생스럽고,
> 산에 있으면 수양할 수 있다네.
> 산중에는 금하는 것이 없고,
> 물고기, 새와 함께하리라.
> 내 좋아하는 것들 서로 어울려,
> 내 삶을 마칠까 한다네.[143]

거칠고 모자란 듯한 타고난 재주, 고집스럽고 어리석은 듯한 천성 등의 표현이 자신을 낮추는 일반적 겸사謙辭라고 볼 수 있겠지만, 어쩌면 자신의 이러한 재주와 천성을 만족하고 있었는지도 모른다. 「관규쇄록」에 "천리天理는 재주가 뛰어난 것보다 서툰 것이 좋고, 영리하고 교활한 것보다 어리석은 것이 좋고, 말 잘하는 것보다 어눌한 것이 좋고, 예리한 것보다 무딘 것이 좋다"[144]라고 한 것에서 알 수 있듯이 재빠르고 영리하며 교묘한 것은 천도와 거리가 먼 것으로 여겼다.

출처, 경계의 철학

결국 그는 세상에 나아가 고생하기出世則蹇보다는 산에 있으면서 수양할在山則頤 것을 다짐했고, 금함이 없는 산중林泉과 어조魚鳥와 함께할 수 있는 자연을 자신의 귀의처로 삼았으며, 출처에 대한 자신의 심경을 건이蹇頤로 단정했다. 다시 말해, 세상에 나아가 환로의 길을 걷는 것은 너무 어렵고 인위적인 힘이 들기 때문에 현재 강호에 은거한 자신의 삶이야말로 자연스럽게 내면을 수양할 수 있음을 피력한 것이다. 이러한 그의 삶은 현실공간의 불가함으로 인한 피세避世적·염세적 은둔이기보다는 주어진 현실의 가와 불가에 무관한 초속超俗적 은둔의 세계관이라 할 수 있다.

어떤 사람이 나에게, "장저와 걸익은 어떤 사람입니까?"라고 물었다. 내가 대답하기를, "옛날의 은자입니다"라고 했다. "'은隱'은 무엇을 뜻합니까?" "때가 적당하지 않아 하지 않을 줄 아는 사람입니다." "그렇다면 이는 현명하고 지혜로운 선비입니까?" "그렇습니다."145

예문은 『논어』에 있는 장저長沮와 걸익桀溺의 고사를 인용하여 은자에 대한 자신의 입장을 피력한 「저녁설」의 모두 부분이다. 일반적으로 거만하게 세인과 단절하고 세속을 떠나서 짐승과 함께 무리 짓는 것을 달갑게 여긴 장저와 걸익에 대해 방외方外의 한 절개 있는 선비로서 세상을 잊고자 결행한 사람에 불과하다고 여긴다.146 하지만 어떤 사람이 장저와 걸익의 위인爲人을 묻기에, 간송은 은자라고 답했다. 그리고 은자란 어떤 사람인지에 대한 또다른 반문에서, 때가 아니면 세상에 나아가지 않는 것時不可而不爲으로 구체화했다. 여기서 간송이 말한 것은 바로 출처 문제에 있어서 시중時中이다. 그는 당시 사람들이 장저와 걸익의 은자적 삶에 대해 곡해의 소지가 있음을 인식하고 이에 대해, "내가 세상의 이익을 다투어 나아가는 무리를 보면, 옛날에 성현들이 도를 행하고 세상을 구제한 일을 나열하면서 이를 빌미로 삼고, 공적인 의논으로 빙자하여 사욕에 나아가 파리가 사소한 일에 분주히 다니고 개가 경솔하게 행동하는 것 같다. 어둠 속에서 구걸하는 자들 또한 장저와 걸익은 그르다고 논의할 것이니 스스로 헤아릴 수 없는 사람들을 많이 볼 것이다"[147]라고 했다. 이러한 사실은 당시에 출사하는 사람들이 자신의 명리名利를 위해 세상에 나아가면서 공자의 출처관을 명분으로 내세웠다는 것이다.

귀은적 정서는 주어진 현실 세계에서 벗어나 자연으로 돌아가 은거하려는 의식적 정서이다. 여기서 자신에게 주어진 현실 세계는 시대적 상황이나 개인적 입장에 따라 다양할 것이며, 귀의처歸依處 역시 취향이나 처한 환경에 따라 갖가지 공간이 될 수 있었다. 정쟁의 시대 상황에서 보신保身이 은둔에서 매우 절실한 문제가 될 수 있고, 주어진 현실에 만족하지 못하여 현세를 도피하여 은둔하는 자도 있다. 더욱 중요한 것은 이러한 정서가 유자적 삶으로 일관한 조선조 사인들에게 보편적인 풍조라는 것이다. 앞에서 언급한 바와 같이, 간송은 환로에 나아갈 수차례의 기회가 있었고, 학문적 역량과 주위의 배경을 갖추고 있었다. 하지만 그의 삶이 경직되었다고 할 만큼 환로에 나가지 않고 은자적 삶으로 일관해왔고, 그의 이러한 의식적 기저가 작품에 잘 드러나 있다.

내 평생 원함과 바람은 유정에 있건만

즐겨 배운 여러 아이들 이명을 좇는구나.

천고에 내가 사모할 이 누구이던가?

자연을 즐긴 이는 오직 도연명뿐이라네.[148]

　자신의 평생 의지와 소원이 그대로 담겨 있는 작품이다. 그는 학문에 전
념한 보통 아이들이 결국 세상에 나아가 이익과 이름을 구한 것에 반해,
자신의 귀의처는 '유정幽貞'에 두었다. 『주역』「귀매歸妹」구이九二의 효사爻
辭에 "유인幽人의 곧은 덕이 있어야 이롭다九二利幽人之貞"라고 말한 것처럼
'유정'은 어지러운 세상을 피하여 그윽한 곳에 숨어 사는 은자의 덕이다.
그래서 '유정'과 '이명利名'을 대척에 두고 작금의 범부가 세상의 이익과 이
름을 좇으며 급급하지만, 자신은 은자적 삶의 덕에 무게를 두고 있음을 피
력하고 있다. 그래서 1000년 전 자연을 즐기며樂天 귀거래 했던 진나라 도
연명의 풍모를 사모하고 있다. 예시를 통하여 추출할 수 있는 간송의 정서
는 혼탁한 정쟁의 현실을 탄식하며 자신의 귀거래를 부르짖으며 퇴은退隱
하는 귀은적 정서와 일정한 거리가 있다. 그래서 귀은의 관념을 대변할 수
있는 문학적 매개, 즉 '유정' '낙천' '진연명晉淵明' 등이 의식 세계에 깊숙하
게 내재해 있고, 이것이 그의 심리적 정서와 사유 의식을 심화하는 역할을
하고 있다. 또한 이러한 매개체를 통해 자신의 지원志願과 현실을 이어주는
상상의 장치로 삼았다.

　말도 잊고 물도 잊고, 또 기미마저 잊어버리고,

　세상도 잊고 몸도 잊고, 시비마저 잊어버렸네.

이 외에 한없이 천만 가지도 더 생각나지만,

모든 걸 잊고 돌아와 조어기에 누웠네.[149]

예시를 통하여 삶에 대한 작가의 결연한 의지를 엿볼 수 있다. 자신과 자신의 주위에 포진하고 있는 갖가지 환경적 요소들, 예컨대 언어, 물, 기미, 세계, 몸, 시비 등과 더불어 세상의 모든 잡념마저 잊고자 한다. 이는 그가 단순히 '은隱'이라는 외연에 단순히 집착하기보다는 '망忘'이라는 시어를 빈용頻用함으로써 자신의 내면 의식을 심화하고 있다. 그의 결연한 의지에는 초속超俗적이며 달관적이라 할 만큼 탈세속적 정서를 내포하고 있다. 결국 이러한 정서는 혼란한 현실을 떠나서 무릉도원과 같은 이상향을 찾아 단순히 강호나 전원으로 귀래하려는 의식과 일정한 거리가 있다.

세상 사람들은 도원이 좋다 다투어 말하지만,

시끄러운 세상을 피해야만 꼭 도원은 아니지.

만약 산 술에 취하여 세상사 잊을 수 있다면,

인간이 어딜 간들 도원이 아니랴?[150]

앞의 예시와 마찬가지로 '망'이라는 초속적 시어를 통하여 자신의 의지를 그대로 드러내고 있다. 세상의 사람들은 이상향의 무릉도원을 무조건적으로 동경하고 있다. 이러한 이상향은 시끄러운 세상을 피해야만 꼭 무릉도원이 되는 것이 아님을 보여주고 있다. 이들이 동경한 무릉도원은 단순한 공간 외연의 집착이지 본질이 아님을 역설하고 있다. 만약 산 술에 취해서라도 세상 잡사를 잊을 수 있다면 어디에 간다고 해도 도원이 아닌 곳이 없다. 그의 이러한 의식은 다른 작품에서도 엿볼 수 있는데, "예부터 대은大隱은 성시城市에 은거하니"[151]라고 하면서 귀의처의 공간은 은자에서 그렇게 중요하지 않음을 언급하고 있다. 이렇듯 탈속을 염두에 둔 그의 초속적 의지는 확고하다. 그렇다고 해서 그가 닿는 귀의처의 공간에서 포착된 경물은 고뇌나 근심의 대상이 아니다.

한번 강호에 누우니 온갖 잡념이 사라지고,
구름은 하늘 끝에 떠있고 물은 동으로 흘러가네.
말쑥한 지경에 있노라니 마음 참으로 편안하고,
훤한 들판에 눈 앞 갑자기 확 트인 듯하네.
달 뜨고 바람 부니 한가하게 속내를 읊조리고,
꽃피고 잎 지니 고요한 데서 마음을 바라보네.
도원은 다만 어느 곳이든 있는 것이니,
문득 어부를 비웃다가 해 지는 줄 몰랐구나.[152]

온갖 생각이 공허하고萬念空, 물은 동으로 흐르고水流東, 마음은 한참을 은거하고心長逸, 눈이 갑자기 확 트인 듯하고眼忽通, 한가하게 내 속내를 읊조리고開詠裏, 고요히 마음을 바라보는靜觀中 것은 간송에게 그 품이 편안하고 자연스러운 공간이다. 물론 여기서 그가 느끼는 경물은 자신의 주관적 감정일 수 있겠지만, 정조가 애틋하고 물아일체의 호흡이 있어 편안하기까지 하다. 그래서 시인의 편안한 정이 경景에 그대로 녹아 있다. 강호에 귀거래한 은자적 풍미를 그대로 느낄 수 있다. 이곳의 은자는 단순히 피세한 처사處士가 아니며 아울러 초속적 은자만이 향유할 수 있는 삶이다.

이형상의 출처관

병와瓶窩 이형상李衡祥(1653~1733)은 조선조 후기의 문신이다. 특히 그는 학자로서 12년간의 관직 생활을 제외하고는 영천永川에 우거를 마련하고, 이곳에서 창작·저술과 후학 양성을 하며 평생을 보낸 인물이다. 병와 「연보年譜」를 통하여 그의 인생 편력을 더듬어보면, 그는 25세(1677)에 사마시에 합격하고, 28세에 별시 문과에 급제하여 승문원에 들어간 이후 내외직을 역임하며 출사와 퇴휴를 거듭했다.

48세(1700)에 경주부윤慶州府尹을 사임하고 자신과 연고도 없는 영천에 '호연정浩然亭'을 짓고 이곳에서 평생을 마칠 것을 결심하게 된다. 물론 50세에 제주목사를 제수받아 잠시 머물렀지만, 파직된 이후에 영천의 호연정에 돌아와 하세할 때까지 약 25년 동안 이곳에서 은거하며 평생을 보냈다. 그의 재능에 비춰본다면, 81세의 생애에서 12년간의 관직 생활은 긴 시간이 아니었고, 그 가운데 내직 생활은 4년에 불과하다.

그의 환로역정宦路歷程이 이러한 데는 여러 곳에서 그 이유를 찾을 수 있겠지만, 정쟁의 와중에 자신이 직면해야 할 현실과 자신의 의식적 기저가 큰 몫을 차지했을 것이다. 그는 평생 많은 창작물을 생산했다. 그 가운데 출처 문제에서는 어느 누구보다 신중했고, 실지로 이러한 자의식을 주제로 자신의 견해를 피력한 경우가 허다하다.

아! 세상에 살아가는 것은 양장羊腸이요, 공명은 의혈蟻穴이구나. 호랑이 가죽을 좋아하는 것과 서로 같으니, 살아서는 죽이고자 하고 죽게 되면 결국 칭송한다. 사람의 정이 고르지 않는 것이 한탄스럽다. 악은 드러나고 선은 반드시 감춰져서 보이지 않는다. 부귀를 좋아하고 빈천을 싫어하는 것은 내 어찌 다른 사람과 다르겠는가? 안색을 꾸미고 기미幾微를 기다려서 타는 것에 대해 나는 세상에서 즐기지 않는다. 하물며 한 편의 글 중에 심사를 감추기가 어려운데, 백대 뒤에 공론이 비로소 나누어져 편언과 척자隻字를 장차 누가 속이랴? 천추 만세에 분명히 나를 알아줄 것이다. 만약 후세 사람들이 나를 가리켜 칭송하기를, '고인의 행지行止를 본받았다'고 한다면 다행스럽지 않으랴.[153]

병와는 49세(1699)에 경주부윤을 사직하고, 결국 그는 생의 마지막 귀의처歸依處를 영양永陽(영천永川)에 정하고, 이곳에 호연정이라는 우거를 마련하게 된다. 그가 아무 연고도 없는 영양에 귀래하여 우거를 마련한 것은 세속과의 굳은 단절을 의미하기도 한다. 그는 이곳에서 강호에 사는 은자의 삶을 즐기며 평생을 보내게 된다.

인용한 자료는 당시에 지은 「영양우거서永陽寓居序」의 말미 부분이다. 그가 '천추 만세에 분명히 나를 알아줄 것이다'라고 한 것과 '고인의 행지行止를 본받았다고 한다면 다행스럽지 않으랴'라고 한 데서, 후인後人을 의식하면서까지 얼마나 출처의 문제에 고민하고 신중했는지 쉽게 엿볼 수 있다. 당시 예송禮訟과 사화士禍의 당쟁이 끊이지 않고 험난한 세로世路를 그는 꼬인 양의 창자(양장)에 비유했다. 이러한 현실 속에서 얻은 공명功名이란 결국 부실하기가 개미의 집(의혈)과 같다고 표현하고 있다. 그는 세상에 아첨하거나 시류에 편승하는 삶을 살지 않았기 때문에 훗날 자신을 알아줄 사람이 있을 것이며, 이러한 자신의 행지行止, 즉 출처를 후인들이 본받기를 은근히 바라고 있다.

세상에 나아가야 할지 물러나야 할지, 은거하며 수신을 해야 할지는 매우 은미해서 오직 공자와 안연만이 알 수 있다. 대개 백이의 가을 같은 포용은 지나치게 엄숙한 까닭에 우뚝하며, 유하혜의 봄과 같이 온화함은 홀로 피기 때문에 평온하며, 이윤의 가을과 여름 같은 양열은 때를 맞춘 까닭에 위대하다. 공자는 사시四時라, 우주와 펼치어 해가 장차 비추임에 열고 닫음이 모두 중절을 따른다. 영무자는 다만 겨울에 입는 갓옷밖에 없었으나, 이 또한 능하기 어려운 것이기 때문에 그의 어리석음에는 미칠 수 없다고 한 것이다. 한 가지에 자신을 깨끗이 하는 선비가 화복禍福에 움직이지 않고 이욕의 꾐에 넘어가지 않는 것은 궁벽한 산속에 있는 기화奇花에 불과하니, 처음부터 신하의 의리라고 말할 만한 것이 아니다. 세태에 민감하고 이해에 밝아 염치 하는 것이 무엇인지도 모르며 의리로써 군부를 사랑하지 않는 그러한 자들은 파리처럼 구질하고 개처럼 아부하는 가련한 것들이라 책할 만한 것도 못된다.[154]

인용한 예문에서 병와는 삶의 출처를 구체적으로 논의하면서 공자, 안회, 백이, 유하혜, 이윤, 영무자衛武子 등의 삶을 예로 들고, 다시 예증한 인물들의 삶을 춘추春秋와 하동夏冬에 비유하여 설명하고 있다. 선인들이 출처를 논할 때면 으레 등장하는 인물이 바로 공자·안회·백이·유하혜·이윤·영무자 등이다. 주지하는 바와 같이, 백이와 숙제는 고죽군의 두 아들로, 고죽군은 숙제를 왕으로 세우라고 유명遺命하고 죽었다. 고죽군이 죽고 난 이후에 숙제는 왕위를 백이에게 양보하려고 했지만 백이는 고죽군의 유명을 어길 수 없다 하고 도망간다. 결국 숙제도 왕위에 서지 않고 도망갔지만, 백성들에 의해 숙제가 왕위에 올랐다. 훗날 무왕武王이 주紂를 정벌한 것에 대해 고마이간扣馬而諫 하다가, 결국 수양산에서 굶어 죽고 만다.[155] 그리고 악한 사람의 조정에서 벼슬하지 않았고, 악한 사람과는 함께 어울려 말조차 하지 않았다. 무식한 시골 사람들과 함께 서 있을 때 만약 관이 바르지 않으면 자기가 그것에 물들까 봐 돌아보지 않고 떠나버렸다.[156] 결국 백이와 숙제의 이러한 삶을 공자는 '현자벽세賢者辟世'라고 표현했다. 이는 단순히 세상을 피하여 은둔하는 것이 아니라 천하에 도가 없으면 지조를 지켜 은둔하는 것이다. 그래서 병와는 백이의 풍성하게 수확하는 가을의 넉넉함과 같은 포용을[157] 지나칠 정도의 지조에 비유하여 '추용태숙秋容太肅'이라고 표현했다.

이에 반하여 유하혜는 보잘 것 없는 임금을 섬기는 데도 부끄러워하지 않았으며 작은 벼슬이라도 낮게 여기지 않아서 벼슬길에 나아가서는 자신의 도를 굽히지 않고 자신의 도리를 다했다. 그리고 벼슬에서 추방되어도 원망하지 않았고 어려운 지경에 처하여도 근심하지 않았다.[158] 병와는 유하혜가 세 번씩이나 환로에서 추방당해도 그곳에서 떠나지 않고 사기辭氣에 온화함이 있는 것을 따뜻한 봄날에 비유하여 '춘온독발春溫獨發'이라고 했다. 이윤은 어느 임금을 섬긴들 내 임금이 아니며 어느 백성을 부린들

내 백성이 아니겠는가 하면서, 다스려진 세상에서도 관직에 나아가고 혼란한 세상에서도 관직에 나갔다.[159] 그래서 그는 백성들 가운데 한 사람이라도 요순의 은택을 입지 못하는 사람이 있다면, 그것을 자신의 책임으로 여겼다.[160] 이윤의 이러한 삶에 대하여 병와는 '양열득시涼熱得時'라고 하면서, 그의 출처가 위대하다고 높이 평가했다.

영무자는 위나라 문공文公과 성공成公 때에 벼슬을 했다. 일반적으로 지혜로운 사람은 나라가 잘 다스려지면 세상에 나아가 관직 생활을 하고 나라가 어지러워지면 물러나 몸을 보전한다. 하지만 영무자는 나라가 태평한 문공 때는 슬기롭게 다스려 충성을 다했고, 나라가 어지러운 성공 때도 어리석은 사람처럼 온갖 어려운 일을 처리하여 결국 태평을 되찾게 했던 충신 가운데 한 사람이었다. 그래서 공자도 그의 지혜로움은 따를 수 있지만, 그의 어리석음은 누구도 따를 수 없다고 그를 높이 평가하면서 우직愚直한 그의 충성에 감탄한 바 있다.[161] 병와도 영무자의 우직함愚을 높이 평가하면서 세인이 쉽게 미칠 수 없음을 말했다.

공자는 벼슬할 만하면 벼슬하고 그만둘 만하면 그만두며 오래 머물 만하면 오래 머물고 빨리 떠날 만하면 빨리 떠나는 출처를 행했다. 앞에서 논의한 백이, 유하혜, 이윤 등의 출처를 어떤 한 계절에 비유하여 평가한데 비하여 공자를 사시에 비유했고, 세상을 비추는 해처럼 넉넉하고 자연스러워 병와는 이를 '서일장태舒日將泰'라고 했다. 그래서 개합開闔, 즉 세상에 나아가고 물러나기를 절차에 맞게 했다는 것이다.

그렇다면 여기서 병와가 공자·안회·백이·유하혜·이윤·영무자 등의 출처를 논의하면서 맺은 결론은 무엇인가? 그는 선비가 세상을 살아가면

출처, 경계의 철학

서 출出이나 처處 가운데 한 가지에만 자신을 깨끗이 하면서, 화복에 자신의 마음을 움직이지 않고 이해와 욕심의 유혹에 흔들리지 않는 것은 깊은 산속에 고고하게 핀 기이한 꽃奇花이라 비유하면서 이는 진정한 신하의 의리가 아니라고 단정했다. 이보다 더 심하게 현실에 민감하게 반응하고 염치도 없이 이해만 추구하는 그러한 사람은 파리의 행위蠅之營나 개의 구차스러움狗之苟에 비유하면서, 이러한 행위는 심지어 책할 만한 가치조차도 없다고 일축했다. 결국 병와가 인식한 가장 이상적인 행장行藏은 어느 한 곳에 집착하지 않는 시중時中의 출처이며, 중절中節에 맞는 출처인 것이다.

이렇듯 병와는 출처의 문제에서 중절과 시중을 강조했다. 특히 그는 처에 많은 관심을 가졌는데, 시중에서 처에 대한 자신의 입장을 다음과 같이 밝히고 있다.

처음 옹이 산속 깊은 곳에서 궁핍하게 살 때, 금옥金玉을 파서 모래에 섞듯 관직을 버리고 쟁기를 잡아 생활하면서, 채소나 소금으로도 끼니를 잇지 못하고 갓옷과 털옷을 입기도 어려웠으니, 어찌 거의 어려운 정도가 아니겠는가? 오직 고요함을 편안하게 여겼다. 아! 동動이 해가 되는 것을 나는 알겠구나. 때가 오면 구름처럼 날아다니고, 때를 만나지 못하면 고달프게 떠돌아다니며 힘들게 오관五官을 수고롭게 한다. 그 실수하고는 두려움과 궁핍함으로 그 참됨을 잃으니, 이러한 이유는 다름이 아니라 동할 뿐이지 정靜하지 않았기 때문이다.[162]

인용한 자료는 참판을 지낸 권경權瓊이 춘천에 '이안재易安齋'라는 우거

寓居를 마련하여 은거하고 있을 때, 이안재 기문記文의 뒤에 병와가 쓴 「제이안재기후題易安齋記後」의 일부이다. 인용문에서 병와가 언급하고자 하는 대체는 바로 관직을 버리고 은거한 선비가 현실 공간을 어떻게 인식하고 처신해야 하는지에 대해 처를 동정動靜의 문제와 결부시켜 논의하고 있다. 정은 마음이 함부로 동하지 않는 것이고, 동하지 않기 때문에 처한 바에 편안할 수 있다. 권경은 화려했던 지난날 환로의 명리를 버리고 깊은 산속에서 채소나 소금으로도 끼니를 잇지 못할 만큼 궁핍한 삶 속에서도 현실의 고요함을 편안히 여기며 유유자적했다. 만약 권경이 때를 만나지 못하여 관직을 버리고 은거하면서 고달프고 궁핍한 삶 속에서 정하지 못하고 동했다면 처의 참됨을 잃게 되었을 것이다. 그래서 병와는 선비가 때를 만나지 못해 은거한다면, 현실이 고달프고 궁핍할지라도 동하지 않고 정함으로써 은자의 진면목을 잃지 않기를 강조했던 것이다. 그의 이러한 출처관은 다음에서 좀더 구체적으로 엿볼 수 있다.

예를 들어, 옹은 이른바 귀거래자를 어떤 사람이라고 생각하는가? 다섯 말의 쌀 때문에 허리를 굽히려 하지 않았고, 강항령强項令도 역시 다시 그렇게 했으니, 조정에서 불러들이기를 엿보는 선비의 마음이겠는가? 새마塞馬이면서도 형둔亨屯에 견주고 맹증孟甑이면서도 득실得失을 나란히 하니, 동쪽 언덕과 서쪽 밭이랑은 거닐기에 편안하고, 국화 울타리와 소나무 길은 듣고 바라보기에 편안하다. 뜰에 있는 나무를 바라보면서 기쁜 얼굴을 하고, 거문고와 책의 즐거움 속에서 근심이 사라져 흐르는 물에 배를 띄우니 편안하고 술병 있는 술로 잔질하여도 편안하다. 위태롭지 않기 때문에 편안하고 어렵지 않기 때문에 쉬운 것은 마치 여유있게 칼날에 여지가 있는 듯하고, 큰 물고기가 대학大壑을 종횡하는데 푸른 물결과 밝은 해가 물고기를 위해 오르내리는 듯하다. 하물며 운조나 천목에 비유한다면 더욱 그 정취의 담담함을 상상할 수 있을 것이니, 대략을 들어 말하면 대부분 정에서 나온다.[163]

인용한 자료는 관직을 버리고 자연을 벗 삼아 은거하면서 동하지 않고 정함으로써 은자의 진면목을 잃지 않는 삶을 영위한 도연명을 예로 들면서 그의 동하지 않은 은자의 편안함을 구체적으로 설명하고 있다. 도연명은 젊어서 큰 뜻을 가졌고 박학능문博學能文한 그였기에 호구지책糊口之策으로 다섯 번이나 관직 생활을 하다가, 결국 마지막에는 팽택령彭澤令을 사직하면서 「귀거래사歸去來辭」를 짓고 전원으로 돌아갔다. 선비라면 누구나 출처의 문제에 관심을 가졌고, 자연으로 귀래한 은자를 언급할 때면 으레 도연명은 은자의 상징이었고, 병와 역시 그의 은자적 삶을 높이 평가했다. 인용문에서 병와는 도연명을 진정한 은자로 자리매김하는 데만 만족한 것이 아니라, 도연명이 전원에서 진락眞樂을 향유享有하고 구가謳歌할 수 있었던 까닭을 구체적으로 드러내고 있다.

도연명은 궁핍한 삶 속에서도 동쪽 언덕과 서쪽 밭이랑을 산보하며 편안할 수 있고, 국화로 만든 울타리와 소나무가 울창한 오솔길에서 눈으로 보고 귀로 듣는 모든 것이 편안할 수 있고, 타는 배와 잔질하는 술자리에서도 편안할 수 있었는데, 이러한 편안함은 그의 시중의 은거와 궁핍한 삶 속에서도 동하지 않고 정한 데서 나온 것이라고 여겼기 때문이다. 그래서 병와는 도연명의 이러한 귀래한 은자적 삶과 현실 인식을 높이 평가했던 것이다.

출처의 문제에서 병와가 인식한 가장 이상적인 출과 처는 어느 한 곳에 집착하지 않는 시중이다. 이는 바로 중절中節에 맞는 출처인 것이다. 그의 인생 편력과 환로의 역정을 볼 때, 그는 현실 세계에 적극적으로 몰입하여 현실에 대응하기보다는 항상 주어진 현실에 순응하는 삶을 살았다. 물론 그는 특정 당파에 개입하고 있었지만, 당쟁의 소용돌이 속에서 자신의 당색을 드러내거나 자신의 의지를 굽혀 관직을 구하지는 않았다. 그래서 그는 주로 외직을 전전했고, 한 곳에 부임하여 임지에 오랫동안 머물지 못했다. 이는 항상 귀거래하려는 자신의 의식적 기저에서 비롯되었겠지만, 근본적으로 그의 출처관과 관련 있을 것이다. 먼저 이러한 그의 의식적 기저는 다음 작품에서 엿볼 수 있다.

오직 나는 일찍이 외로운 사람이 되어
영정嬰丁하여 아첨을 배우지 못했네.
집에서는 법도의 공부 독려하는 이 없었고
밖에서는 두려운 사우도 없었다네.
이 때문에 더욱 노무해졌기에
성세에 버려진 것을 달게 받아들였지.
비록 그러나 큰 강령은 있었기에
물러나기 어렵고 나아가기도 쉽지 않구나.
구속은 모두 때가 있는 것이니

출처, 경계의 철학

기약한 바 부끄럽지 않을 뿐.

지금 천문과는 거리가 있으니

가부를 어찌 가려드리리.

만약 나를 관직에 거두어준다 해도

근력이 또한 이르기 어렵구나.

차라리 백이의 탄애炭隘를 할망정

유길劉吉의 패려는 하지 않으리라.[164]

예시는 중국 명대의 문학가이자 역사학자였던 왕세정王世貞의 시에 차
운한 장편 시의 중간 부분이다. 병와는 예시에서 출처에 대한 자신의 의식
적 기저를 은근히 드러내면서, 더 이상 출사하지 않으려는 그의 단호한 신
념을 그대로 드러내고 있다. 그는 19세에 아버지를 여의었기에 출사하여
처신하는 법學媚을 배우지 못했다고 했다. 앞에서 언급한 바와 같이, 병와
는 당쟁의 소용돌이 속에서 자신의 당색을 드러내거나 자신의 의지를 굽
혀 관직을 구하기보다는 명분과 의리에 맞는 정론을 지향했다. 그래서 관
직에 나아가서는 외직으로만 전전했고, 외직에서도 파직되기 일쑤였다. 예
시에서 자신의 이러한 거취에 대해 후회하는 기색은 보이지 않는다. 자신
은 거취에 나름대로의 강령이 있었기 때문이다. 거취는 쉽게 결정할 수 있
는 일이 아니고, 또한 구속久速 즉 출사할 만하면 출사하고 그만둘 만하면
그만두고 오래 있을 만하면 오래 있고 속히 떠날 만하면 속해 떠나는 공자
의 출처관[165]처럼 항상 때가 있다는 것이다. 백이가 악한 사람의 조정에 출
사하며 악한 사람과 함께 말하는 것을 마치 조복朝服과 조관朝冠을 입고 진

1장 출처의 이해를 위한 경계境界

흙과 숯 구덩이에 앉은 듯이 여겼기에,[166] 맹자는 백이의 출처가 진실로 지극한 경지에 이르렀지만 그를 좁다嗌고 했다.[167] 그는 백이의 탄애는 할지언정, 18년 동안 내각에 있으면서 사욕에 밝아 아부하기를 잘 했던 명나라의 유길처럼 구차하게 출사하지 않을 것이라고 단언하고 있다.

결국 여기서 병와는 시중의 출처 내지는 거취를 강조했다. 이러한 그의 출처관은 「출처」라는 한 편의 잠箴에서 좀더 구체적으로 살펴볼 수 있다. 그 잠을 보면, "나간들 꼭 영화를 누리는 것 아니고, 처한들 꼭 궁핍한 삶인 것 아니리. 정승이 되어 혹 부끄러울 수 있고, 가난한 삶이 혹 통할 수도 있다네. 하늘이 만든 분수를 생각하면, 영무零茂가 모두 때가 있지. 형세를 헤아려 의리를 따르고, 나 홀로 사사로이 하지 않으리"[168]라고 하면서 출처에서 시중의 중요성을 강조했다. 병와의 막내아들인 이여적李如迪이 병풍을 만들기 위해 자신의 아버지에게 잠언箴言을 청했는데, 이 글은 그가 지은 잠의 구제九題 중에 하나다. 잠이 갖는 문체적 특성이 경계하거나 재난을 방지하는 효용성을 가지고 있는 것을 생각하면, 아버지가 아들을 위해 지어준 이 잠은 예사롭게 쓴 작품은 아닐 터이다. 그래서 그가 얼마나 출처에 신중했는지를 엿볼 수 있다. 먼저 출처의 결과물이 반드시 '영궁'이 아님을 역설적으로 드러내고 있다. 때를 만나 세상에 나아간다고 반드시 영화로운 것이 아니고, 때를 만나지 못하여 은거한다고 반드시 궁핍한 삶은 아니다. 출세하여 정승이 되어도 세상에 오점을 남겨 부끄러울 수 있고, 일단사一簞食나 일표음一瓢飲와 같은 궁핍한 은자의 삶이라도 내 마음이 통할 수 있다고 여겼다.

이렇듯 병와는 출과 처, 그리고 삼정三旌과 일표一瓢 등은 하늘이 만든

출처, 경계의 철학

분수이기에 때가 있음을 언급했던 것이다. 그래서 출처에서 시중의 중요성을 강조했다. 이러한 출처관은 그의 많은 한시 작품에서 발견할 수 있다. 특히 그가 중국 인물 가운데 출처에서 상징적인 인물을 여덟 가지로 유형화하여 1701년에 지은 「호연정팔폭浩然亭八幅」에서 이러한 출처관을 구체적으로 엿볼 수 있다. 작품에서 등장한 인물은 부열傳說, 강태공姜太公, 장량張良, 제갈량諸葛亮과 소부巢父, 허유許由, 장저, 걸익, 상산사호商山四皓, 육통陸通 등이다. 이들 가운데 부열, 강태공, 장량, 제갈량 등은 출세한 삶의 네 가지 유형이고, 소부, 허유, 장저, 걸익, 상산사호, 육통 등은 은자적 삶의 네 가지 유형이다. 만약 병와의 출처관이 자신의 주어진 현실에서 은거에 몰입했거나 아니면 은거만을 강조했다면, 이 작품에서는 전적으로 은거한 네 사람만을 글감으로 하여 작품을 완성했을 것이다. 이 작품에서 여덟 가지 유형에 등장하는 인물은 시중에 맞게 출하거나 처했던 사람들이다. 그렇다면 먼저 출세한 인물을 소재로 작품을 보면 다음과 같다.

깊은 골짝에 윤건綸巾 쓰고 학창 입고는
앉아서 정족의 형세 먼저 헤아렸다네.
당당한 출처였기에 명분과 의리 발랐고
지금도 가정엔 남긴 한이 있구나.[169]

예시는 팔폭八幅 가운데 '융중포슬隆中抱膝'인데, 융중隆中에서 초가집을 짓고 은거하고 있다가 유비의 삼고초려三顧草廬의 예를 받들어 출사한 제갈량을 소재로 한 작품이다. 삼국이 서로 대치한 난세에 제갈량은 융중의 깊은 골짜기에서 윤건(제갈건)을 쓰고 학의 털로 만든 옷을 입고는 몸소 밭을 가는 궁핍한 생활을 영위하며 은거하고 있었다. 당시에 제갈량은 '정족鼎足', 즉 솥의 다리처럼 대치해 있는 삼국의 정세를 이미 파악하고 있었다. 유비의 삼고초려는 결국 그를 출사하게 했다. 제갈량이 은거 이후 출사했지만, 그의 출처는 바른 명분과 의리에서 비롯되었기에 공명정대公明正大했다. 해서 병와는 출처가 분명한 그를 높이 평가했고, 명실공히 출세한 대표적인 인물로 제갈량을 손꼽았던 것이다.

병와는 제갈량뿐만 아니라, 나머지 세 수에서는 출세한 인물로 부열, 강태공, 장량 등을 소재로 삼았다. 은나라 고종高宗은 꿈에서 만났던 부열의 초상화를 보고 그를 사방에 수소문하여 찾아 정승으로 삼았고, 결국 부열은 상商 왕조를 반석 위에 올려놓은 어진 재상이 되었다.[170] 강태공도 반계磻溪에서 낚시하다가 주나라 문왕에게 천거되었는데, 이에 대해 병와는 '주나라의 기업을 낚은 것이 고기보다 크구나釣周基業大於鱗'[171]라고 하면서 강태공의 출사뿐만이 아니라, 출사한 이후에 주나라 왕조를 위해 그가 세운 공적을 높이 평가했다. 장량은 이교圯橋의 다리 밑으로 떨어뜨린 황석공黃石公의 신발을 주워다주고는 황석공에게 병서를 받아 한나라 고조에게 등용되어 항우項羽를 무찌르는 데 공을 세웠다. 병와는 황석공이 다리 밑으로 몇 번이나 신발을 떨어뜨려 장양에게 줍게 한 뒤 계책을 준 고사[172]를 인용하면서, 은거해 있던 장량의 출사를 언급했다. 이렇듯 인용한 네 사람은 자신들의 인위적인 출사라기보다는 은거하고 있다가 왕에게 천거되어 관직에 나아갔고, 이에 혁혁한 공헌을 세운 인물들이다.

이렇듯 병와가 앞에서 언급한 네 사람은 은거했다가 출사했던 사람들

출처, 경계의 철학

이다. 이에 반해 은거했다가 출사할 때가 아님을 알고 끝까지 은자의 삶을 바꾸지 않은 인물의 고사를 예증하여 술회했다.

　　귀는 어째서 씻고 표주박은 어째서 걸어두었나
　　한가한 산중에 다시 일이 많아졌구나.
　　만약 외물이 나의 본성을 바꿀 수 있었다면
　　세간에 음우하飮牛河가 어찌 있었겠나.[173]

　　예시는 요임금 때 고사高士였던 소부와 허유를 소재로 하여, 선양禪讓에도 불구하고 세상에 나아가지 않은 은자의 풍모를 묘사한 작품이다. 허유는 요임금이 자기에게 천하를 선양하겠다는 말을 듣고는 요임금의 말이 자신의 귀를 더럽혔다고 하여 영수潁水에 가서 자신의 귀를 씻었다. 당시에 소부가 이곳에서 소에게 물을 먹이려던 참이었는데, 허유가 귀를 씻는 까닭을 알고는 소가 더러운 물을 먹을 뻔했다고 하면서 상류로 올라가 소에게 물을 먹였다고 한다. 소부와 허유는 은자의 삶을 살면서 어떠한 선양이나 천거에도 자신의 의지를 굽히지 않았으며 줄곧 출사하지 않고 은자의 삶을 영위했다. 병와는 예시에서 소부와 허유의 이러한 인식에 대하여, '만약 외물이 나의 본성을 바꿀 수 있었다면, 세간에 음우가가 어찌 있었겠나外物若能移我性世間安有飮牛河'라고 하면서, 은자의 삶을 살아가려는 소부와 허유의 의지를 누구도 바꿀 수 없음과 그러한 삶을 영위했기에 지금도 '음우하'라는 고사가 남아 있음을 높이 평가하고 있다.
　　병와는 진정한 은자의 삶을 영위한 인물로 소부와 허유 외에도 장저와 걸익[174], 상산사호[175], 육통[176] 등을 예로 들어 작품화했다. 병와는 이 가운데 특히 거짓 미치광이 행세를 했기에 세상 사람들이 '초광楚狂'[177]이라 불렀던 육통을 인용하여, '예부터 대소는 모두 하늘이 정해준 분수이기에, 어찌 참새가 기러기의 큰 뜻을 알겠는가從來大小皆天分, 燕雀安知鴻鵠心'라고 하면서 난세에 은거한 육통의 처세를 '홍곡鴻鵠'에까지 비유하며 높이 평가했다.

이렇듯 병와가 「호연정팔폭浩然亭八幅」에서 여덟 수의 작품을 통하여 굳이 대표적인 출자와 은자의 특징적인 면을 각각 유형화하여 이를 작품화한 것은 자신의 출처를 의식하여 표현한 것이다. 우리는 그가 자신과는 어떠한 연고도 없는 영천에 삶의 마지막 귀의처를 정하고, 또한 이곳에 호연정을 건립한 공간적 의미[178]와 「호연정팔폭」을 통하여 그의 출처관을 추론해볼 수 있다. 만약 그가 자신의 주어진 현실에서 은거에 몰입했거나 아니면 출처관에서 은거만을 강조했다면, 「호연정팔폭」에서는 온전히 은거한 네 사람만을 글감으로 하여 작품을 완성했을 것이다. 그래서 그는 다양한 인물을 예증하면서 시중의 출처를 강조했고, 자신의 주어진 현실에서도 이를 실천했던 것이다.

병와는 평생 12년간의 관직 생활을 했고, 그 가운데 4년의 내직 생활과 8년의 외직 생활을 했다. 그의 생평에 비할 때 관직 생활은 그렇게 긴 세월이 아니었고, 또한 만년에는 주로 강호에 은거하는 처사적 삶으로 일관했다. 그의 한시 작품을 보면, 그는 처사적 삶 속에서 자연을 관조하며 갖가지 경물을 관념적으로 미화하기보다는 주어진 현실에서 자신의 처신을 신중히 하며 한가롭게 지내는 자신의 모습을 은근히 시적으로 그려내고

출처, 경계의 철학

있다.

　　벼슬을 그리는 마음이 진정 없다면
　　성시도 역시 산방이 아니랴.
　　습관적 기분은 강호에 맹렬하고
　　풍정의 아취는 벼슬에 냉담하네.
　　입으로는 당세를 이야기함이 싫고
　　마음은 저녁 구름을 쫓음이 장구하네.
　　외물과 서로 시종이 됨을
　　평소에 이미 스스로 헤아렸네.[179]

　　예시는 강절康節의 안분시安分詩에 차운하여 권두경權斗經(1654~1725)[180]에
게 준 작품이다. 창설재蒼雪齋는 문장이 뛰어났는데, 특히 시에 능했다. 뿐만
아니라 산천의 형세, 인물의 출처, 세대의 변혁, 동방군신東方君臣의 현부賢
否, 득실 등에도 예리한 안목이 있었던 터라, 병와는 강절의 안분시에 차운
하여 자신의 출처에 대한 소신을 구체적으로 밝히고, 이를 창설재에게 주
었다. 그는 예시에서 출사하지 않은 은자로서의 입장과 자신의 현실 인식
을 그대로 드러내고 있다. 관직에 대한 집착과 연정이 진심으로 없다면 번
화한 세속의 저잣거리라도 은자가 사는 산방과 다르지 않음을 역설적으
로 표현하고 있다. 다시 말하면 처사의 궁극적인 귀의처 혹은 현실 정치와
의 대척처를 구태여 깊은 강호자연에 한정할 필요가 없고, 공명이나 부귀
등의 세속적 이해관계와 관직에 대한 집착과 연정이 진심으로 있느냐 없

느냐에 달려있을 뿐이라는 것이다.

그래서 관직에 대한 집착과 연정이 진심으로 없다면 성시城市도 정신적 평온을 가져다줄 수 있는 유일한 안식처가 될 수 있다. 5구와 6구에서, 관직이나 세속에 대해 관심이 없기 때문에 당세의 일에 대해 논하는 것은 자연스럽게 게을러지고, 결국 해 저물녘에 떠 있는 구름에 마음을 돌리고 한가하게 지낼 수 있다. 관직과 공명에 얽매이지 않는 그의 처신은 다음 작품에서도 엿볼 수 있다.

쓴 것이 달기도 하고 더운 것이 차기도 하니
세상살이에 관직 구하지 않음을 귀하게 여겼네.
헛된 명예 남의 입에 오르지 말았으면
강호의 휴식에 혹 불안하지는 않을는지.[181]

병와가 주로 활동했던 17세기의 정계는 노소분당老少分黨과 그 결과의 노소당쟁, 그리고 예송논쟁이 극에 달했던 시기였다. 그는 이러한 정란 속에서 벼슬을 구하기 위해 자신의 당색을 드러내기보다는 명분과 의리에 맞는 정론을 지향했다. 예시에서 '고감苦甘'과 '열한熱寒'은 당시의 혼란한 정세를 형용한 시어들인데, 일신의 영달과 공명을 구하려는 그의 의지가 전혀 보이지 않는다. 심지어 헛된 명예가 다른 이의 입에 오르지는 않을까 염려하고 있다. 그의 처사적 삶은 당쟁의 소용돌이 속에서 정치적인 패배로 인한 타의적 은거가 아니었기에, 강호에서 휴식하면서 자족적 삶을 영위할 수 있었다.

출처, 경계의 철학

밥 먹고 국 마시니 배불러 쉴 만하고

언제나 이 마음 넉넉하니 무엇 다시 도모하랴.

집에서도 나라의 경륜함은 마땅히 커야 하고

언제나 때에 따라 수양함 또한 넉넉해야 하네.

하는 일 없으니 왕사의 귀함에 해당될 수 있고

책이 있는데 어찌 태항의 놀음을 부러워하리.

이런 즐거움 주문에서 깨닫게 된다면

부화한 꿈 속 영화 아마도 구하지 않으리.[182]

「처궁處窮」이라는 시제에서도 알 수 있듯이 물질적인 풍요나 세속적인 욕망의 이미지와는 거리가 멀다. 관조적인 서경의 미학보다는 처사적 삶의 내면 세계를 통한 그의 자족적 흥취를 작품에서 드러내고 있다. 제1구와 2구에서는 삶에 기본적인 조건, 즉 '반갱飯羹'이 갖추어졌기에 배불리 먹으니 휴식하기에 넉넉하고飽卽休, 자신의 의지인 심적 자족에 더 이상 바라고 꾀할 일이 없다更何謀고 했다. 5구와 6구에서는 왕도王導와 사안謝安, 그리고 태산泰山과 항산恒山의 고사를 인용하여 '무사無事'와 '유서有書'와 같은 궁벽한 현실 속에서 한가한 자신의 처지를 비유하고 있다. 여기서 '왕사王謝'는 바로 진晉나라 때의 명가였던 왕도와 사안의 집안을 말하는데, 현실 공간에서의 무사, 즉 무위無爲는 관직에 대한 집착이나 공명에 대한 연정이 없기에 너무나 한가하고 이에 자족하고 있다. 그래서 왕도나 사안의 집안에 값할 정도로 자족하고 있으며, 볼 수 있는 책이 있기에 태산과 항산의 유람도 부러워하지 않고 있다. 결국 그의 이러한 현실 공간을 자족하며 헛된 꿈속의 영화같은 것은 이제 더 이상 구하지 않을 것이라 단언했다.

아! 나는 시끄러운 세속을 싫어했기에
쇠락하여 홀로 산골 물가에 산다네.
그윽이 붕새의 날개 우러러보고
어찌 척중에 종달새와 다르랴.
정심을 기르니 마음이 기쁘고 고요하며
건과 옷을 벗으니 다시 입기 게으르네.
척후를 버림은 양공의 당연한 재주고
촌반을 엿봄은 아직 완전한 범이 아니네.
마침내 한단 생을 깨달으니
총욕이 모두 꿈인 듯하구나.[183]

예시는 채팽윤蔡彭胤(1669~1731)[184]에게 화답한 장편 시의 한 부분이다. 작품을 관류하는 자의식의 대체는 탈세속의 욕망과 허명에 대한 자각이다. 먼저 1구와 2구에서는 세속과 그렇게 화해롭지 못한 자신의 현재 입장을 피력하면서, 정쟁의 시끄러운 세속을 싫어하기에 관직에서 물러나 홀로 깊은 산골 물가에 살고 있다. 3구와 4구에서는 출사하여 큰 공명을 얻은 사람이나 자신과 동등한 처지의 은자를 각각 붕새垂天翼와 종달새斥中鷃에 비유하면서 양자가 서로 차이가 없음을 말하고 있다. 5구와 6구에서는 자연 친화적 정감이 엿보이며 세속과 단절된 공간에서 나름대로 흥취와 자락自樂을 만끽하면서 자족하고 있다. 마지막 구에서는 도사가 준 베개를

베고 꿈속에서 갖가지 영화를 누리다가 깨어나서는 결국 허망함을 느꼈
다는 당나라 감단邯鄲의 노생盧生처럼 허명이나 공명 따위가 얼마나 허망
한지 서술하고 있다.

　그렇다면 병와가 처사적 삶 속에서 느끼는 흥취와 자락의 경지가 어떠
한지는 다음 작품에서 잘 나타나 있다.

　　빼어난 경치에 사는데 흥취 일어나고
　　어찌 호랑이 들까 근심하리오.
　　돌 베고 자다 보니 베개 벨 일 없고
　　책을 볼 때면 창문을 닫는구나.
　　신기한 교제 육우에게 맡기고
　　서로 도와주기에 쇠락함이 없네.
　　산 참새가 사람 사는 집에 둥지를 틀고
　　모래밭의 새는 나그네 시름 풀어주네.
　　어째서 선계에 사는 학이
　　나를 따라 성 꼭대기에 있는지.
　　구름이 쌓이니 꽃무더기 더욱 희고
　　잔 기울이니 댓잎이 더욱 푸르게 보이네.
　　아! 명리 탐하는 저 나그네들
　　개처럼 구차하고 파리처럼 놀고 있네.
　　기개는 산에 오른 듯 높기만 하고
　　생애는 물가에서 살아가는구나.

이런 삶에도 마음이 얽매이지 않고
경물을 보노라니 책 보는 것보다 낫네.
마음을 씻다가 거듭하여 『주역』을 보고
일어나는 흥에 억지로 시를 짓노라.
유람이 적다고 괴이하게 여기지 말라
풍정은 누워서도 알 수 있다네.[185]

　예시는 강호에 은거하며 유유자적하는 은자의 삶을 노래한 장편시의
일부분이다. 이미 전반부에서 절경에 은거하여 사는 즐거움이 극에 달하
여 흥취가 일어남을 드러내고 있다. 그는 신기한 사귐을 육우六友(六心朋),
즉 정우靜友의 난초蘭, 직우直友의 대나무竹, 정우淨友의 연꽃蓮, 고우高友의
소나무松, 절우節友의 국화菊, 청우淸友의 매화梅 등에 의탁하고, 육우가 서
로 도와 자람으로써 삶이 쇠락하거나 해로움이 없음을 말하고 있다. 그의
현실 공간은 자연친화적인 삶이었기에, 가까이에는 산새가 자신의 집에
내려와 둥지를 틀고, 멀리 모래밭에 있는 물새는 자신의 시름을 풀어주기
에 충분하다. '운첩雲疊'과 '배경杯傾'은 시인의 심상을 더욱 고조시킨다. 쌓
인 구름 때문에 꽃밭의 꽃이 더욱 하얗게 보이고, 술잔을 기울일 때마다
대나무의 잎이 더욱 푸르게 보인다.
　결국 병와는 탈속한 자신의 현실 공간에 최대한 몰입하고 있다. 예사롭
게 볼 수 있는 학을 자신의 현실 공간에서 선계仙界의 학으로 오인하여 착
각했기에, 현실 공간에서 선계 공간으로 전이시키고 있다. 신선은 장생불
구가 그 궁극의 목적이지만, 현실적 가치관에서 일탈하여 자유로움을 추

구하는 인간의 근본적 욕망에서 이의 추구가 나타난다. 그래서 명리를 탐하는 사람을 개의 구차함狗苟이나 파리의 삶蠅營에 비유하는 한편, 이에 반하여 세속의 명리를 버리고 마음이 세속의 어떤 것에도 얽매이지 않으며 물가에 은거하는 은자로 자신을 자리매김하고 있다.

이러한 경계에서 그는 관물觀物을 하기도 하고, 세심洗心을 하기도 하며 틈틈이 『주역』을 보기도 하다가, 종국에는 일어나는 흥취에 어쩔 수 없이 자신의 감회를 술회한다. 주체의 내면에서 더 이상 세속적인 욕망이 고개를 들지 않을 때라야 이러한 참된 흥취는 가능하며, 정쟁의 현실마저 몰각할 때 한층 상승한 선계라는 경지의 정점에 이를 수 있었을 것이다.

흰 구름만이 내 심정을 알아준다.
속세에 사는 것에 관심이 없네.
이 행차에 얻은 바 없다고 말라
신선의 약 먹어 하늘에 오르려 하네.[186]

병와는 삶의 지향이나 처세의 면에서 현실에 대한 부정으로만 일관한 것은 아니다. 왜냐하면 그의 생애에 비해 짧은 기간이지만 출사한 적이 있다. 하지만 그의 의식적 기저에는 언제나 출사보다 귀래에 삶의 무게를 두었다. 이는 아무 연고 없는 영천에 호연정을 짓고, 이곳에서 평생을 보낸 그의 인생 편력에서도 확인할 수 있다. 또한 예시에서도 그의 이러한 단면을 엿볼 수 있는데, 그는 '홍진紅塵', 즉 세속에 마음이 없음을 어느 누구도 알아줄 사람 없지만, 자신에게 주어진 현실 공간의 백운만은 알아 줄 것이라고 확언했다.

4구에서처럼 현실을 넘어 이상 세계로의 지향의 방법으로 신선이 되고, 그런 신선이 되기 위한 방편으로 연단鍊丹을 갈구한 것으로 볼 수 있다. 그렇다고 그는 맹목적으로 신선을 믿으며 현실에서 영생 불사를 실현해보겠다는 미신적인 신앙을 가진 것은 아닌 듯하다. 다만 상상의 날개를 펴서 선계 내지는 연단과 같은 도가적 은둔을 상징하는 것을 시의 소재로 사용했다. 병와의 이러한 선계의 동경憧憬은 그의 한시 작품에 간헐적으로 볼 수 있다.[187] 결국 이는 현실 공간과 일정한 거리를 유지하는 은일 지향적 사고이며 초월적 의식세계이고 심적 화해의 공간이기도 했다.

김창협의 출처관

예부터 참다운 거취 밝히기 어려웠으니,
때맞춰 의에 처하길 누가 공평히 했던고.
남은 삶 다만 깊은 곳에 은둔함 깨달으니,
절개 지켜 통달함이 바로 성인이 아닐는지.[188] [189]

예시는 농암農巖 김창협金昌協(1651~1708)이 47세에 백부伯父가 보여준 시를 차운하여 지은 작품으로 그의 평생 출처와 거취를 단적으로 볼 수 있는 작품이다. 그는 17세기 후반에서 18세기 초반에 주로 활동했던 문인으로서 농암가農巖家와 직접 연루된 기해예송己亥禮訟(1659), 갑인예송甲寅禮訟(1674), 경신대출척庚申大黜陟(1680), 기사환국己巳換局(1689), 갑술환국甲戌

換局(1694) 등 연이은 당쟁의 급변과 전환기의 시대적 현실에서 가문의 부침과 질곡을 함께하며 몸소 체험했다. 그리고 갑술옥사甲戌獄事(1694) 이후에는 서인의 소론이 다시 정국을 잡으면서 왕명에 의해 문곡文谷 김수항金壽恒(1629~1689)이 관직에 복권되고, 추모의 제사가 거행되면서 그에게 호조참의戶曹參議, 홍문관부제학弘文館副提學, 승정원부승지承政院副承旨, 우부승지右副承旨, 좌부승지左副承旨, 이조참의吏曹參議, 형조참의刑曹參議, 사헌부대사헌司憲府大司憲 등의 관직이 제수되었다. 하지만 매번 사직소를 올려 더이상 관직에 나아가지 않고 은자적 삶으로 여생을 보냈다.

이러한 그의 인생 편력을 볼 때, 잠영세족簪纓勢族으로서 정치적으로는 최상층의 지위를 오를 수 있는 가문의 배경이 있었고, 그의 현달한 학식과 풍부한 문학적 소양은 양반 관료 문인으로서 최고의 학문적 위상을 정립하기에 충분했다. 그러나 9년 동안의 관직 생활을 제외하고는 주로 강호에 은거하면서 다양한 층위의 문인들과 교유하면서 도학과 창작·저술, 그리고 후학 양성에 몰두하며 일생을 마쳤다. 예시에서 그는 출처의 문제에 있어서 시중과 의리에 맞는 진정한 거취란 알기 어렵지만, 은자적 삶으로 여생을 마칠 것을 작품에서 토로하고 있다.

농암은 1681년에 「상우재선생上尤齋先生」을 지어 우암에게 보내면서 출처의 문제에 대한 자신의 의견을 개진하고, 화양華陽에 퇴조退朝해 있던 우암에게 다시 조정으로 돌아올 것을 권면한 적이 있다. 우암에게 보낸 「상우재선생」에서 "대개 나아가기를 어렵게 여기고 물러나기를 쉽게 여기는 것이 진실로 선비의 큰 절개입니다. 하지만 의리 없이 물러나는 것은 예 없이 나아가는 것과 같습니다. 두 가지 유형의 잘못이 정도를 잃었다는 것은 같지만 어찌 물러나는 것이 반드시 나아가는 것보다 좋다고 할 수 있겠습니까"190 하면서 벼슬에 나아가기를 신중히 하고 벼슬에서 물러나기를 과감히 하는 것을 진정한 선비의 절개로 여겼고, 아울러 출처의 문제에서 나아가고 물러나는 것을 경중輕重으로 따질 수 없음을 강조했다. 우암은 1675년에 복상服喪 문제에서 기년설期年說을 주장한 죄로 덕원德源으로 유배되었고, 훗날 다시 청풍淸風으로 옮겼다. 1680년에 경신대출척庚申大黜陟으로 남인들이 퇴출되자 다시 영중추부사領中樞府事로 기용되었다. 그러나 다음 해에 서인의 몇몇 사람들이 아직 조정에 남아 있고 조정의 논의가 서로 엇갈려 큰일을 할 수 없게 되자, 결국 사직하고 화양華陽으로 내려갔다. 이에 농암은 의리가 불분명한 퇴조는 임금이 예를 갖추지 않았는데 벼슬에 나아가는 것과 같다고 여기면서 우암의 퇴조를 만류했다.

농암은 「상우재선생」에서 우암이 명분 없이 퇴조하는 것은 의리에 맞지 않다고 다음과 같이 역설하고 있다.

선생께서는 효종 때부터 출사하여 조정에 나아갔고 은혜와 예우가 흥성했지만 물러날 때를 당하여 물러나기를 성대히 하여 마치 큰 강의 둑이 터진 듯하여 어떤 힘센 장사도 막을 수가 없었습니다. 이는 선생의 출처가 명백하고 분명하여 태양이 빛나고 옥이 깨끗한 듯했기 때문에 누구도 그것에 대하여 의론할 수 있는 사람이 없었습니다. 돌아보건대 떠날 적에는 어찌 한 번이라도 명분 없이 떠난 적이 있었습니까? 명분 없이 구차하게 떠난 적이 없었습니다. 그러므로 사람들이 역시 그것을 이야기할 수 없었습니다.191

출처, 경계의 철학

농암은 지금까지 우암이 세상에 보여준 출처에서 명분 없는 출처가 없었음을 강조하고 있다. 명분이 있어 물러날 때를 알면 어떤 장애가 있어도 과감히 물러났기에, 우암의 출처가 명백하고 분명하기가 마치 빛나는 해와 깨끗한 옥과 같아서 어느 누구도 우암의 출처에 대하여 언급하는 사람이 없다고 여겼다. 여기서 그가 출처의 문제에서 중요하게 여긴 것은 바로 시중이다. 그는 세상에 출처하는 것을 크게 두 가지 유형으로 분류했다.[192] 이윤이나 태공과 같이 때를 얻어 자신의 도를 천하에 행할 수 있는가를 살펴보고 행할 수 있으면 행하는 것이며, 다른 하나는 공자와 같이 미미한 관직으로도 천하를 주유하면서 도를 행하는 것이다. 여기서 그가 성현의 출처를 유형화한 대체는 때의 득실에 근거한 것이다. 그는 이윤이나 태공과 공자의 출처를 비유하면서, 우리나라에서는 우계牛溪와 우암尤菴이 이윤과 태공의 출처와 비슷하며, 한훤당과 사계는 공자의 출처와 비슷하다고 규정했다. 그래서 때를 살펴서 세상에 나아갈 수 있는 명분의 때를 얻어 세상에 나아간 이윤의 출처를 우암과 비슷한 출처라고 여겼던 것이다.[193]

농암이 강조한 시중의 출처관은 다른 몇몇 자료에서도 살펴볼 수 있는데,[194] 특히 출처에서 때의 중요성을 언급하면서 그가 29세(1679)에 지은 「은구암기隱求菴記」에서 두 가지 유형의 출처 가운데 시중의 출처를 강조하면서 시중을 구체적으로 논의했다.

군자의 일은 세상에 나아가고 처하는 데 있어서 때의 귀함보다도 더 큰 것이 없다. 때가 적당한데도 나아가지 않는 것은 '애隘'라고 하며, 때가 적당하지 않는데도 나아가는 것을 '조躁'라고 한다. 조는 바로 실기고, 애는 바로 폐륜廢倫이다. 폐륜과 실기는 군자가 하지 않는 것이다. 이러한 까닭으로 그때를 얻어 관면패옥과 천종의 녹을 누려도 대단하다고 여기지 않으며, 그때를 얻지 못하여 암곡에 거처하고 한 대그릇의 밥과 한 표주박의 물로도 약소하다고 여기지 않는다. 참으로 두 가지는 나름대로 마땅함이 있다.[195]

군자의 일은 출처도 중요하지만, 그보다 더 중요한 것은 출처하는 데 있어서 때에 맞게 하는 것(시중)이 중요하며, 아울러 출처의 두 가지는 모두 나름대로 마땅함이 있다는 것이 인용한 자료의 요지이다. 그는 때가 적당한데도 세상에 나아가지 않으면 실기失己하게 되는데 이는 소견이 좁기 때문이며, 때가 적당하지 않은데도 세상에 나아가면 폐륜하게 되는데 이는 성격이 급하기 때문이라고 했다. 그는 때를 알지 못하여 실기하고 폐륜하는 것은 군자가 하지 않는 것이라고 했다. 출과 처는 두 가지 모두 마땅하기 때문에 때를 얻어 세상에 나아가 높은 벼슬과 많은 녹을 받아도 그것을 대단하게 여기지 아니하고, 때를 얻지 못하여 물러나 은거하면서 누추한 집과 보잘 것 없는 음식을 먹어도 그것을 가난하다고 생각하지 않는다는 것이다.

결국 농암은 출처의 원칙에서 군자의 일중에 출처가 무엇보다 중요하지만 세상에 나아가고 은거하는 것이 나름대로 두 가지 모두 타당하기 때문에 출처의 그 자체가 중요한 것이 아니라 때를 얻어 그것에 따라 세상에 나아가거나 물러나는 것으로 여겼다. 아울러 그는 단순히 세속을 떠나 은거

출처, 경계의 철학

하거나, 아니면 세상에 나아가는 것으로 모든 출처가 결정되는 것이 아니라 출처에서 뜻한바 목적의식을 가져야 함을 역설하고 있다.

비록 그렇지만 군자가 출처 할 때에 어찌 몸의 은隱과 현顯으로만 구태여 구분하겠는가? 장차 반드시 일삼는 바가 있을 것이다. 그렇지 않으면 나아가고 물러가는 것이 비록 때에 맞을지라도 부귀에 전명하고 산택에 방광하는 것과 다름이 없으니, 어찌 바랄 수 있겠는가? 나아가서는 함이 있고, 처하면서 지킴이 있다면 이와 같은 것은 제법 괜찮겠지만, 하는 것과 지키는 것을 또한 알 수 없다. 일반적으로 세상에는 소렴곡근으로 지킴을 삼고, 사지천수로 함이 있는 사람이 있으니, 이것은 군자가 일삼는 것이 아니다.[196]

인용한 자료에 따르면, 출처란 단순히 강호에 은거하거나 세상에 나가는 것이 아니라, 은거하거나 세상에 나가면서도 하는 일이 있어야 한다. 비록 때를 얻을지라도 뜻을 세워 하는 일이 없다면, 세상에 나가도 부귀에 빠져버리고, 물러나도 산택에 돌아다니는 것에 불과할 따름이다. 그래서 나아가 벼슬하면 나라를 위해 하는 일이 있어야 하고, 물러나 은거해 있으면 스스로를 지킬 줄 알아야 한다. 만약 뚜렷하게 하는 일이 없다면 무엇을 할지 무엇을 지킬지도 알지 못하고, 단지 형식적인 청렴함과 삼감으로 지킴을 삼으며 보잘것없는 지혜와 재주로 하는 일이 있다고 한다면, 이는 군자의 출처로써 할 수 있는 일이 아니라고 여겼다. 그래서 군자는 은거하여 살면서 매일 몸과 마음을 수양하고 성정性情을 기르는 데 열중함으로써 뜻한 것을 구하고, 즐겁게 천하에 뜻을 두지 않고 부귀를 잊은 듯하다가 때를 얻어 등용하게 된다면, 이택이 사방에 두루 미치게 된다[197]는 것이다. 결국 농암의 출처와 거취는 군자가 때를 얻지 못하여 물러나 은거해 있으면 뜻을 몸에서 얻어 스스로 지킬 줄守 알아야 하고, 때를 얻어 나아가 벼슬하면 도를 이루어 만물에 도를 미쳐서 나라와 백성을 위해 하는 일爲이 있어야 한다는 것이다.

이상에서 농암의 출위出爲와 처수處守의 출처관을 보았다. 그렇다면 그는 출과 처에 있어서 어디에 더 많은 무게를 싣고 있었을까? 그의 나이 28세(1678)에 몇 년간 계속된 문곡의 귀양으로 가세가 기울자 장차 세상에 나아가려는 뜻을 버리고는, 영평에 집을 짓고 「동음대洞陰對」라는 글을 지어 은자로서의 삶을 구하려는 자신의 뜻을 피력한 바 있다. 그는 자신이 젊어서부터 한가하게 살면서 도를 구하고자 하는 뜻이 있었지만, 이제 그에게 주어진 것은 은거하는 일뿐이었다. 이제 때를 만나지 못하여 비록 세상에 대한 관심과 출사에 대한 기대를 모두 끊고 깊은 곳에 은거하며 어렵게 살아가지만, 후회하지 않고 즐겁게 살아간다는 것이다.[198] 「동음대」의 서두에서 언급한 바와 같이 그는 대대로 고관을 지낸 남다른 가문에서 부귀영화를 누렸지만, 이미 20대부터 출처에 있어서는 세상에 나아가기보다는 항상 산림에 뜻을 두는 그의 은자적 삶의 자세에서 그의 뚜렷한 출처관을 엿볼 수 있다.

농암의 출처관은 유영숙兪寧叔이 지은 「기우가騎牛歌」를 읽고 자신이 논평한 「제유영숙기우가후題兪寧叔騎牛歌後」와 유영숙이 중국에 사신으로 떠날 때 지어준 「증유영숙부연서贈兪寧叔赴燕序」에 더욱 잘 나타나 있다. 유영숙은 「기우가」에서 백리해와 영척寗戚과 유응지劉凝之의 고사를 인용하면서 삼은三隱을 같은 값의 은자적 삶으로 규정하여 평가했다. 농암은 유영숙이 용사한 세 사람이 같은 유형의 은자적 삶을 산 것이 아님을 지적했다. 영척은 세상에 나아가지 않고 은자로 살면서 소뿔을 두드리고 노래하며 지내다가 제나라 환공에게 등용되었다. 그러나 훗날 영척이 재상이 되어 사마駟馬를 채찍질하고 큰 수레를 타고 도읍을 주유하면서 자신이 소를 기르며 은자로 살았던 지난날의 어려움을 생각하지 않았다. 이러한 영척의 은자적 삶은 단지 때를 얻지 못하여 어쩔 수 없이 천한 일에 의탁했을 뿐이지, 진정한 은자의 삶이 아니었음을 지적했다. 영척의 삶에 비해서 유응지가 노래자老萊子와 엄자릉嚴子陵을 사모하여 세상에 온갖 영화를 버리고 처와 자식을 데리고 형산衡山에 은거하며 평생을 마친 것은 진정으로 현실에 즐거움이 있었기 때문이며 이러한 즐거움은 작록으로도 바꿀 수 없는 것으로 여겼다.[199] 그는 유영숙이 「기우가」에서 영척과 유응지를 같은 부류의 은자로 용사한 것을 「제유영숙기우가후」에서 지적하면서 선비의 출처와 거취는 나름대로 뜻이 있기 때문에 두 사람을 우열로 나눌 수는 없지만, 유응지와 같은 은자적 삶을 높이 평가했다. 그리고 유영숙이 「기우가」를 지어 자신을 진정한 은자로 자임했지만, 유영숙 역시 영척이 그의 삶에서 보여주었던 은자의 삶과 다를 바 없음을 지적했다.

　이러한 그의 출처관에 내재한 은자적 삶의 자세와 유영숙의 「기우가」에 대한 평가는 사신으로 떠나는 유영숙에게 지어준 「증유영숙부연서」에서 거듭 언급했다.

영숙은 자신이 지은 기우가를 나에게 보내왔다. 대개 즉흥적으로 기록하면서 영척과 유응지의 고사를 인용하여 스스로 비견했다. 생각건대 두 사람의 출처와 시종은 이미 같지 않고 영숙도 산야에 있은 지 오래되지 않았으니, 다른 날 부귀를 가지게 되어도 소를 타는 즐거움을 잊지 않았으면 좋겠다.[200]

농암은 영숙이 「기우가」에서 인용한 영척과 유응지의 고사에 두 은자의 삶이 같지 않음을 거듭 지적했다. 앞에서 살펴본 바와 같이 영척은 은자로 살다가 제나라 환공에게 등용되어 자신이 소를 기르며 은자로 살았던 지난날의 어려움을 생각하지 않았다. 영척의 은자적 삶은 단지 때를 얻지 못하여 은자의 삶을 살았을 뿐이지 진정한 은자적 삶이 아니다. 반면에 유응지가 노래자와 엄자릉을 사모하여 세상에 온갖 영화를 버리고 처와 자식을 데리고 형산衡山에 은거하며 평생을 마친 것은 진정으로 현실에 즐거움이 있었기 때문이며, 이러한 즐거움은 작록으로도 바꿀 수 없는 것으로 여겼다. 그래서 영척과 유응지의 출처와 시종은 같지 않고 영숙이 오랫동안 산야에 은거한 것이 아니기 때문에 영숙이 벼슬에 나아가 부귀를 얻는다면 영척이 제나라 환공에게 등용된 후에 소뿔을 두드리며 은거했던 지난날의 삶을 잊어버리지 않을까 우려했던 것이다. 이와 같이 농암은 영척의 일시적 은자의 삶보다는 유응지와 같이 은자적 삶의 현실 속에서 진정한 즐거움을 찾았고, 결국 자신도 관직에 나아가 벼슬과 봉록에 마음을 두기보다는 산택을 왕래하며 은자적 삶을 자신의 분수로 여겼던 것이다.[201]

출처, 경계의 철학

농암의 출처관은 군자의 일에서 출처가 무엇보다 중요하지만, 세상에 나아가고 은거하는 것이 나름대로 두 가지 모두 타당함이 있다. 그래서 출처 그 자체가 중요한 것이 아니라, 출처에서 때를 얻어 그것에 따라 세상에 나아가고 물러나는 것이다. 그는 단순히 세속을 떠나 숨어 살거나, 아니면 세상에 나아가는 것으로 모든 출처관이 설정된다고 여기지 않았고, 출처에서는 뜻한바 목적의식을 가져야 함을 역설하고 있다. 군자가 때를 얻지 못하여 물러나 은거해 있으면 뜻을 몸에서 얻어 스스로 지킬 줄 알아야 하고, 때를 얻어 나아가 벼슬하면 도를 이루어 만물에 미치게 하여 나라와 백성을 위해 하는 일이 있어야 한다. 그리고 그가 인식한 진정한 은자의 삶은 영척과 같이 때를 얻지 못하여 어쩔 수 없이 세속에서 물러나 있는 것이 아니라, 유응지와 같이 많은 작록으로도 은자의 즐거움을 바꾸지 않는 진정한 은자적 삶을 선호했다.

농암은 39세(1689)에 기사환국己巳換局으로 노소론老少論이 희빈 장씨의 소생인 경종景宗의 원자 책봉을 시기상조라고 반대하여 2월에 문곡文谷이 진도珍島에 유배되면서 관직을 버리고 돌아온다. 그해 4월에는 문곡이 적소에서 사약을 받고, 5월에는 양주楊州의 율북리栗北里에 있는 설곡雪谷에서 문곡의 장례를 치르고, 또한 금화읍촌金化邑村에서 상중喪中에 아들 청상淸祥을 잃고야 마는 연속적인 비운을 겪는다. 그리고 6월에는 스승이었던 우암마저 정읍井邑에서 사약을 받았다. 문곡은 임종을 앞두고 자식들과 후세 자손들에게 겸퇴謙退의 의지와 벼슬에 나아가서는 현요顯要한 직책을 멀리할 것을 경계하는 유계遺誡에서 남기기도 했다.[202] 이렇듯 농암가農巖家에 닥친 기사환국己巳換局과 문곡의 유계는 결국 그가 현실 참여를 단념하고 강호로 귀래하는 결과를 낳았으며, 그의 규정된 삶의 직접적인 원인이 되었다.

갑술옥사甲戌獄事(1694, 숙종 20) 이후에는 서인의 소론이 다시 정국을 잡으면서 문곡의 관직이 왕의 명에 의해 회복되고, 추모의 제사가 거행되었다. 이후 농암에게 호조참의戶曹參議, 홍문관부제학弘文館副提學, 승정원부승지承政院副承旨, 우부승지右副承旨, 좌부승지左副承旨, 이조참의吏曹參議, 형조참의刑曹參議, 사헌부대사헌司憲府大司憲 등의 관직이 제수되었다. 그러나 그는 매번 소疏를 올려 더 이상 관직에 나아가지 않았다.

그는 「사호조참의소辭戶曹參議疏」에서 장래에 대한 자신의 의지를 다음과 같이 토로하고 있다.

신등은 '부승의 경계'와 '지족의 가르침'을 생각하지 않고, 어둡고 어리석게 지극한 성은에 나아가 돌아올 줄 몰랐습니다. 끝내는 많은 재앙을 선신에게만 미치게 했으나, 신은 곧 요행히 면했으니, 불효스러움이 또한 이보다 더 큰 것이 없을 것입니다. 신은 매번 이것을 생각할 때마다 애통하고 원통하여 땀과 눈물이 함께 흘러내렸습니다. 평생토록 농부가 되어, 그 세상에 빠져 다시는 사대부의 무리에 같이 서지 않을 것을 혼자 맹세한 지 오래되었습니다. 이제 만약 한때의 기회만으로 지난날의 뜻을 잊어버리고 문득 다시 갓끈을 꾸미고 인끈을 매어 지금 세상에 달려 나간다면, 이것은 장차 거듭하여 어질고 효성스러운 군자들에게 죄를 얻게 되는 것이고, 지하에서 아버지를 뵐 수 없을 것입니다.[203]

출처, 경계의 철학

인용한 자료에서 농암은 거취에서 시중의 적절함을 얻지 못한 실수와 은거하려는 자신의 의지를 단적으로 피력하고 있다. 그는 부승負乘의 경계 警戒와 지족의 가르침을 알지 못한 자신을 천하의 죄인으로 여기고, 앞으로 세상을 버리고 평생을 농부로 살아갈 것을 맹세했고, 더 이상 관직에 나아가지 않을 것을 다짐했다. 이후에도 그는 많은 소를 올려 더 이상 관직에 나아가지 않았고, 은자의 삶을 살아가며 평생을 창작과 저술, 그리고 후학 양성에 몰두했다.

결국 농암의 인생 편력을 살펴볼 때, 9년간의 관직 생활을 제외하고는 주로 강호에 은거하며 학문에 정진했다. 농암의 현실 인식에 나타난 기저의 일면이라 할 수 있는 귀은한 은자적 삶의 경향과 변화, 그리고 추이를 그의 한시 작품을 통하여 살펴보기로 한다.

달인은 고고한 마음 품고 있기에,
머무는 곳이 바로 산림이라네.
어찌 세속의 선비들과 같이하여,
부질없이 헛되이 세속을 따르리오.
내 북쪽 산 아래 집을 짓고 살아가니,
외진 땅 오직 새소리만 들릴 뿐.
편안하게 앉아서 왕래를 끊고는,
날마다 뜰에 무성한 풀 바라보네.
숲 속에 꽃은 맑은 향기를 토하고,
동산에 버들 짙은 그늘 드리우네.

흘러가는 구름에 간혹 눈 돌리니,
바람이 불어와 때로 옷깃 흔드네.
서쪽 이웃에 훌륭한 선비 있기에,
나와 같이 세속에 마음 버렸다네.
그래서 시를 지어 그에게 보내고,
우두커니 답가를 기다리네.[204]

예시는 앞 시의 운을 사용하여 김시보金時保에게 답한 시로, 농암이
20대 초반에 지은 작품이다. 달인達人과 같이 세심世心을 버리고 산림에 은
거하고자 하는 그의 심적 의지를 피력한 시다. 달인은 사물에 널리 통달한
사람이다. 그래서 일반적인 선비들과 같이 헛되이 세속을 따르지 않고, 비
록 산림에 묻혀 은거하고 있지만 뜻한 바를 가지고 살아간다. 그는 자신이
비록 북쪽 산 아래에 새소리만 들리는 궁벽한 산림에서 왕래를 끊어버리
고 집을 짓고 쓸쓸하게 살아가지만, 이러한 현실 속에서도 '정초庭草' '임화
林花' '원유園柳' '운귀雲歸' 등 구학丘壑의 정취를 갖추고 있는 산수를 관조
하며 세심을 버리고 왕래를 끊어 편안하게 살아가고 있다.
  여기서 은자에게 제공된 공간은 숲 속에 꽃이 맑은 향기를 토하고, 동
산에 버들가지가 짙은 그림자를 드리우고 있다. 원경遠景의 돌아가는 구름
에 가끔 눈을 돌려보기도 하고, 바람이 불 때면 때때로 옷깃이 흔들리기
도 한다. 이때 그는 자신과 비슷한 뜻을 가진 가사嘉士가 있어 시를 지어 보
내고, 또한 그의 답시를 기다리고 있다.
  이 시에서 볼 때 그는 세사世士의 일반적인 선비이기보다는 달사達士의

삶을 갈망하는 귀은적 의지를 이미 20대 초에 지니고 있었음을 알 수 있
다. 그렇다고 그가 젊어서부터 출사에 대한 꿈과 기대가 전혀 없었던 것은
아니다. 때를 만나지 못하여 일개 은자의 삶을 살아가지만 출사에 대한 뜻
은 가지고 있었다.

어려서부터 큰 뜻 조금도 없었지만,
자못 고관의 영화만은 품었지.
마침내 때를 만나지 못하여,
바위 있는 초가에 누워 지낸다네.
밤이면 큰 곰들의 포효 소리 듣고,
낮이면 사슴들의 행열을 보고 있네.
조수는 원래 나의 무리 아니기에,
누구와 함께 그윽한 정 의탁할꼬.
그나마 형제의 즐거움이 있기에,
평생을 이렇게 마칠 수 있구나.[205]

어려서부터 큰 뜻은 없었지만 벼슬에 나아가려는 소박한 꿈은 가지고
있었다. 그러나 이제 때를 만나지 못해 그것마저 이루지 못하고 강호로 귀
래하여 살아가지만, 그나마 현실을 함께할 수 있는 형제들이 있고 그 속에
즐거움이 있기에 평생을 마칠 수 있음을 토로하고 있다. 사대부라면 누구
나 어려서부터 가져볼 만한 환로의 이상과 꿈이 그에게도 예외는 아니었
다. 그러나 농암가의 부침을 겪으며 청장년기부터 이미 영광과 쇠락을 몸

소 체험하면서 결국 때를 만나지 못하고, 이제 자신을 강호로 귀은한 일개 은자로 인식했다.

잡목이 우거진 암처에는 밤이면 곰의 울음소리 들리고 낮이면 사슴이 지나가는 행열만 보일 뿐, 사람이라고는 보이지 않는다. 그나마 보이는 것은 조수뿐인데 조수마저 그와 같은 은자의 무리가 아니기에 암처에 귀은한 은자의 심정은 의탁할 데 없다. 다행히 찾아오는 형제가 있기에 귀은의 즐거움을 누리며 평생을 마칠 수 있음을 형상했다. 잦은 가화는 더욱 그를 강호로 귀래하게 했고, 이러한 은자의 삶에서 산수를 유상하며 새로운 흥취와 즐거움을 찾았다.

조용히 앉아 사시의 차례 느끼고,
차례로 서리와 얼음이 보이는구나.
성명은 조정의 방목에 올랐건만,
삶은 바로 초야에 사는 스님일세.
주림을 참아 학의 먹이를 주고,
병든 몸 참고 등불 켜 책을 보네.
세상사에 고개는 돌리지 않으련다,
난 이미 쓰라린 경험을 겪었노라.[206]

예시는 찬 서리 내리고 얼음이 보이는 늦가을이나 초겨울쯤에 궁핍하기 그지없는 삶에서도 학문에 전념하며 강호에서 쓸쓸하게 지내는 자신의 은자적 삶을 묘사하고 있다. 한때 벼슬을 했기에 조정의 방목에는 성명이 올라 있지만, 이제 그는 강호에 은둔하여 학의 먹이 정도로 굶주림을 참아가며 궁핍하게 살아가는 일개 은자에 불과하다. 이러한 은자의 궁핍한 생활에서도 병든 몸으로 세상일에 관심을 돌리지 않고, 학업에 신고辛苦하며 경험을 쌓아가는 의연한 모습을 엿볼 수 있다.

농암은 이미 고인이 된 문곡의 복권과 노론의 재집권으로 많은 관직을 제수받았지만 더 이상 환로의 길을 외면했고, 그의 이러한 은자적 정서는 만년에 지은 다음 작품을 통하여 구체적으로 확인할 수 있다.

오직 청산만이 나를 속이지 않으니,
돌아와 대하는데 항상 변함없구나.
화음동 꽃과 새 어떨지 모르겠지만,
세속 밖을 기약하는 건 양쪽이 같겠지.[207]

예시에서 농암은 세상에 모든 것이 자신을 속일지라도 청산, 곧 탈세속한 공간의 자연만은 자신을 속이지 않을 것이라고 단정하고 있다. 그리고 '물외物外' 곧 세상 밖에서 은자적 삶을 기약하려는 자신의 의지를 피력하고 있다. 작품에서 그가 귀은적 정서로 내세운 시어인 '귀래歸來' '물외' 등의 상징어들은 고답이나 초월의 동경일 수도 있겠지만, 현실에 주어진 세속과의 일정한 거리일 수도 있다. 당쟁이라는 세속의 삶에 동화되지 않고 탈세속하여 강호에 은거하려는 정서가 잘 드러나 있다.

세상에는 언제나 봉황, 기린 드므니,
지금의 정사 참으로 위태하구나.

나물에 풀 옷은 본래 나의 분수이니,

백 년의 이내 몸 이제 야인이 되었네.[208]

기사환국己巳換局(1689) 이후 농암은 영평永平의 응암鷹岩에 농암수옥農岩樹屋을 지어 은거했고, 주로 도학과 문학 창작, 그리고 후학 양성에 몰두하며 여생을 보냈다. 강호의 은자적 삶이 비록 궁핍하지만, 이러한 삶을 자신의 분수로 여기고 살아가려는 심경이 시적으로 잘 드러나 있다. 지금 세상에는 뛰어난 성현이 없고, 조정의 정사는 당쟁으로 인해 어지러웠고 한 치 앞을 내다 볼 수 없는 위기일발의 시기였다. 그래서 그는 초근목피와 초의草衣의 궁핍한 은자의 삶일지라도 자신의 분수로 여기고, 야인이 될 것을 스스로 기약했다. 이러한 그의 의식적 정서는 부딪힌 여러 현실의 도피라기보다는 그의 출처관의 기저에 이미 정립되어 있는 사유의 노정이라 할 수 있다.

기사환국 이후에 창작한 농암의 시를 살펴보면 자신이 세상에 나아가기보다는 은거하려는 의식적 정서가 많이 배어 있다. 물론 가문의 배경과 자신의 학문적 식견으로 환로에 나아갈 수 있는 많은 때를 얻었다. 그러나 그는 더 이상 세상에 나아가기보다는 은자적 삶의 지향을 다짐하고, 그러한 삶 속에서 새로운 현실적 즐거움을 찾았다.

산중에 홀로 누워 한가하게 지내는데,

세상 사람들이 온갖 험난함을 좇아가는구나.

정곡의 높은 명성 연연하지 않고서,

출처, 경계의 철학

끝내 흰 머리 상산의 사호를 기약하리.

구름 낀 봉우리 끝없이 모옥에 이어져,

얕은 여울물 빠르게 석관을 지나가네.

들녘에 동호가 있음이 무척이나 좋아서,

몇 편 시구 지어서 공산에 보내노라.[209]

농암은 어지러운 세상에서 험난한 현실을 버리고, 강호로 귀거래하려는 갈망渴望을 진나라 때 상산에 은거했던 사호四皓를 용사用事하여 자신의 의지를 피력했다. 세상 사람들은 현실의 질곡에서 험난하게 고명을 좇으며 살아가지만, 그는 한가롭게 언덕에 누워 세상 사람들의 부질없는 삶을 탄식하고 있다. 그는 환로의 이상과 양명揚名의 영광을 위해 세상에 나아가기보다는, 이제 구름 낀 봉우리가 끝없이 초가집에 이어져 여울물 급하게 석관을 지나가는 깊은 골짜기로 들어가 옛날 상산에 은거했던 사호와 같은 은자적 삶을 기약했다. 사호는 진나라 말에 전란을 피하여 섬서성陝西城에 있는 상산으로 들어가 은거한 네 사람의 백발 노인으로, 곧 동원공東園公, 하황공夏黃公, 녹리선생甪里先生, 기이계綺里季를 일컫는다. 후에 모두 한나라 혜제惠帝의 스승이 되었다. 그는 이러한 사호의 은자적 삶을 기약하고 더 깊은 골짜기로 들어간다.

절약해 먹으니 가난도 견딜 수 있고,

책만을 탐하니 늙음을 보내기 쉽네.

강호에 머물면서 때늦은 계획 이루리,

이슬과 서리 내리니 슬픔만 깊어가네.
지나가는 기러기 찬바람을 차며 날고,
멀리 배는 물결을 거슬러 더디게 가네.
기나긴 밤에 전혀 잠 못 이루고,
새롭게 이제 방옹放翁의 시나 읊어본다네.[210]

궁핍하지만 절약해서 먹으니 가난을 이겨낼 수 있고, 은자의 궁핍한 삶 속에서도 학문에 전념하며 책을 탐독하니, 늙음이 장차 이르는 것조차 알지 못한다. 강호에 머물면서 노년에 맞는 늦가을의 정취를 슬픔만 깊어가는 시인의 내적 정서로 토로하고 있다. 이렇게 쓸쓸한 심정의 가진 시인의 눈에는 지나가는 기러기와 아득히 멀리 파도를 거슬러 올라가는 배만 보인다. 기나긴 밤에 잠 못 이루다가 은둔했던 방옹의 시를 문득 읊어보는 시인의 쓸쓸한 심경을 노래하고 있다.

병들어 강호에 누웠으니 흰머리가 되었고,
헛된 영화 다 떨쳐 보내니 구름이 걸린 듯.
누가 「오희가五噫歌」에 양홍의 슬픈 한을 알리오,
구변가에 송옥의 가을을 공연히 슬퍼하네.
물가 구름 낀 모래밭에 잠을 기러기 없고,
차가운 들녘 보에 앞다투는 배 적구나.
정강이에 미치는 짧은 옷 부끄럽지 않으니,
뿔을 두드리며[211] 어찌 소 먹이기길 원망하리.[212]

출처, 경계의 철학

예시는 은둔으로 궁핍한 선비의 심정을 쓸쓸한 가을 경물에 기탁寄託하고, '양홍梁鴻'과 '송옥宋玉'의 고사를 용사하여 전개하고 있다. 기사환국 이후 농암은 당쟁으로 인한 그의 규정된 삶, 잦은 병고, 그리고 장자長子와 이자二子의 죽음213 등으로 더욱 탈세속했다. 이렇듯 강호자연으로 귀착하게 된 굴곡의 얼룩진 삶을 이와 같이 토로했다.

예시에서 그는 사물을 객관적으로 포착하여 표현했고, 아울러 심상을 형상화한 자연의 특징은 서정적이며 감상적으로 묘사되어 있다. 예시에서 인용한 '오희五噫' '양홍' '구변九辯' '송옥' '반우飯牛' 등의 고사는 자신의 쓸쓸한 심경을 기탁한 시어들이다. 초나라 때 은인이었던 송옥이 지었다는 「구변가九辯歌」214와 후한 때 은인으로 자처했던 양홍이 경사京師를 지나다가 지었다는 「오희가」215, 그리고 제나라에 영척이 은둔하면서 자기의 천거를 기다리며 소를 기르고 있을 때 지었다는 「반우가飯牛歌」 등은 주로 강호에 은둔했던 은자들의 노래이며, 대부분 은자적 삶을 대변할 수 있는 구현물이다. 그는 현재 자신의 쓰라린 입장으로부터 배어나온 우수를 은자이었던 굴원·양홍·영척 등에게 비유했고, 따라서 이러한 정서가 작품에 그대로 투영되어 있다.

그러나 그는 늙어서 지내는 은자의 삶을 단지 쓸쓸한 심경으로만 여기지 않았다. 이러한 강호의 삶에서도 자연의 관조를 통하여 그는 새로운 심상을 구가했다.

한평생 바람에서 이룬 것 적지만,
은둔의 일 오직 기약대로 되었네.

비 개니 하늘의 뜻을 볼 수 있고,

시내와 산이 내 시를 기다리고 있구나.

쓸쓸한 마을에 밥 짓는 연기는 가늘고,

우뚝한 바위 꽃 모양 안개 아름답네.

가는 곳마다 숲 속의 흥취 있으니,

다만 응당히 미록만이 알아주리라.[216]

예시는 인생의 황혼녘에 강호의 경물을 통하여 은자의 삶에서 느끼는 그의 흥취와 심상을 토로하고 있다. 농암도 여느 사대부와 마찬가지로 어려서는 환로의 영화와 이상, 그리고 온갖 바람이 있었겠지만, 그가 이룬 것이라곤 오직 은둔의 일뿐이라고 떳떳하게 자부하고 있다. 이는 언제나 그에게 시상詩想를 제공해준 시내와 산이 기다리고 있기 때문이다. 그리고 한적한 마을에 밥 짓는 연기 가늘게 피어오르고 아득히 우뚝한 바위에 아름다운 꽃 모양의 안개가 보인다. 그는 가는 곳마다 강호의 아름다운 경물에서 흥취를 느꼈고, 은자의 삶에서 자연이 그에게 제공해준 각양각색의 흥취를 오직 미록麋鹿만이 알아주었던 것이다.

이상에서 살펴본 바와 같이, 농암은 20대 이후 약 40년간 자신의 출처와 거취에 대한 입장과 은자적 삶에서 느끼는 감회를 주어진 현실 공간에서 다양한 시어와 용사를 통하여 진솔하게 시적으로 표현했다. 특히 기사환국과 갑술옥사라는 가문의 부침을 그가 몸소 체험하면서 환로에 나아가기보다는 절개 있는 옛 은자들의 삶을 동경하며 진정한 은자적 삶으로 일관했음을 그의 한시 작품을 통하여 확인할 수 있었다. 특히 그는 은자적 삶의 구현물로 상산의 사호, 송옥의 「구변가」, 양홍의 「오희가」, 영척의 「반우가」 등을 용사하여 자신을 굴원, 양홍, 영척 등에게 비유하기도 했다.

2장

원전으로 읽는 출처

자공이 말했다. "여기에 아름다운 옥이 있으면 궤짝 속에 담아 숨겨야 합니까, 좋은 값으로 팔아야겠습니까?" 공자께서 말씀 하셨다. "팔아야지, 팔아야지. 나는 값을 기다리는 사람이다."

「자한」

이 말 속에는 공자의 출처에 대한 관점이 담겨져 있다. 유학이 지향하는 궁극적 지향점은 천하다. 이는 『대학』에서 잘 볼 수 있다. "옛날 밝은 덕을 천하에 밝히고자 하는 사람은 먼저 그 나라를 다스리고, 그 나라를 다스리고자 하는 사람은 먼저 그 집을 가지런히 하며, 그 집을 가지런히 하고자 하는 사람은 먼저 그 몸을 닦고, 그 몸을 닦고자 하는 사람은 먼저 그 마음을 바르게 하며, 그 마음을 바르게 하고자 하는 사람은 먼저 그 뜻을 참되게 하고, 그 뜻을 참되게 하고자 하는 사람은 먼저 그 앎을 이르게 해야 하니, 그 앎을 이르게 함은 물物에 이름에 있다."[1] 여기서 볼 때, '물에 이른다'는 '격물格物'로부터 7단계의 과정은 궁극적으로 '밝은 덕을 천하에 밝힌다'는 '명명덕어천하明明德於天下'를 위한 준비 과정이다. 여기서 유학의 궁극적인 관심은 바로 '밝은 덕을 천하에 밝힘'에 있음을 알 수 있다. 그러면 밝은 덕을 밝히기 위한 수단은 무엇인가? 그것은 바로 천하를 경영할 지위를 얻는 것이다. 선비가 벼슬을 구하는 궁극적인 이유는 바로 이것이다.

공자는 춘추시대의 혼란상을 구제하려는 마음을 품었지만, 그러나 쉽사리 벼슬에 나아가지 못했다. 자공은 비유를 통하여 공자가 벼슬하지 않는 것이 옳은지를 물은 것이다. 이 물음에 대한 공자의 답은 '팔려나가는 옥'이 되고자 한다는 것이다. 이 말에는 제후에게 등용되어 세상을 구제하는 것을 자신의 본분으로 삼는다는 의미가 포함되어 있다. 그러나 여기에 조건이 있다. 공자 자신을 알아주어 정당한 대우를 해주어야만 한다는 것이다. "나는 값을 기다리는 사람이다"라고 한 말은 바로 이를 지적한 것이다. 팔리기를 원하지만 정당한 값을 치를 때만 자신을 판다는 것이 공자 출처관의 기본 양식이다.

공자는 벼슬을 원하지만 아무 곳에서나 벼슬하지 않는다. 조건에 따라서 벼슬을 하기도 하고, 벼슬을 거부하기도 한다. 공자의 생각 속에는 이미 이에 대한 판단 기준이 서 있었다. 이 기준을 이해하려는 가운데 유가적 출처관도 이해할 수 있다.

공자께서 위나라에서 경쇠를 두드렸는데, 망태기를 멘 사람이
공자의 문 앞에 지나가고 있었다. 그가 말했다. "마음이 있구나,
경쇠를 두드림이여." 잠시 후에 다시 말했다. "비루하구나, 고집
스러움이여. 나를 알아주지 않으면 이에 말아야 한다. 물이 깊으
면 옷을 벗어 들어 건너고 얕으면 걷어 올려 건너야 한다." 공자
께서 말씀하셨다. "과감하구나, 세상을 버림이여."

「헌문」

이 구절은 세상을 버리고 처處에만 집착하는 부류의 사람들을 비판함
으로써 출出을 지향하는 공자의 속뜻을 드러내었다.

망태기를 멘 사람을 '하궤자荷蕢者'라 한다. 하궤자는 은자의 대표 격으
로 불린다. 공자 당시는 천하가 어지러웠다. 그래서 산야에는 세상을 피해
사는 사람들이 곳곳에 은둔하고 있었다. 은隱을 지향하는 사람들에게는
하궤자의 부류를 현자로 취급한다. 그러나 현現의 입장에서는 시대의 방
관자로 볼 수 있다. 하궤자 부류는 세상 자체를 등졌기에 세상의 치란治亂
에 무관심했다. 그래서 뜻을 펼 기회를 기다리지도 않았다. 유가적 출처관
出處觀에서 볼 때, 애초에 이들은 논의의 대상이 되지 못한다.

공자가 벼슬하지 않는 것과 하궤자가 벼슬하지 않는 것을 동일한 눈높
이에서 논할 수 없다. 공자의 기본적인 태도는 출에 있었다. 나가서 벼슬하

는 것이야말로 자아실현의 유일한 길이었다. 공자는 벼슬을 구하기 위해 주유천하를 한 것이다. 그러나 공자는 자신의 뜻을 이해하고 실현시켜줄 제후를 만나지 못했다. 공자는 출사에 대한 강한 열망을 가지고 있었다. 그 절박함은 56세에서 68세까지 긴 세월 고난에 찬 행군을 한 사실에서 알 수 있다.

공자가 68세 되던 해에 위나라에서 노나라로 돌아온 것도 출사의 열망을 실현시키기 위해서였다. 『사기』 「공자세가」에 이런 내용이 있다. "염구冉求가 계씨季氏의 장수가 되어 제나라와 싸워 공을 세웠다. 이에 계강자季康子가 공자를 부르자 공자는 노나라로 돌아왔다. 이때가 애공哀公 11년 정사丁巳고 공자 나이 68세가 된 해이다. 그러나 노나라에서 끝내 공자를 등용하지 않자, 공자 또한 더 이상 벼슬을 구하지 않았다."[2] 열국을 주유하던 공자가 위나라에 머물 때, 마침 계씨 가문에서 벼슬을 하던 제자 염구가 제나라와 전쟁을 하여 큰 공을 세웠다. 그래서 계강자는 염구가 세운 공에 대한 보답으로 염구의 스승인 공자를 노나라에 등용하고자 초빙했다. 연로한 몸으로 긴 세월 타국 생활을 한 공자로서는 반가운 일이 아닐 수 없었다. 그러나 노나라로 돌아왔지만, 막상 노나라 조정에서는 공자를 등용할 생각이 없었다. 이 사실을 알아차린 공자는 크게 실망했고, 몸 또한 노쇠하여 결국 구사求仕의 뜻을 접을 수밖에 없었다.

공자는 뜻이 통하는 군주를 만나 벼슬에 오름으로써 자신의 이상을 실현하는 것을 삶의 목표로 삼았다. 출사에 대한 그의 열망은 12년간을 주유천하를 할 만큼 강력했다. 유가에서의 처신은 하궤자 부류의 처신과는 근본적으로 다르다. 하궤자의 은둔은 피세避世하여 세상의 치란에 무관심했다. 그러나 유학에서의 은둔은 '출'할 뜻을 품고 있지만 뜻을 펼 상황을 만나지 못함으로써 어찌할 수 없는 상황에서 은둔한 것이다. 나갈 뜻을 가지고, 또 나갈 준비를 한 상황에서의 은둔이 바로 '처'다. 선비는 출을 처신의 궁극적 지향점으로 본다.

장저長沮와 걸익桀溺이 나란히 밭을 가는데 공자께서 지나가다가 자로를 시켜 나루터가 어디인지 묻게 하셨다.

장저가 말했다. "저기 수레 고삐를 잡고 있는 사람이 누구시오?"

자로가 말했다. "공구孔丘라 합니다."

장저가 말했다. "저 사람이 노나라 공구인가요?"

자로가 말했다. "그렇습니다."

장저가 말했다. "저 사람이라면 나루터를 벌써 알고 있을 텐데요."

걸익에게 물으니 걸익이 말했다. "당신은 누구시오?"

자로가 말했다. "중유仲由라 합니다."

걸익이 말했다. "노나라 공구의 제자이시오?"

자로가 대답했다. "그렇습니다."

걸익이 말했다. "도도하게 흘러가는 물결처럼 천하가 다 저러한데 누가 바꾸겠는가? 사람을 피하는 선비를 따르는 것보다는 세상을 피하는 선비를 따르는 것이 낫지 않겠소." 하며 씨앗을 심는 일을 그치지 않았다.

자로가 가서 그 일을 고하자, 공자께서 멍하니 계시다가 말씀하셨다. "새나 짐승들과는 무리 지어 살 수 없으니, 내가 사람들과 함께 살지 않고 누구와 함께 살겠느냐? 천하에 도가 있다면 내가 바꾸려 하지 않았을 것이다."

「미자微子」

이 문장에서는 세상을 바라보는 두 시각을 대비적으로 보여준다. 사람에 대해 공자의 애착은 남달랐다. 이는 시종일관 인仁을 강조한 데서 알 수 있다. 이 점은 그의 출처관을 정립하는 데 결정적인 요인으로 작용한다. 세상에 나아가지 않고서는 인간을 사랑할 수 없고, 인간을 사랑하지 않고서는 인을 이룰 수 없다.

세상에 나아가 적극적으로 자신의 뜻을 펴고자 하는 공자와 대척점에 선 무리가 있다. 그들이 바로 장저와 걸익이다. 장저와 걸익의 처신은 유가적 출처관으로는 논할 수 없다. 유가의 처는 장차 나아감을 대비하는 행동 양식이다. 그러나 장저와 걸익은 어떤 때가 와도 세상에 나아갈 의사가 없는 부류의 인물이다. 이것은 그들 스스로 '피세지사辟世之士'로 자처하는 데서 알 수 있다. 그들은 인정仁政을 펼 군주가 아니면 그 조정에 나아가지 않는 공자를 '피인지사辟人之士'로 규정했다. 피인지사는 인정에 뜻을 둔 군주를 만나면 벼슬에 나아갈 사람이다. 그러나 피세지사는 어떠한 상황에서도 세상에 나갈 의향이 없는 인물이다. 즉 '은자'라는 말이다.

출처, 경계의 철학

은자는 어떤 경우에도 출사하지 않는다. 상고의 인물 가운데 대표적으로 허유許由를 꼽을 수 있다. 『사기』 「백이열전」에서는 "요堯가 천하를 허유에게 물려주려하자 허유가 받지 않고 부끄러워하며 달아나 숨어 살았다"[3]라 하여 허유를 숨어사는 은자로 묘사했다. 유가에서는 요를 이상적인 임금으로 본다. 그를 돕다가 그의 지위를 물려받는 것은 가장 이상적인 출사 형식이다. 요임금의 치하에 나아가지 않겠다는 것은 어떤 경우에도 출사할 의도가 없음을 의미한다. 이것이 바로 은자의 표준 행동 양식이다. 장저와 걸익 역시 무조건적인 출사 거부의 행동 양상을 보이므로 은자의 부류로 볼 수 있다.

공자가 굳이 출사하려는 이유는 분명하다. 앞 원문의 말미에서 밝혔다. "새나 짐승들과는 무리 지어 살 수 없으니, 내가 사람들과 함께 살지 않고 누구와 함께 살겠느냐? 천하에 도가 있다면 내가 바꾸려 하지 않았을 것이다." 인정을 펼 임금을 만나 도탄에 빠진 백성들을 구하는 것, 그것이 공자의 출사 이유였다. 이것이 비록 쉽지 않지만, 공자는 인정에 대한 갈망을 거둘 수 없었다. 이 점을 "되지 않을 줄 알면서도 하는 사람 말인가"[4]라는 신문晨門의 말에서 읽을 수 있다.

【 논어 4 】 원문 4

제경공齊景公이 공자의 대우에 대하여 말했다. "계씨와 같이는 대우하지 못하겠지만 계씨와 맹씨 사이 수준으로 대우할 것이다." 이윽고 또 말했다. "내가 늙어서 등용할 수 없다." 이 말을 듣고 공자가 떠나갔다.

「미자」

공자는 출사하기를 열망했다. 학문을 하는 이유는 바로 안민安民을 도모하기 위해서이다. 그러나 공자는 자신이 설정한 조건에 부합해야만 출사를 했다. 가장 중요한 조건은 임금이 인정을 펴려는 의지가 있는지 여부, 그 임금이 의로운가 여부, 그리고 신하를 예로써 대하느냐 여부, 신하를 신뢰하여 의견을 적극적으로 수용하는가 여부였으며, 이를 살피어 출퇴出退를 결정했다.

공자는 나이 35세가 되었을 때, 제나라로 가서 경공을 만났다. 제경공은 공자에게 호감을 품고 많은 질문을 했다. 제경공은 공자를 노나라의 계씨와 맹씨의 중간 수준으로 대우를 해주겠다며 제나라에서 벼슬하기를 권했다. 공자가 제나라 조정에 막 출사하려는 순간이 왔다. 그러나 제나라의 실용주의자 안영晏嬰은 적극 말리면서 "대개 유자들은 우스꽝스러워 본보기로 삼을 수 없습니다. 거만하고 오만하여 마음대로여서 아랫사람으로 삼을 수 없습니다. 상례를 숭상하고 애도를 극도로 하여 재산을 소비하여 후하게 장례하니 풍속으로 삼을 수 없습니다. 유세하며 구걸을 일삼으니 국가를 다스릴 수 없습니다"[5]라고 했다. 안영은 실용적 정책을 추구하는 사람이다. 인과 예를 추구하는 공자의 가르침에 대해 강한 반감을 보였다. 제경공은 제나라 특유의 실용주의 노선을 지지하지만, 공자를 만난 후 느낀 점이 있었다. 그래서 공자를 등용하려 했다. 그러나 제경공은 아직 공자의 뜻을 깊이 파악하지 못했고, 등용하려는 의지 역시 강하지 못했다. 그래서 제경공은 안영 등의 여러 신하의 반대 앞에 공자를 등용하려던 생각을 거두어들였다.

공자는 출사하기를 열망했다. 그러나 그렇다고 하여도 자신의 의견을 적극 수용해줄 정성이 없는 임금에게는 벼슬하기를 거부했다. 제경공이 "늙어서 등용할 수 없다"고 한 것은 공자에 대한 제경공의 신뢰가 깊지 못함을 보여주는 말이다. 공자에게 벼슬은 부귀를 추구하는 도구가 아니라, 정치적 이념을 펴기 위한 수단일 뿐이었다. 그래서 공자는 결국 제나라를 떠날 수밖에 없었다.

【 논어 5 】 원문 5

제나라 사람이 여자 악사를 보내자 계환자季桓子가 받아들였다.
사흘을 조회하지 않자 공자께서 떠나가셨다.

「미자」

공자는 한 나라에 정착할 수 없었다. 그것은 그의 출처관이 엄격했기 때문이다. 자신과 임금의 상황에 결백의 증세를 보일 만큼 치밀히 척도를 적용시켰다. 그러나 그것은 어쩔 수 없는 선택이었다. 뜻이 맞지 않는 조정에서는 벼슬할 수 없었다. 공자의 눈에 그것은 부귀를 탐하는 행위일 뿐이었다.

『사기』「공자세가」에 의하면, 공자는 51세 때부터 노나라 조정에서 벼슬했다. 중도재中都宰와 사공司空을 거쳐 대사구大司寇가 되어 노나라의 부정을 바로 잡았다. 56세 때는 재상을 맡았는데, 석 달 만에 노나라가 아주 잘 다스려졌다. 이에 긴장한 제나라는 계환자를 통하여 노정공魯定公에게 여악女樂을 보냈다. 노정공은 여악에게 빠져 더 이상 정사를 돌보지 않았다. 이로부터 정공과 공자 간에 맺어진 신뢰는 더 이상 유지될 수 없었다. 공자는 얼마 후 노나라를 떠나 주유천하를 시작했다.

공자가 모국인 노나라를 떠난 이유는 더 이상 노나라에서는 자신의 뜻을 펼 수 없었기 때문이다. 뜻을 펼 수 없음에도 더 머문다면, 이는 부귀를 탐하는 짓일 뿐이라는 것이 공자가 가진 출처관의 기본 원칙이다.

【논어 6】 원문 6

공자께서 말씀하셨다. "군자는 천하에 가능함도 없고 불가능함도 없으며 의에 의거할 뿐이다."

「이인里仁」

군자는 공자의 이상적 인간형이다. 군자는 자신의 몸을 닦고 장차 사람을 다스리는 역할을 하는 사람이다. 그러므로 군자는 가까이로 자신의 일을 하고, 크게는 천하를 다스리는 일을 한다. 이때 군자의 행동 기준은 의다.

『석명釋名』에서는 의에 대해 이렇게 말했다. "의는 마땅함이다. 사물事物을 재단하여 각각 마땅하게 만드는 것이다."[6] '사事'는 동적인 성질을 가지고 '물物'은 정적인 성질을 가진다. 세상을 살아갈 때는 사와 물을 반드시 마주하게 된다. 이때 판단과 행위의 주체인 인간이 마주한 사와 물에 대해 어떻게 처리해야 할지 하는 문제가 대두된다. 의는 여기서 그 의미를 비로소 드러낸다. 결국 마주한 일과 물에 대해 가장 마땅하게 처치하는 것이 바로 의가 된다.

의는 군자의 행동 기준이 된다. 공자는 이렇게 말했다. "군자는 의를 으뜸으로 삼는다. 군자가 용기만 있고 의가 없으면 난리를 짓고, 소인이 용기만 있고 의가 없으면 도둑이 된다."[7] 공자는 행동의 기준을 의로 본다. 의에 맞지 않으면 난신亂臣이 되거나 도둑으로 전락한다. 인간에게는 자유의지가 있다. 그러나 거기엔 반드시 상황에 대한 분석이 요구된다. 그리고 의를 그 잣대로 삼아야 한다. 그래서 공자는 '의에 의거할 뿐이다義之與比'라고 말한 것이다.

군자의 출처 역시 의를 기준으로 삼는다. 군자는 출할 수도 있고 처할 수도 있다. 출과 처는 상황에 의해 결정된다. 꼭 출하겠다거나 처하겠다고 하는 집착이 없다. 다만 의를 따라 출처를 정할 뿐이다. 의의 실현은 시중을 담보로 한다. 일정한 행동 양식이 없고 오직 상황에 따라 출처를 택할 뿐이다.

【 논어집주 1 】 원문 7

공자께서 말씀하셨다. "뜻을 굽히지 않고, 몸을 욕되게 하지 않는 사람은 백이伯夷와 숙제叔齊로다." 유하혜柳下惠와 소연少連을 평하시기를, "뜻을 굽히고 몸도 욕되게 했지만, 말이 도리에 맞고 행동이 사려 깊었으니 그들은 이런 사람들이다". 우중虞仲과 이일夷逸을 이르시길, "숨어 살면서 함부로 말했지만 행실은 깨끗했고, 맺고 끊는 것도 상도常道에 맞았다. 나는 이들과 달라서 그럴 것도 없고 그러지 못할 것도 없다".

「미자」

군자의 행동 양식은 백이·숙제와 같은 비타협 유형, 유하혜·소연처럼 타협하지만 도리와 사려에 맞게 움직이는 유형, 우중·이일처럼 은둔생활을 고집하지만 언행이 바른 유형으로 나눌 수 있다. 이들은 모두 각기의 타고난 기질대로 자신의 행동 양식을 고집한다. 그러나 의는 여기에 꼭 깃들어 있는 것이 아니다. 의는 상황을 따라 달라진다. 출처는 의에 따라 택할 뿐이다. 그래서 공자는 "나는 이들과 달라서 그럴 것도 없고 그러지 못할 것도 없다"라고 한 것이다.

군자의 처신은 의를 기준으로 하고, 의는 상황에 따라 변한다. 군자의 출처 역시 의를 기준으로 한다. 그러므로 군자는 출에 영원히 집착하지도 처에 영원히 집착하지도 않는다. 상황에 맞는 의를 따라 움직일 뿐이다.

출처, 경계의 철학

공자께서 말씀하셨다. "거친 밥을 먹고 물을 마시며 팔꿈치를 굽혀 베고 누워도 즐거움이 그 속에 있다. 의롭지 못한 부귀는 나에게 뜬구름과 같다."

「술이述而」

인간의 행동 기준은 의다. 맹자는 "인은 사람의 마음이요, 의는 사람의 길이다"[8]라고 했다. 사람은 행위 속에 자신의 삶의 영위한다. 이때 행위의 기준은 의가 된다. 맹자의 말대로 의는 인간이 마땅히 가야 할 길이기 때문이다.

의를 행하는 주체는 사람이다. 더 정확히 말하면, 바로 사람의 마음이다. 사람의 마음이 사물을 대하면 거기에 따른 합당한 도리가 나타난다. 그 도리에 맞게 처치하면 그것이 의에 따르는 것이다.

공자께서 말씀하셨다. "의는 내 마음이 처치하는 바의 마땅함이다. 일을 이렇게 처치해야 함을 보면 거기에 따라 응하여 집착함이 없어야 한다. 의리상 마땅히 부귀해야 하면 부귀를 누려야 하고, 의리상 마땅히 빈천해야 하면 빈천해야 한다. 마땅히 살아

야 하면 살고, 마땅히 죽어야 하면 죽어야 한다. 의리상 합당한
가의 여부를 살펴야 한다."

「이인」, 소주小註

주자는 '의리상 합당한가의 여부를 따라 부귀빈천과 생사를 택해야 한다'고 했다. 영원히 빈천하거나 영원히 부귀해야 한다는 법은 없다. 그래서 거기에 집착해서는 안 된다. 상황이 어떻게 변하든지 의로움을 기준으로 하여 행동한다. 이것이 군자의 처신법이다.

유하혜는 나아감을 좋아한다. 그러나 그 역시 의로움을 행위의 기준으로 삼는다. 유하혜가 옥관獄官의 우두머리가 되어 세 번이나 쫓겨났다. 그러나 주위 사람이 이런 지경에 이르렀는데 왜 떠나지 않는가를 물었다. 이에 유하혜는 말했다. "도를 곧게 하여 사람을 섬기면 어디를 간들 세 번 쯤은 쫓겨나지 않으리오. 도를 굽혀서 사람을 섬기려 한다면 하필 부모의 나라를 떠나리오."[9] 옳은 도를 따르지 않으려면 아무 데서나 벼슬을 하면 된다. 그러나 올바른 도로써 임금을 섬기려면 어디서든 세 번 정도는 쫓겨나는 수모를 감내해야 한다. 나아가 임금을 섬기기를 좋아하는 유하혜 역시 의로운 도를 출처의 기준으로 삼는다.

부귀는 누구나 추구하는 바지만, 그러나 의에 맞지 않으면 그것을 취하지 않는다. 설령 가난 속에 산다고 하여도 의에 합당하다면, 그것을 달게 받아들이고 즐거운 마음으로 삶의 영위한다. 이것이 공자가 가진 출처관의 기본 정신이다.

헌憲이 부끄러움을 묻자, 공자께서 말씀하셨다. "나라에 도가
있어도 곡식을 받고 나라에 도가 없어도 곡식을 받음이 부끄러
움이다."

「헌문憲問」

출사出仕는 선비에게 시급한 일이다. 그래서 공자는 제후들을 만날 때
사용할 폐백을 수레에 늘 싣고 다녔다. 그러나 출사는 조건에 부합할 때만
실행한다. 이 구절에서는 도가 행해지는 나라에서만 벼슬을 해야 한다는
원칙이 제시된다. 그러나 공자 당시 춘추시대에는 당연히 도가 행해지고
있는 나라가 존재하지 않았다. 여기서 '도가 있음'과 '도가 없음'은 도가 펼
쳐질 가능성의 유무를 뜻한다고 봐야 할 것이다.

부끄러움恥은 인간이 인간의 길을 벗어날 수 없게 하는 무형의 성벽이
다. 부끄러움은 인간의 내면에 새겨진 본능으로 반성적 사고를 통하여 촉
발되는 윤리성을 가진 심리적 기능이다. 부끄러워할 것을 부끄러워하지 않
음은 인간의 고매성을 훼손시키는 행위다. 벼슬하지 말아야 할 곳에서 벼
슬하는 것도 인간의 고매성을 훼손시키는 요인 중 하나다.

벼슬할 곳과 말아야 할 곳의 기준은 도가 행해지느냐의 여부다. 설령
도가 행해지지 못하여도 장차 행해질 가능성이 보일 때 비로소 벼슬에 나
아가는 것이다. 공자는 벼슬에 나아가는 근본 이유가 바로 도를 펴는 데

있고 영달을 구하는 데 있지 않다고 여겼다. 그래서 나라에 도가 있을 때 벼슬하여 녹봉을 받는 것은 당연한 일이다. 그러나 나라에 도가 없음에도 벼슬살이를 하면서 녹을 먹는 것은 부끄러운 일이라고 했다. 이때 시중을 찾는 가장 큰 근거는 바로 도를 펼 수 있느냐 여부, 더 나아가서는 도가 행해지는가 여부다. 시중에 벗어난, 때에 맞지 않는 출처는 부끄러움을 초래한다.

공자는 영원한 출도, 영원한 처도 추구하지 않았다. 공자의 출처관은 시중성을 기반으로 한다. 맹자는 공자를 시중의 성인時中之性으로 규정했다. "백이는 성聖의 청淸한 자요, 이윤은 성의 임任한 자요, 유하혜는 성의 화和한 자요, 공자는 성의 시時한 자이니라"[10] 맹자는 공자를 시의時宜에 부합하여 행동하는 성인으로 규정했다. 백이의 청, 이윤의 임, 유하혜의 화를 모두 수용하여 때에 맞게 행동 방식을 정하는 것을 말한다. 공자는 때의 의미를 중시했다. 여기서의 때는 단순한 시간성을 의미하지 않는다. 시공을 포함하여 그 위에서 벌어지는 사건까지 포함한다. 그래서 시간과 공간, 그리고 그 위에서 진행되는 사건들까지 포함하여 그 속에서 마땅함을 얻는 것이 바로 공자의 시중이다.

공자의 출처는 최종적으로 시중의 여부에 의해 결정된다. 그리고 공자의 출처관이 가진 내적인 의의는 부끄러움이라는 윤리적 심리 현상을 기반으로 설명된다. 도가 없는 곳에서 벼슬하는 것이야말로 바로 인간을 부끄러움의 늪으로 추락시키는 요인이라는 것이다. 이는 공자의 출처관이 시중의 의미를 포함할 뿐 아니라, 윤리적 성격도 포함하고 있음에 대한 암시라고 하겠다.

출처, 경계의 철학

공자께서 말씀하셨다. "독실하게 믿고 학문을 좋아하며 죽음으로 지켜 도를 착하게 하라. 위태한 나라에는 들어가지 않고 어지러운 나라에는 머물지 아니하며, 천하에 도가 있으면 나타나고 도가 없으면 숨어야 한다. 나라에 도가 있을 때는 빈천함이 부끄러운 일이요, 나라에 도가 없을 때는 부귀함이 부끄러운 일이다."

「태백泰伯」

공자의 출처관은 시중의 논리 위에 전개된다. 물론, 그 시중은 객관적 상황을 기반으로 한다. 그와 동시에 그 시중성에는 윤리성을 포함한다. 그리고 출과 처는 단순한 행위의 패턴이 아니다. 그 속의 군자가 일생 쌓은 학문과 도를 지키려는 의지가 내함內含되어 있다.

공자에게 은현隱現을 결정하는 가장 큰 조건은 바로 도의 유무다. 도가 있으면 나타나고 도가 없으면 숨는다. 이것이야말로 시중을 실현하는 길이다. 나라에 도가 있을 때는 당연히 출사를 하여야 한다. 그래서 도가 있음에도 출사를 하지 못함은 자신의 무능에서 초래된 것이다. 그래서 부끄러워해야 할 일이 된다. 또한 도가 있음에도 출사하지 못함은 선비로서 세상에 져야 할 의무를 실행하지 못함을 의미하기도 한다. 이 또한 부끄러워해야 할 일이다. 군자가 출처에서 또 부끄러워해야 할 일은 도가 없음에도 출사하는 행위이다. 군자는 뜻을 숭상한다. 도를 펴려는 뜻을 성취하지 못하면, 나머지 조건은 다 무의미해진다. 그래서 도가 없는 나라에서는 벼슬을 하지 않는 것이다. 이것이 시중을 실현하는 길이다.

출사의 여부는 시중성을 헤아려야 한다. 출할 때와 처할 때를 판단하여 거기에 맞는 처신을 하는 것이 바로 시중성을 실현하는 길이며, 이것이 바로 출처의 바름을 얻는 기준이 된다. 도를 펼 수 있는 곳은 시중을 이룬 것이고, 도를 펼 수 없는 것은 시중을 반하는 것이다. 무조건 출하지도 무조건 처하지도 않음이 군자의 처신법이다. 물론 공자의 이 처신법은 단순히 외형으로 보이는 행위 이상의 의미를 가진다. 출처관 속에는 시중이 작용하고, 시중은 학문과 도를 실현하는 현실적 조건이 된다.

공자에 따르면, 독실하게 믿고篤信, 학문을 좋아하며好學, 그리고 도를 지키려는 확고한 신념守死善道이야말로 출처를 결정하는 조건이 된다. 이러한 조건은 군자의 출과 처를 관통한다. 그러므로 출과 처는 모두 이 조건을 기반으로 하면서 동시에 이것을 실현하는 현실적 방법이다. 시중지성時中之聖은 이러한 조건들을 충족시킴으로써 비로소 성취할 수 있다.

【 맹자 1 】 원문 12

> 맹자께서 말씀하셨다. "백이는 옳은 임금이 아니면 섬기지 아니했고, 옳은 벗이 아니면 사귀지 아니했으며, 악한 사람의 조정에 서지 아니하여 악한 사람과 더불어 말하지 않았다. 악한 사람의 조정에 서서 악한 사람과 더불어 말하기를 조의와 조관을 입고 도탄에 앉아있는 것처럼 했으며, 악함을 미워하는 마음을 미루

출처, 경계의 철학

어서 고을 사람과 함께 섬에 그 갓이 바르지 않다는 생각이 들면 망연히 떠나서 장차 더럽혀질 것처럼 했다. 이런 까닭으로 그 사명을 잘하는 이가 있어 비록 제후가 이르더라도 받지 아니했으니, 받지 아니했다는 것은 이 또한 나아감을 달갑게 여기지 않았을 뿐이다. 유하혜는 더러운 인군을 부끄럽게 여기지 아니했고, 작은 관직을 낮게 여기지 아니했고, 관직에 나아감에 어짊을 숨기지 아니하여 반드시 그 도로써 했고, 관직을 잃더라도 원망하지 아니했으며, 곤액을 당하더라도 민망히 여기지 않았다. 그러면서 말하기를 '너는 너고 나는 나니, 비록 내 곁에서 웃통 벗고 벌거벗으나 네가 어찌 능히 나를 더럽히리오'라고 했다. 그러므로 유유하게 함께 더불더라도 스스로를 잃지 않아 잡아당겨 그만두게 하면 그만두니, 잡아당겨 그만두게 하면 그만두는 것은 이 또한 떠나감을 달갑게 여기지 않았을 뿐이라." 맹자께서 말씀하셨다. "백이는 좁고, 유하혜는 공손치 아니하니, 좁고 공손치 아니한 것은 군자가 말미암지 않느니라."

「공손추상公孫丑上」

세상은 상대적으로 이루어져 있다. 음과 양의 개념 역시 이러한 측면을 드러내는 자연론적 구상이다. 처신에도 이러한 양면성이 드러난다. 그 대표적인 예는 백이와 유하혜에게서 찾을 수 있다. 이에 대해서는 맹자가 적절히 언급했다.

백이는 순수하다. 그래서 결벽증의 증세를 보인다. 그래서 섬길 만한 임금이 아니면 섬기지 않았고 사귈 만한 벗이 아니면 친하지 않았다. 그리고 옳지 못한 사람들과는 가까이 지내지 않았다. 어쩌면 그는 세상을 싫어하는 부류의 사람일 수 있다. 그러나 그가 고마이간叩馬而諫의 고사에서 보듯이 세상을 싫어하기만 하는 은자는 아니었다. 그 역시 세상에 대해 관심을 버린 적이 없다. 그는 의를 추구했으며, 세상에 도가 펼쳐지기를 기대했다. 무왕武王에게 이것을 기대할 수 없는 상황임을 파악한 후 그는 수양산을 무덤으로 삼았던 것이다.

한편 유하혜는 백이와 다른 행동 양식을 보인 인물이다. 그는 포용적인 자세를 보인 인물이다. 그러나 그의 마음은 언제나 바름을 잃지 않다.

【 맹자 2 】 원문 13

왕자숙王子墊이 물었다. "사士는 무엇을 일삼습니까?" 맹자께서 말씀하셨다. "뜻志을 고상히 한다." "무엇이 뜻을 고상히 한다고 이릅니까?" 맹자께서 말씀하셨다. "인의일 뿐이다. 한 사람이라도 무죄한 사람을 죽이는 것은 인이 아니며, 자기의 소유가 아닌데 취하는 것은 의가 아니다. 머무는 것은 어디에 있어야 하는가? 인이 이것이다. 길은 어디에 있어야 하는가? 의가 이것이다. 인에 거하고 의를 따른다면 대인大人의 일이 구비된 것이다."

「진심상盡心上」

이 문장 속에는 사의 성격에 대한 맹자의 견해가 분명히 나타나 있다. 맹자에 따르면 사는 도의 실천을 직업으로 하기 때문에 도를 실천할 때 비로소 사의 요건이 갖추어진다고 말한다.

원래 '사'라는 말은 주대 반작제班爵制에 편제된 하급 관료층을 뜻하던 개념이었다. 그들은 위로 귀족인 공경대부, 아래로는 서인인 농공상가의 가운데 위치하면서, 귀족의 통치 행위를 실무적으로 보좌하던 일종의 하급 관리직이었다.[11] 『맹자』에 '서인재관자庶人在官者'라는 말이 있고 최하급인 하사와 서인재관자의 녹祿이 같았다는 것을 보면,[12] 서인 중에서도 사의 업무를 대신하던 자들이 꽤 있었던 것 같다. 그러나 『논어』에 장인丈人이 자로에게 사에 대해 "사지四肢를 부지런히 하지 않고 오곡을 분별하지 못했다"[13]고 한 말이 있는 것을 보면, 사와 서인 사이에는 분명한 구분이 있었던 같다. 그렇다고 귀족에 딸린 부용적 신분도 아니었다. 다만 출사를 하려면 반드시 국정을 장악한 세경世卿 귀족에 의부依附해야 했다. 하지만 이들의 신분과 직업은 대대로 전승되었기 때문에, 이들에게는 통치에 관한 전문 지식이 있었다.

이러한 하급 관리를 뜻하던 사가 어떻게 해서 춘추전국시대에 등장하는 지식 계층으로서의 '사', 즉 '군주도 쉽게 얻을 수 없었던 계층'을 총칭하는 개념으로 어의가 변화되었는지에 대해서는 이견이 분분하다. 다만 주대 봉건제의 반작제에 편제되어 있던 사와 춘추전국시대에 등장하는 사계층이 질적으로 다른 계층이었던 것은 분명하다. 이들은 일정한 직업이 있었던 귀족이나 서인과 달리 고정된 생업이 없었는데, 그래서 왕자숙은 사가 어떤 일을 하는 사람들이냐고 물은 것이다.

이에 대해 맹자는 사는 뜻을 고상하게 여기는 존재라고 답하고 있다. 귀족이나 서인과 달리 직업으로 정해진 일이 없기 때문에 자기의 뜻을 고상하게 할 뿐이라는 것이다. 그러자 왕자숙이 다시 물었다. "뜻을 고상히 한다니, 도대체 그게 무슨 뜻입니까?" 그러자 맹자는 말했다. "인의를 말한다. 사는 인에 거하여 의를 행하는 사람들이다." 즉 사는 인의의 실천을 직업으로 하는 사람들이라는 것이다. 인의란 공자가 "사는 도에 뜻을 둔 사람이다. 나쁜 옷과 나쁜 음식을 부끄러워하면 함께 이야기할 수 없다"[14]라고 한 도의 맹자적 표현이다. 달리 말하면 사는 도에 뜻을 두고 도를 실천하는 것을 자신의 임무로 생각하는 사람이라는 것이다.

공자는 제자들에게 "독실하게 믿으면서 학문을 좋아하며 죽음으로써 도를 잘 행해야 한다"[15]고 했다. 그런데 맹자에게 사와 도의 관계는 공자보다 더 긴밀하게 연결되고 있다. 즉 공자는 "사는 도에 뜻을 두어야 한다"는 정도의 언급에 그치고 있지만, 맹자는 여기서 한 걸음 더 나아가 도의 실천이 바로 사의 직업이라고 단정 짓고 있다. 사는 일정한 직업이 없기 때문에 다만 뜻을 고상히 할 뿐이다. 그 뜻이란 바로 인의의 도를 실천을 말한다. 사는 도에 살고 도를 따라 걷는 존재다. 인에 거하고 의에 따를 때 비로소 사가 된다. 이것은 도를 실천하지 않는 사를 사의 범주에서 제외시킴을 의미한다. 즉 '죄가 없는 사람을 죽이는 자'나 '자기 것이 아닌데도 취하는 자'는 사가 아니라는 것이다.

이처럼 맹자는 도의 실천을 사의 직업 내지 임무로 생각하고 있었다. 사는 도의 실천을 직업으로 하는 자다. 만약 도를 실천하지 않는다면 그가 사가 아니라는 것이다. 이 말대로 하면 도와 사는 하나로 합체된다. 곧 도가 곧 사고, 사가 곧 도인 것이다. 도를 떠난 사가 있을 수 없듯이, 사를 떠나 도가 있는 것이 아니다. 이것은, 열국의 군주에게 도의 실천을 권하기보다 전쟁에서 승리하는 방법이나 백성들을 수탈하고 통제하는 방법을 주로 권한 당시의 사류士類를 비판하려는 취지에서 나온 것이다. 실제로 맹자는 "오늘날 양신良臣으로 불리는 자들은 '내가 임금을 위하여 토지를 개척하고 창고를 채운다'고 하니, 지금 말하는 양신은 옛날로 볼 때는 백성을 헤치는 사람이다"[16]라고 비판했다.

【 맹자 3 】 원문 14

맹자께서 말씀하셨다. "천하에 도가 있을 때에는 도로써 몸을 따르게殉 하고, 천하에 도가 없을 때에는 몸으로써 도를 따른다. 도를 가지고 남을 따른다는 것을 나는 들어보지 못했다."

「진심상」

이 문장에서는 사의 임무와 역할에 대해 설명하고 있다. 천하에 도가 있을 때에는 도를 행하기 위해 모든 힘을 다하고, 천하에 도가 없을 때에는 물러나 몸으로 도를 실천하는 데 힘을 다해야 한다는 것이다. "'순殉'이란 순장殉葬의 '순'과 같은 의미이니, 이는 죽은 사람과 함께 따라죽는 것을 말한다"[17]고 했다. 맹자가 순장의 '순'자를 쓴 것에는 도가 펼쳐지는 세상에는 목숨을 다해 도를 실천하고, 반대로 도가 펼쳐지지 않을 때에는 헛

2장 원전으로 읽는 출처

되이 출사하지 말고 몸을 숨겨 도를 지키는 데 모든 힘을 다하라는 뜻이 담겨져 있다.

공자는 "죽음으로 지키면서 도를 잘 행해야 한다. 위태로운 나라에는 들어가지 말고 어지러운 나라에게는 살지 않으며, 천하에 도가 있으면 나타나 벼슬하고 도가 없으면 숨어야 한다. 나라에 도가 있을 때는 가난하고 천한 것이 부끄러운 일이나, 나라에 도에 없을 때에 부하고 귀한 것은 부끄러운 일이다"[18]고 했다. 그런데 맹자는 이보다 더 구체적이고 포괄적으로 그 방법까지 제시하고 있는 것이다. 즉 천하에 도가 행해질 때에는 출사하여 도를 펼치되, 마치 죽은 자를 따라 함께 순장되는 것처럼 도를 향해 매진하여 마음껏 도를 펼쳐야 한다. 반대로 도가 행해지지 않을 때에는 단지 물러나 숨는 것에 그치지 않고 마치 죽은 자를 따라 순장되는 물건처럼 온 몸으로 도를 지키는 데 진력해야 한다고 한 것이다.

맹자의 이 말은 증자의 말을 더욱 발전시킨 것이다. "사는 도량이 넓고 뜻이 굳세지 않으면 안 된다. 책임이 무겁고 길이 멀기 때문이다. 군자는 인으로써 자기의 책임을 삼으니 막중하지 않은가? 죽은 뒤에야 끝나는 것이니 멀지 않은가?"[19] 송유宋儒들은 증자가 공자가 도를 전했다고 주장하지만 이 말을 다 믿을 수는 없다. 그러나 증자의 이 말이 공자의 '도에 뜻은 둔 사'의 정신을 더욱 세밀하게 다듬고 발전시킨 것만은 분명하다. 그리고 이 말이 맹자에게 전해져 '도가 행해질 때에는 죽기 살기로 도를 행하고, 도가 행해지지 않을 때에는 물러나 도를 지키는 데 온 힘을 다하라'는 말로 이어진 것으로 보인다. 그래서 맹자의 말을 듣고 있노라면 도를 위해 목숨을 바친 순교자적 정신이 엿보이기도 한다.

출처, 경계의 철학

한편 위의 예문에서 맹자는 '도를 가지고 남을 따른다는 것을 나는 들어보지 못했다'고 말하는데, 도를 가지고 남을 따른다는 것은 도를 굽혀 남을 따른다는 것이니, 다른 말로 표현하면 도라고 할 수 없는 것을 가지고 남을 따른다는 말이다. 생각건대 이것은 법가류나 종횡가류에서 말하는 군주에 대한 맹목적인 충성심을 의미하는 것 같다. 도에 뜻을 두고 도를 실천하는 것을 자신의 소명감으로 생각하는 사라면, 도를 펼칠 수 있는 상황이 아닌 경우에는 조용히 물러나 도를 지키는 데 진력해야 하는데, 법가류와 종횡가류에 속하는 '영록지사迎祿之士'들은 이와 다르게, 도를 버리고 도 아닌 것을 도로 삼아 순장되는 양 무도하고 부덕한 군주를 따른다. 그래서 맹자는 이와 같은 처신을 부녀자가 남편을 따르는 첩부지도妾婦之道에 비유한 것이다.[20]

이런 예는 중국 봉건 사회의 4대 악습 가운데 하나인 '군권君權의 권세화' 과정에서 종종 발견된다. 그러나 맹자의 출처 방식은 벼슬길에 오를 때에는 예로써 하고 벼슬길에서 물러날 때는 의로써 하는 것이다. 즉 벼슬길에 나갈 때는 군왕과 신하 간의 공과 경이 예법에 맞아야 하고 무엇보다 도를 펼치겠다는 군왕의 약속이 선행되어야 한다. 때문에 출사는 예로써 한다는 말이 있게 된 것이다. 그러나 벼슬길에서 물러날 때는 군신 간의 공과 경은 물론 도를 실천하겠다는 약속이 이행되지 않은 만큼 맺고 끊음을 분명히 해야 한다. 그래서 떠날 때는 의로써 해야 한다고 한 것이다. 이것이 사의 기본적인 출처 방식이다. 하지만 '군권'이 보편적인 이념이 되는 전제군주 국가에서는 군신 간의 공·경·예법·의리는 모두 사라지고, 군신 간의 관계는 하늘과 땅의 관계처럼 규정된다. 즉 군주는 신하를 머슴으로 생

각하고 신하는 군주를 주인으로 생각하는 일종의 종복 관계로 전락하고
마는 것이다. 그리하여 민생의 안정을 통한 이상 사회 건설이라는 도의 실
현 또한 영원히 불가능한 것이 되고 만다. 그래서 맹자가 "도를 가지고 남
을 따른다는 것을 나는 들어보지 못했다"는 말로 이를 비판한 것이다.

【맹자 4】 원문 15

맹자께서 말씀하셨다. "백이는 섬길 만한 군주가 아니면 섬기지
않고, 벗할 만한 사람이 아니면 벗하지 않으며, 악한 사람의 조
정에 서지 않고, 악한 사람과 더불어 말하지 않더니, 악한 사람
의 조정에 서며 악한 사람과 더불어 말하는 것을, 마치 조복과
조관을 입고 진흙과 숯 구덩이에 앉은 듯이 여겼으며, 악을 미워
하는 마음을 미루어서 생각하기를 향인과 더불어 서 있을 때에
그 관이 바르지 못하면 망망연히 떠나가 마치 장차 자신을 더럽
힐 듯이 여겼다. 이 때문에 제후들이 비록 그 사명을 잘하여 찾
아오는 자가 있더라도 받아들이지 않았으니, 받아들이지 않은
것은 이 또한 나아감을 좋게 여기지 않은 것이다."

「공손추상」

이 글은 고대 성현 중 백이의 출처관을 설명한 것이다. 백이와 숙제에 대
한 맹자의 언급은 이 밖에도 더 있다. "백이는 눈으로는 나쁜 빛을 보지 않

고, 귀로는 나쁜 소리를 듣지 않으며, 섬길 만한 군주가 아니면 섬기지 않으며, 그 백성이 아니면 부리지 않았다. 다스려지면 나아가고 혼란하면 물러갔다. 나쁜 정사가 나오는 곳과 나쁜 백성이 거주하는 곳에는 거처하지 않았다. 향인들과 거처하는 것을, 마치 조복과 조관을 입고 도탄에 앉은 듯이 여겼다. 주紂의 때를 당하여 북해의 가에 거처하면서 천하가 맑아지기를 기다렸다. 그러므로 백이의 풍도를 들은 자들은 완악한 지아비가 청렴해지고 나약한 지아비가 입지立志를 갖게 되었다"[21]라고 했다.

『사기』「백이열전」에 따르면, 백이와 숙제는 고죽군孤竹君의 아들이었다. 아버지가 죽을 적에 숙제를 왕위에 세우라는 유명을 했는데 아버지가 죽자 숙제는 백이에게 양보했다. 그러자 백이는 아버지의 유명이라 하고 도망갔고, 숙제도 왕위에 서지 않고 도망갔다. 이에 나라 사람들이 궁리 끝에 둘째 아들을 세웠다. 그 뒤 주나라 문왕이 노인을 존경하고 도의의 정치를 실행한다 하여 찾아갔으나, 마침 문왕은 죽고 그의 아들 무왕이 문왕의 위폐를 수레에 싣고 은나라 주왕을 정벌하기 위해 군대를 출진시키고 있었다. 그러자 백이와 숙제는 신하로서 군주를 치는 것은 도리가 아니라며 말고삐를 잡고 충간했다. 그러나 무왕이 백이와 숙제의 충간을 무시하고 주왕을 정벌하자, 백이와 숙제는 부덕한 주나라의 녹을 먹는 것은 부끄러운 일이라 여기고 주나라를 떠나 수양산에서 살다 끝내 굶어 죽었다고 한다.

백이 같은 유형의 출처관을 한마디로 요약하면, 도를 실현할 의지가 있는 군주에게만 출사해야 한다는 것이다. 그래서 백이는 성인의 청결한 면을 실천한 성인이면서 동시에 매우 좁은 의미의 출처관을 가진 현인으로 평가된다.[22] 이런 종류의 출처관은 출사하는 자가 출사할지 여부를 결정하는 유형이다. 자기의 뜻에 부합하지 않으면 굶어 죽는다고 해도 출사하지 않았다. 물론 출사하지 못하는 경우에 따른 피해는 본인이 감당해야 한다.

중국 고대 사회에는 출사할 경우 경제적 풍요는 물론 신분도 확실히 보장받았다. 비단 본인만 그러한 것이 아니라 일가 전체가 그 혜택을 받았다. 가계 중 한 사람이 조정에 출사하면 일가 전체가 조세와 군역을 면제받았으며 심지어 음서권을 통해 자식이나 친인척을 조정에 출사시킬 수 있는 권리를 보장받았다. 뿐만 아니라 관官은 특권층을 의미하는 작爵을 얻는 길이었기 때문에 추가 혜택도 많이 있었다. 예를 들어, 법을 위반하더라도 형의 적용이 가혹하지 않았으며, 분쟁 대상자가 서인일 경우에는 보다 우월한 조건에서 재판을 받을 수 있었다. 오늘날로 말하자면 불구속인 상태에서 수사를 받거나 여간한 죄가 아니면 집행유예로 석방될 수 있는 특권이 있었다.

하지만 출사하지 못할 경우에는 서인의 신분이기 때문에, 조세·부역·군역은 물론 온갖 고난한 일을 도맡아 해야 했다. 예를 들어 절강 동양현의 곽씨 집안이 그런 경우인데, 12세기 중엽 곽씨 집안의 조부 곽언명은 상인으로 크게 성공한 사업가였다. 그러나 그 집안이 죄를 지게 되었을 때 그에게 은혜를 입었던 주변인 중 어느 하나 그를 변호하는 사람이 없었고, 평소 도의의 실천으로 이름이 높던 사대부들까지도 그의 재산을 강탈하는 데 가세했다고 한다. 이것은 그가 평민 신분이었기 때문에 그런 일이 생긴 것이다. 그리하여 곽씨 집안은 고난의 시절이 끝난 뒤 자식을 과거에 급제시키기 위해 온갖 정성을 다했고, 인근 지역의 학교에 재정적 후원을 게

을리하지 않았다고 한다. 비록 송나라 때의 일이지만 출사의 혜택이 얼마나 중요한 것인지 보여주는 예다.[23]

물론 출사하지 않을 경우에는 군주와 군신 관계가 성립하지 않기 때문에 국난 시에 군주에게 목숨을 바쳐야 한다거나 군주와 운명을 같이해야 한다는 부담은 없다. 도에 어긋나는 모습을 보였고, 불의를 행했다는 비난도 면할 수 있다. 가난과 비천한 신분 때문에 고난스러운 생활을 해야겠지만, 자유로운 생활을 만끽할 수 있고 '도를 지켰다'는 명예도 얻을 수 있다. 『사기』 「백이열전」에 '천도무친天道無親'이란 말이 있다. 하늘이 내리는 길흉화복의 규칙을 보면 보통의 상식으로는 이해할 수 없는 면이 있다는 것인데, 그 요지를 정리하면 다음과 같다.

우리는 하늘이 선善을 행한 자에게는 복으로 보상하고 불선不善을 행한 자에게는 재앙을 내리는 것으로 알고 있다. 그런데 세상에는 선을 행한 사람보다 선을 행하지 않은 사람이 더 부귀와 영화를 누리며 사는 경우가 많다. 백이와 숙제는 평생 도를 실천하며 살았지만 매우 고단했고 죽을 때도 굶어서 죽었다. 반면 도척은 평생 도둑질만 하고 나쁜 짓만 골라서 했는데도 떵떵거리며 잘 살았다고 한다. 도대체 하늘의 도天道라는 것이 과연 있는 것인가? 그것을 믿을 수 없다. 선한 일을 하면 가난하고 비천한 신세를 면치 못하지만, 적당히 선하지 않은 일을 하면 잘살 수 있는 길이 열린다면, 선을 행해야 한다고 권할 하등의 이유가 없지 않은가?

사마천의 생각이 절묘하다. 인생의 목적을 명예를 지키는 데 두는 사람이 있는가 하면 재물과 권력을 취하는 데 두는 사람이 있다. 이 양자는 서로 조화될 수 없다. 명예를 취하다 보면 재물과 권력에서 멀어지고 재물과 권력을 취하다 보면 불명예스러움을 감수한다. 뜻이 다른 사람과 일을 같이 하면 항상 분란이 생기듯, 마음속에 서로 다른 두 가지 뜻을 품고 있으면 이도 저도 아닌 꼴이 되고 만다. 백이와 숙제는 평생 명예를 소중히 여겼다. 그래서 가난하고 비천하게 살았다. 하지만 백이와 숙제는 그들이 바라던 것을 얻었다. 명예를 원해서 명예를 얻었다고 하겠다. 후세인들에게 명예를 지킨 뜻이 있는 지사의 이미지로 남아 있다면 그것으로 족한 것이다. 평소에 바라던 것을 얻었는데 어찌 불쌍하고 고달프다 하겠는가? 명예를 추구하여 명예를 얻었다면 그것으로 족한 것이 아니겠는가? 공자도 이와 비슷한 의미의 "인을 얻고자 해서 인을 얻었는데 어찌 원망을 했겠는가"라는 말을 한 바가 있다.[24]

백이와 같은 출처관을 지니게 되면 곤란의 생활을 면하기는 어렵지만 명예를 얻을 수 있고 도를 지킬 수 있다. 인정을 펼치는 군주가 아니면 현실 정치에 결코 참여하지 않겠다, 차라리 굶어 죽을지언정 불의한 일을 하며 살지는 않겠다, 이런 출처관이 바로 백이의 출처관이다.

【맹자 5】 원문 16

유하혜는 더러운 군주를 섬김을 부끄러워하지 않았고, 작은 벼슬을 낮게 여기지 않아 나아감에 어짊을 숨기지 않아 반드시 그 도리를 다했으며, 벼슬길에서 누락되어도 원망하지 않았고, 곤액을 당하여도 근심하지 않았다. 그러므로 그는 말하기를, "너는 너고 나는 나니, 네 비록 내 곁에서 옷을 걷고 몸을 드러낸들,

출처, 경계의 철학

네 어찌 나를 더럽힐 수 있겠는가" 했다. 그러므로 유유하게 그
와 함께 있으면서도 스스로 올바름을 잃지 않아, 떠나려고 하다
가도 잡아당겨 멈추게 하면 멈추었으니, 잡아당겨 멈추게 하면
멈춘 것은 이 또한 떠나감을 좋게 여기지 않은 것이다.

「공손추상」

위 글은 고대의 성현 중 유하혜의 출처관을 설명한 것이다. 천하에 도가
있으면 출사하고 도가 없으면 출사하지 않았던 백이와 달리, 유하혜는 무
조건 출사를 했다. 마치 출사의 DNA라도 지니고 있는 양, 군주가 예우를
하건 예우를 하지 않건, 관직이 높건 낮건, 봉록이 많건 적건, 불러만 주면
언제든 출사했고, 심지어 자리에서 내쳐져도 멀리 가지 않고 다시 등용되
기를 기다렸다.

그는 죄인을 다스리는 옥리로 있을 때 세 번이나 파직되었음에도 끝내
그곳을 떠나지 않았다고 한다. 벼슬에서 추방되었음에도 원망하는 기색이
없었으며, 벼슬에 올라도 기뻐한 적이 없었다고 한다. 이에 유하혜의 학식
과 재능을 알아본 사람이 다른 나라에서 벼슬할 것을 권하자, "곧은 도로
사람을 섬기면 어느 나라에 가서 벼슬을 해도 세 번은 쫓겨나지 않겠는가.
도를 굽혀 사람을 섬길 것이라면 어찌 굳이 부모의 나라를 떠나겠는가"[25]라
고 했다. 이처럼 그는 섬기는 임금이 무능해도 부끄럽게 여기지 않았고, 낮
은 벼슬을 줘도 탓하지 않았다. 벼슬길에 나가서도 자신의 능력을 숨기지
않았으며, 어떤 일을 맡겨도 반드시 옳게 처리했다. 버려져도 원망하지 않

았으며 곤궁에 빠져도 번민하지 않았다. 이러한 그의 출처관은 그의 생활 철학에 바탕을 두고 있다. '너는 너고 나는 난데, 네가 옆에 있다 한들 어찌 네가 나를 더럽힐 수 있겠느냐?' 마치 스토아주의자처럼 나만 깨끗하면 그만이라는 생활관을 가지고 있었던 것 같다. 그래서 무도한 나라의 부덕한 군주에게도 떳떳하게 출사할 수 있었고, 미관말직이 주어져도 기꺼이 맡았으며, 설사 그 자리에서 내처져도 성내거나 서운해하지 않을 수 있었던 것이다.

유하혜의 출처관을 보면, 화엄 사상의 '일체유심조一切唯心造'가 연상된다. 모든 것은 마음먹기에 달려 있다는 것이야말로 의와 불의에 상관없이 출사하는 류의 사람들에는 그들의 행위를 본질적으로 정당화시키는 데 안성맞춤일 것이다. 그래서 맹자는 "유하혜의 풍도를 들은 자들은 비루한 지아비라 해도 너그러워지고 경박한 사람이라 해도 인심이 후해졌다"[26]고 했다. 득도한 자가 아니면 능히 흉내 낼 수 없는 출처관이 아닐 수 없다. 아무리 멀리 간다 한들 내가 도달한 자리는 내가 가기 전의 본래 그 자리이고, 갖은 고생을 해서 고원한 경지에 이르렀어도 그 자리 또한 내가 떠나기 전에 있었던 바로 그 자리다. 유하혜의 입장에서는 벼슬길에 나가든 아니면 벼슬길에서 내처져서 처사로 머물러 있든, 도를 행하겠다는 자기의 마음에는 변함이 없다는 것이다.

따라서 그에게는 출사와 은일이 아무런 의미가 없었다. 대부분의 사람들이 출사와 은일을 구분하고 각각의 처신의 도를 논하지만, 유하혜에게는 벼슬자리가 곧 은일 자리이고 은일 자리가 곧 벼슬자리였던 것이다. 그 둘을 나누어 보는 것 자체가 어리석은 것이다. 내 지식을 숨길 것도 없고 드러낼 것도 없다. 있는 그대로 보이면 되는 것이다. 어디에 처하든 나는 나일 뿐, 절대 나 아닌 다른 내가 될 수 없다. 때문에 험한 군주를 만나도 자신 있고 넉넉하게 처신할 수 있었던 것이며, 요행히 어진 군주를 만나면 자신의 재주와 능력을 다 발휘할 수 있는 것이다.

언뜻 보면 이런 종류의 출처관은 지조가 없는 것처럼 생각될 수 있다. 공자가 출사에 신중을 기하라고 한 이유는 '위급함을 보면 목숨을 내놓음見危授命'을 실천해야 하기 때문이다. 섬기는 군왕이 성군이라면 국정이 위태한 상황에 이르지 않겠지만, 만일 군주의 무도와 패덕으로 나라에 큰 위기가 왔다면 처신하는 것이 매우 힘들기 때문이다. 목숨을 보전하려면 바로 떠나야 하는데 그런 경우 의롭지 못한 자라는 오명과 불명예를 받을 것이고, 목숨을 다해 상황에 간여하게 되면 무엇을 위해 자신을 희생해야 하는지 불분명해지기 때문이다. 천운을 입어 상황이 호전된다 해도 그것은 무도한 군주의 실정과 도탄에 빠진 백성의 고통을 연장시키기는 위해 애쓴 것밖에 되지 않는다. 도에 뜻을 둔 자라면 마땅히 인을 이루기 위해 목숨을 바쳐야 하는데, 불인을 위해 목숨을 바치는 것은 도에 뜻을 둔 자가 취할 자세가 아닌 것이다.

물론 유하혜는 출사하기 위해 교언영색하지는 않았다. 애써 출사하려고 하지도 않았다. 써주면 나가고 그렇지 않으면 처사로 머물렀다. 이 점은 영광과 녹을 탐하는 여느 영록지사迎祿之士와 분명히 다른 점이다. 그것은 '도를 굽혀 처신하지 않겠다'는 각오가 있었기 때문에 가능했을 것이다. 어진 정치를 펴고자 하는 군주를 만나면 내가 하고 싶은 대로 해도 모두 다 도에 맞는 것이 되기 때문에 거리낄 게 없다. 하지만 난세에는 도를 펼치기 어려운 조건이 도처에 널려 있다. 따라서 내가 하고 싶은 대로 도를 추구하다 보면 도를 펼치기도 전에 목숨이 위태로울 수도 있다. 그렇다고 도에 뜻을 둔 자의 입장에서 위기가 닥쳤다고 해서 군주와의 약속을 저버리고 떠날 수도 없다. 사는 위급함을 몸을 바치는 것이 도리이기 때문이다. 때문에 공자와 맹자도 도를 굽혀 처신하는 잘못을 저지르지 않기 위해 출사하기 전에 미리 뜻을 펼칠 수 있는지 살펴보고, 펼칠 여건이 된다 할 때 심사숙고하여 출사를 결정하되, 조금이라도 난세의 조짐이 보이면 출사하지 않고 은둔하는 것이 낫다고 한 것인데, 유하혜는 그런 것조차 고려하지 않고 무조건 출사의 길을 택하고 있다. 때문에 이런 종류의 출처관은 자칫 몸이 고달플 수 있다. 현군을 만나면 다행스럽겠지만 그렇지 않을 경우에는 맡은 일조차 처리하기 힘들다. 다행히 마음속에 흔들리지 않는 곧은 지조가 있다면 다행이겠지만, 현실의 선비가 수용하기에는 어려운 점이 있는 것이 사실이다. 따라서 유하혜의 출처관은 오직 도를 체득한 자에게만 가능한 출처관이 아닐까 한다.

【맹자 6】 원문 17

이윤은 말하기를, "어느 임금이든 섬기면 군주가 아니며, 어느 사람이든 부리면 백성이 아니겠는가" 하여, 세상이 다스려져도 나아가고 혼란해도 나아가서 말하기를 "하늘이 이 백성을 낸 것은 먼저 안 사람으로 하여금 뒤늦게 하는 사람을 깨우쳐주며, 선각자로 하여금 뒤늦게 깨닫는 자를 깨우치게 하신 것이니, 나는 하늘이 낸 백성 중에 선각자이니, 내 장차 이 도로써 이 백성을 깨우치겠다" 했으며, 생각하기를 "천하의 백성 중 필부필부라도 요순의 혜택을 입는 데 참여하지 못한 자가 있으면, 마치 자기가 그를 밀쳐서 도랑 가운데로 넣은 것처럼 여겼으니, 이는 천하의 중함으로써 자임한 것이다".

「만장하萬章下」

이 글은 옛 성현 가운데 이윤의 출처관을 소개한 것이다. 무도한 나라에는 출사하지 않고 오직 도가 실현되는 나라에만 출사하는 것이 백이의 출처관이고, 도의 실현 여부에 관계없이 출사하여 자신의 뜻을 펼치는 것이 유하혜의 출처관이라면, 이윤의 출처관은 군주가 도를 실현할 의지가 있고 자신의 뜻을 존중해주며 예의를 갖춰 대접해 줄 때에만 출사하는 출처관이다.

이윤의 출처관은 언뜻 보면 유하혜의 출처관과 비슷한데, 어느 분을 섬기든 내 군주가 아니며 어느 사람을 부리든 내 백성이 아니겠느냐는 점에서는 유하혜의 출처관과 같지만, 미관말직이라도 고사하지 않고 자리에서 내쳐져도 떠나지 않았던 유하혜의 출처관에 비해, 이윤은 군주와 백성을 가리지는 않았지만, 군주의 의지와 예우를 매우 중시하여 군주의 의지와 합당한 예우가 없으면 결코 출사하지 않았으며 출사하더라도 군주의 의지와 예우가 없으면 뒤도 돌아보지 않고 떠났다.

이윤이 이러한 출처관을 보인 것은 그만의 독특한 철학이 있었기 때문인데, 그는 도의 실현을 자신의 책임으로 알고 살았던 사람이다. 그의 철학과 출세관은 『맹자』 「만장상」에 집중적으로 소개되어 있다. 그 내용을 단락별로 분석해보면 다음과 같다.

어느 날 만장이 맹자에게 물었다. "사람들이 말하길 이윤은 탕 임금에게 등용되기 위해 탕의 조정에 각종 주방 기구를 짊어지고 가서 직접 고기를 썰고 요리하는 일을 하면서 탕 임금에게 등용되기를 바랐다고 하는데 실제 이런 일이 있었습니까"라고 했다. 『사기』 「은본기殷本紀」에 따르면, 이윤은 도를 행하기 위해 훌륭한 인군을 만나고자 했으나 방법이 없자 마침내 유신씨有莘氏의 잉신媵臣이 되어 솥과 도마를 지고 가서 맛있는 음식으로 탕을 설득하여 마침내 왕도에 이르게 했다고 한다. 맹자 당시에는 이런 말을 하는 자가 많았던 같다. 그래서 만장이 맹자에서 그런 일이 있는지 물었던 것이다.

그러나 맹자는 이에 대해 다른 견해를 보인다. "아니다. 절대 그렇지 않다. 과거 이윤은 유신의 들에서 밭을 갈면서 요순의 도를 좋아하여, 요순의 의가 아니고 요순의 도가 아니면, 설사 녹으로 천하를 준다고 해도 거들떠보지 않고, 천사를 매어서 준다 해도 마음에 두지 않았던 사람이다. 그는 도의에 어긋나고 도리가 아니면 지푸라기 하나도 남에게 주지 않고 남에게 취하는 일이 없었다. 그래서 탕이 각종 예물을 준비하여 그를 청했을 때에도 들판에서 요순의 도를 즐김이 좋다면서 거절했다. 그러자 탕은 다시 사람을 보내 이윤을 설득했다. 이윤의 거절이 계속되자 더욱 예의를 갖춰 초빙에 응해줄 것을 요청했다." 당시 이윤은 초야에 묻혀 살면서 요순의 도를 진심으로 흠모하여, 요순의 풍도를 담을 시를 암송하고 요순의 덕행을 기록한 글을 읽으면서, 사양하고 받으며 취하고 주는 일을 할 때면 언제나 도의로써 하고 구차하게 살지 않았다고 한다. 그러는 한편으로 자신과 더불어 요순의 도를 세상에 펼칠 어진 성군을 기다렸다고 한다. 하여튼 탕은 세 번에 걸쳐 이윤을 찾았고, 이에 이윤도 마음을 고쳐먹고 출사를 결심했다고 한다. 그러면서 이렇게 말했다.

"내가 밭 가운데 처해 이대로 요순의 도를 즐기기보다 차라리 이 탕왕을 요순과 같은 군주로 만드는 것이 낫지 않겠는가. 지금 이 백성에게 요순의 백성이 누리던 것을 누리게 하는 게 낫지 않겠는가. 내 몸으로 직접 도가 실현되는 세상을 만들어보는 것도 괜찮지 않겠는가. 하늘이 이 백성을 낸 것은 먼저 안 사람으로 하여금 늦게 아는 사람을 깨우치게 하고, 먼저 깨달은 사람으로 하여금 뒤늦게 깨닫는 사람을 깨우치게 하기 위함일 것이다. 나는 하늘이 낸 백성 가운데 먼저 깨달은 자이니 내 장차 하늘의 도로써 이 백성을 깨우칠 것이다. 내가 하지 않으면 그 누가 하겠는가!"

이윤은 천하의 백성 가운데 요순의 혜택을 입지 못하는 자가 하나라도 있으면 마치 자신이 그들을 그렇게 만든 것처럼 여겼다고 한다. 그래서 백성들이 도탄에서 헤매고 있는 것을 보면 마치 자신이 그들을 그런 곳으로 몰아넣은 것처럼 생각하고 그들을 구제할 방도를 찾아 고민했다고 한다. 한마디로 말해 이윤은 천하 백성의 삶을 안정시키는 일을 하늘이 자신에게 부여한 소명으로 알고 살았던 사람이었다. 그래서 나아가 탕임금을 설득하여 부도한 하나라를 정벌하여 백성을 구제했던 것이다. 『서경』에 의하면 이윤은 자신이 모시는 군주를 요순과 같은 성군으로 만들지 못하면 사람이 운집한 거리에서 모든 사람이 보는 앞에 종아리를 맞는 것처럼 여겼고, 단 한 명의 가장이라도 살 곳을 얻지 못하는 일이 있으면 자신의 잘못으로 여겼다고 하는데, 맹자의 말은 바로 이『서경』의 기사에 근거한 것이다.

그리하여 맹자는 말한다. "나는 자신을 굽혀 남을 바로잡았다는 자를 들어보지 못했다. 하물며 자신을 욕되게 하고 천하를 바로잡을 수 있겠느냐. 나는 요순의 도로써 탕임금에게 등용되었다는 말은 들었어도 고기를 자르고 요리를 하는 일로 탕임금에게 등용되었다는 말은 듣지 못했다."

스스로를 가장 욕되게 하는 것은 자신의 뜻을 굽히는 것이다. 천하 백성을 도탄에서 구제하는 것을 자신의 소명으로 생각했던 이윤이 한갓 천인이나 하는 고기를 자르고 요리하는 천한 일을 하면서 탕임금이 자신을 알아주기를 구했다면 이는 자신을 욕되게 함이 매우 심한 것이다. 이렇게 하고서 어찌 천하를 바로잡을 수 있겠는가. 맹자의 요지는 이윤이 요순의 도로써 탕왕에게 등용되기를 바란 것이 아니라 이윤에게 요순의 도가 있어 예물과 격식을 갖추고 뜻을 펼치는 데 합당한 자리를 만들어 이윤을 초빙하여 이윤이 그에 응해 출사하게 되었다는 것이다. 다시 말하면 이윤이 탕에게 자신을 써달라고 요청하여 등용된 뒤 탕을 성군으로 만들고 천하를 안정시킨 것이 아니라, 이윤이 요순의 도를 펼칠 수 있는 도와 지식, 능력을 갖추고 있어서 탕이 어진 이를 대하는 태도로 출사를 부탁하여 이윤이 마지못해 출사했다는 것이다.

이러한 출처관은 앞에서 말했지만 유하혜의 출처관과 사뭇 다른 것이다. 즉 유하혜는 군주의 예우라든가 관직의 고하에 관계없이 자신을 써주기만 하면 무조건 출사했지만, 이윤은 자신이 생각하는 합당한 대접과 격식을 갖추고 있을 때에 한하여 출사했던 것이다. 이윤의 출처관은 또한 백이의 출처관과도 다른데, 백이는 현재의 군주가 성군이고 그 군주가 도를 펼치고 있는 상황이 아니면 여하한 일이 있더라도 출사하지 않았지만, 이윤은 설사 현재의 군주가 성군이 아니라 하더라도 그가 자신의 뜻을 알아주기만 하면, 또 자신에게 예법에 맞는 대우를 해 주고 자신의 뜻을 펼칠 수 있는 자리를 만들어주기만 하면 그가 누구이든 간에 출사를 결행했다. 그래서 "누구를 섬기든 내 군주가 아니며, 누구를 부리든 내 백성이 아니겠는가"라고 한 것이다.

실제로 이윤은 군주 위를 승계한 태갑太甲이 군주의 직분을 망각하고 부덕한 짓을 일삼자, 그를 동桐이란 땅에 3년 동안 강제 유폐시키고 일시 국정을 맡았다가, 이후 태갑이 스스로 자신의 과오를 뉘우치고 영지인 동 땅에서 어진 정치와 도의를 실천한다는 소식을 듣고, 직접 3년간 더 지켜보며 확인한 뒤에야 국정을 태갑에게 넘겼다고 한다. 바로 이런 출처관이 있었기 때문에 이윤은 요순의 도의 실천 곧 천하 백성의 안정과, 현인을 대하는 군주의 태도, 자신의 뜻을 펼칠 수 있는 기회 내지 자리의 보장이 있을 때에 한해 출사했던 것이다.

물론 이러한 출처관이 전제 군주가 지배하는 사회에서 과연 용납될 수 있겠느냐 하는 점에서 납득하기 어려운 면도 있다. 전제 군주 국가에서는 군주와 신하의 관계가 마치 천지의 관계와 같아서, 천지가 뒤바뀔 수 없듯이 군신의 지위도 뒤바뀔 수 없는 것이다. 군주가 군주의 도리를 다하지 못했다고 해서 신하가 신하의 도리를 저버릴 수는 없는 것이다. 사해의 백성 모두가 군주의 신하다. 국가와 군주가 동일한 것으로 간주되었던 절대 군주 국가에서 군주가 신하에게 예를 갖추고 공경을 표한다는 것은 결코 쉬운 일이 아니다. 게다가 신하는 자신에게 출사의 기회를 열어주었기 때문에 군주를 평생의 은인으로 생각할 수밖에 없다. 또 출사하면 중앙 정부에서는 물론, 향리에서도 신분적·경제적·정치적으로 수많은 특권을 향유할 수 있다. 이런 상황에서 출사하기에 충분한 지식과 재능을 지니고 있으면서 개명한 군주의 공경을 기다리며 처사의 삶을 산다는 것이 과연 가능하겠는가 하는 면도 선뜻 이해하기 힘들다. 하지만 그럴수록 이런 출처관은 더욱 강조되었고, 마지막에는 성현의 지닌 출처의 큰 절목으로 크게 중시되었다.

【 맹자 7 】 원문 18

만장이 물었다. "혹자가 이르기를 '백리해가 스스로 진秦나라의 희생을 기르는 자에게 팔려가서 다섯 마리의 양 가죽을 받기로 하고 소를 먹여 진나라 목공에게 등용되기를 구했다'고 하니, 이것이 사실입니까?" 맹자께서 말씀하셨다. "아니다. 절대 그렇지 않다. 일을 만들어내는 것을 좋아하는 자들이 지어낸 말이다. 백리해는 우虞나라 사람이니, 진나라 사람이 수극垂棘 지역에서 생산된 구슬과 굴屈 지역에서 생산된 마필을 가지고 우나라에 길을 빌려 괵虢나라를 정벌하려 하자, 궁지기宮之奇는 이것을 간했고 백리해百里奚는 간하지 않았다. 우공虞公이 간해도 안 될 인물임을 알고 떠나 진나라로 가니, 이때 나이가 이미 70세였다.

출처, 경계의 철학

일찍이 소를 먹여 진목공에게 등용되기를 구하는 것이 더러운 일이 됨을 몰랐다면 그를 지혜롭다 할 수 있겠는가. 간할 수 없는 인물이기에 간하지 않았으니, 지혜롭지 않다고 이를 수 있겠는가. 우공이 장차 멸망할 줄 알고 먼저 그곳을 떠났으니, 지혜롭지 않다고 이를 수 없다. 당시에 진나라에 등용되어, 목공이 더불어 도를 행할 만한 인물임을 알고 그를 도왔으니, 지혜롭지 않다고 이를 수 있겠는가. 진나라를 도와 그 군주를 천하에 드러내어 후세에 전할 만하게 했으니, 어질지 못하면 이렇게 할 수 있겠는가. 스스로 팔려가 군주를 훌륭한 인군으로 이루는 것은, 향당의 자기 지조를 아끼는 자들도 하지 않는데, 하물며 현자가 이런 짓을 한다고 이르겠는가."

「만장상」

위 글은 옛 성현 중 백리해의 출처관을 설명한 것이다. 맹자의 요지는 분명하다. 옛 성현들은 불우할 때 비천한 일을 하는 것을 부끄러워하지 않았다. 공자가 이런저런 일에 다재다능함을 보이자 이를 의아하게 생각한 태재太宰가 어찌 그럴 수 있느냐고 물은 적이 있었다. 그러자 공자는 "어렸을 때 나는 매우 불우했다. 그래서 비천한 일을 많이 했다"[27]라고 답했다고 한다. 이렇게 보면 백리해가 남을 위해 소를 기른 것도 이상할 게 없다. 다만 군주가 존경을 지극히 하고 예의를 다하지 않으면 결코 그의 뜻을 드러내지도 않았고 군주를 만나려고 하지도 않았으니, 어찌 먼저 스스로를 더

럽히고 욕되게 하면서 군주에게 등용되기를 바라겠는가.

고사의 내용이 탕에게 출사한 이윤의 경우와 비슷한 점이 많다. 도에 뜻을 두고 있었다는 점, 천하 백성을 위하는 일을 자신의 중요한 임무로 생각하고 있었다는 점, 군주가 마음으로부터 우러나오는 존경과 예의를 갖춰 초빙하지 않으면 결코 나서지 않았다는 점, 자신의 도를 펼칠 수 있는 자리를 보장하지 않으면 출사하지 않았다는 점, 누구를 섬기든 그를 성군으로 만들어 후세에 이름이 전하도록 했다는 점, 물론 백리해와 이윤이 모두 이와 같지는 않았겠지만, 이러한 출처관은 백이와도 다르고 유하혜와도 다른 것이다.

【 맹자 8 】 원문 19

속히 떠날 만하면 속히 떠나고, 오래 머물 만하면 오래 머물며, 은둔할 만하면 은둔하고, 벼슬한 만하면 벼슬한 것이 공자이시다. 백이는 성인의 청淸한 자요, 이윤은 성인의 자임自任한 자요, 유하혜는 성인의 화和한 자요, 공자는 성인의 시중時中이신 자이다.

「고자하告子下」

이 문장은 맹자가 공자의 출처관을 정리한 것이다. 맹자는 공자의 출처관을 유교 철학 최고의 경지인 '시중'의 개념을 의미하는 '성지시聖之時'로

칭했다. 맹자는 공자를 백이의 청, 이윤의 임, 유하혜의 화를 '집대성'한 성인 중의 성인이라고 했다.

'청'이란 잡됨이 없는 것이다. 백이는 나쁜 빛을 보지 않았고 나쁜 소리를 듣지 않았으며, 섬길 만한 군주가 아니면 섬기지 않았고 그 백성이 아니면 부리지 않았다. 다스려지면 나아가고 혼란하면 물러갔다. 나쁜 정사가 나오는 곳과 나쁜 백성이 거주하는 곳에는 거처하지 않았다. 심지어 향인과 거처하는 것을 마치 조복朝服과 조관朝冠을 입고 도탄에 앉은 듯이 여겼다. 청탁이 분명하고 맺고 끊음이 분명한 것이 백이의 출처관인 것이다.

반면 유하혜는 더러운 군주를 섬기는 것을 부끄러워하지 않았고 작은 벼슬이라도 낮게 여기지 않았으며, 벼슬길에서 누락되어도 원망하지 않고 곤액을 당하여도 근심하지 않았다. 어디에 처하든 도를 굽히지 않았으며 항상 일관된 마음으로 처신했던 것이다. 그래서 유하혜는 처신함에 다름이 없다는 의미에서 화의 출처관을 지녔다고 한 것이다.

한편 이윤은 천하의 백성 중에 필부필부라도 요순의 혜택을 입지 못한 자가 있으면 마치 자기가 그를 밀쳐서 도랑 가운데로 넣은 것처럼 여겼으니, 이는 천하의 중함으로써 자임한 것이다. 그래서 이윤은 천하를 자기의 책임으로 하는 성인의 자임을 지닌 자라 한 것이다.

하지만 이 세 성현의 출처관은 각기 한 가지 상황에만 뛰어남이 있기 때문에, 모든 방면에 대처할 수 없다는 폐단이 있다. 즉 어떤 하나의 특수한 some 상황에서는 보편적으로 타당한all S is P in some 출처관이 되지만, 전체 all 상황에서는 일반적으로만 타당한some S is P in all 출처관이 될 뿐인 것이다. 즉 백이·유하혜·이윤의 출처관은 유한 속의 무한으로 음에 비유하면 수많은 음 가운데 절대음인 궁·상·각·치·우의 한 음을 표현할 수는 있지만, 모든 절대음을 표현할 수 있는 조화로운 악의 세계에는 들지 못하는 것이다. 따라서 백이·유하혜·이윤의 성聖은 한편에 국한된 성이다. 그래서 맹자는 말한다. "백이는 협애狹隘하고 유하혜는 불공不恭하니, 협애함과 불공함은 군자가 따르지 않는다."[28] '협애'는 협착한 것이요, '불공'은 간략하고 거만한 것이다. 백이와 유하혜의 행실은 지극한 경지에 이르렀으나, 이미 한쪽에 치우친 면이 있기 때문에 폐단이 없을 수 없다. 그러므로 따를 수 없다는 것이다.

이에 비해 공자의 출처관은 어떤 상황에서도 보편적으로 타당한 출처관이라고 한다. 그래서 청이 필요한 상황에서는 백이의 출처관으로 처하고 화가 필요한 상황에서는 유하혜의 출처관으로 처하고 그러면서도 천하 백성을 구제해야 한다는 임무는 잊지 않았다고 한다. 즉 공자는 특수한 한 경우에만 보편타당했던 3인의 출처관에 대해, 모든 경우에 보편타당한 출처관을 갖고 있었다는 것이다. 그래서 공자의 출처관을 모든 경우에 보편타당하다는 의미에서 성인의 시에 해당한다고 맹자는 생각했던 것이다. 따라서 3인의 성현이 소성小成을 이루었다면, 공자는 대성大成을 이루었다고 할 수 있다. 그래서 맹자는 말한다. "공자를 일러 집대성함이시니 모아 대성함은 금金으로 소리를 내고 옥玉으로 떨침이라. 금으로 소리를 냄은 조리條理를 시작함이요, 옥으로 떨침은 조리를 마침이니 조리를 시작하는 것은 지智의 일이요, 조리를 마치는 것은 성聖의 일이다"[29]라 했다. 맹자는 여기서는 공자를 집대성한 이로 표현했다. 그리고 앞의 3인이 '지'의 경지에 속한다면 공자는 '성'의 경지에 속한다고 했다 요점은 위 3인은 특수한

출처, 경계의 철학

상황에만 보편타당한 지혜를 갖고 있던 것에 대해, 공자는 모든 상황에 보편타당한 지혜를 갖고 있었다는 것이다.

하지만 맹자의 찬양에도 불구하고, 현실 정치에서의 공자의 위상은 '불가능에 도전하는 미래의 목탁'일 뿐이었다. 그래서 공자는 "하늘을 원망하지 않고 사람을 허물하지 않는다. 아래로부터 배워 위로 올라가 통달하니 나를 아는 자는 오직 그 하늘이로다"[30]라는 회한의 말을 남기고, 미래 세대를 기약하기 위해 주유천하의 길을 버리고 고국으로의 복귀를 결심했던 것이다. 하지만 이것은 공자의 사상이 불합리했다기보다 당시의 정치 현실이 공자의 도를 수용할 수 없을 정도로 혼탁하고 무질서했기 때문이다.

【 맹자 9 】 원문 20

맹자께서 말씀하셨다. "옛날 어진 군왕들은 선을 좋아하고 세勢를 잊었다. 옛 현사가 어찌 홀로 그렇지 않았겠는가? 그 도를 즐기고 남의 세를 잊었다. 그러므로 왕공王公이 경을 지극히 하고 예를 다하지 않으면, 자주 그를 볼 수 없었다. 만나는 것도 오히려 자주 할 수 없는데, 하물며 그를 신하로 삼음에 있어서야!"

「진심상」

이 글에는 맹자가 생각하고 있던 이상적인 출처관과 전제 군주 국가에서의 군주와 관료 간의 길항 관계가 우회적으로 표현되어 있다. "군왕도 얼

을 수 없는 사가 있다"는 말에서는 이상적인 출처관의 모습을 볼 수 있으며 "도를 즐기고 세를 잊었다"는 말에서는 전제 군주국가에서의 군왕과 관료간의 길항 관계를 엿볼 수 있는 것이다. '세'란 군주의 세를 의미하는 것으로 사회 구성원 간의 '암묵적 동의'에 기초한 무형의 힘이다. 즉 천하는 인민의 것이라는 생각을 하면서도 그 이면에서는 천하를 군주 개인의 것으로 여기고 인정하는 무언의 동의가 있다는 것이다.

국가라는 제도가 지배 세력의 이익을 도모하기 위해 만든 고도의 이념적 정치라는 것에 대해 이의를 제기할 사람은 아마 없을 것이다. 이것은 유가만이 아니라 전국시대의 제자나 한 이후의 백가 및 관료 일반이 모두 공통적으로 인정했던 것이다. 비록 이상적인 것에 속하는 것이지만, 천하를 천하 인민의 것으로 생각하던 고대에는 왕위王位가 '선양禪讓'이라는 예제적 형식을 통해 현자에게서 현자에게로 양위되었다. 때문에 군주는 세를 형성할 필요가 없었다. 그러나 통치 권력을 군왕 또는 군왕가君王家의 소유로 생각했던 전제 군주 국가에서는 이와 전혀 다른 상황이 연출된다. 만일 군왕에게 세가 없으면 권력의 주체 즉 조대가 교체될 수도 있는 것이다. 그래서 전제 군주는 공적으로 펼치는 정책 속에 통치권 보호를 위한 사적인 대비책을 마련해두는 것이다.

중국 고대의 전제 군주에게는 법의 제한을 받는 황제권(군주권) 외에 법의 제한을 받지 않는 특권, 즉 천자권天子權이 있었다. 이를테면 사작권賜爵權이 그런 것인데, 작爵은 공적 권한인 황제권에서 유래한 것이 아니라, 법 이외의 권한인 천자권에서 유래한 것이기 때문에 그 행사에서 법의 제한을 받지 않았다. 출사한 관리에게 부여한 조세·부역·병역 면제권 등이 그런 경우에 해당한다. 군주는 바로 이 천자권을 이용해 친위 세력을 구축하고 이들을 병풍으로 삼아 통치권을 보호했던 것이다. 세란 군주가 천자권을 활용해 자기와 가까운 사람들에게 특별한 선물과 작위를 부여하여 통치권 확보를 위해 일정한 세력을 형성하는 통치 행위를 말한다.

따라서 현실정치에 출사하는 사는 군주가 도를 행할 의지가 있는지도 살펴야 되지만, '세'의 흐름에 대해서도 자세히 알고 있어야 했다. 그것은 세의 흐름에 따라 도의 실행 여부가 좌우될 수도 있기 때문이다. 사는 "도를 굽혀 남을 따르지 않는다"[31]는 맹자의 말도 세를 따를 수밖에 없는 정치계의 암울한 환경을 음으로 보여주는 것이다.

그런데 위 문장에도 나와 있지만, 맹자는 전제 군주 국가의 그와 같은 정치 환경에도 불구하고 "도가 세보다 더 중하다道尊於勢" "왕공王公이 공경을 지극히 하고 예를 다하지 않으면, 자주 그를 볼 수 없었다"는 취지의 말을 했다. 이것은 유교의 출처관뿐만 아니라 정치 사상에서도 매우 중요한 의미를 갖는 것이다. 전제 군주 국가에서는 '도'와 '세'가 통치 행위에서 매우 중요한 역할을 한다. 군주권은 종묘宗廟에서 받는다. 이때 군주는 창업자인 그의 조상에게 도를 펼치겠다는 서약식을 하고 군주권을 받는다. 하지만 종묘를 나온 뒤 황제는 곧바로 사직에서 하늘에 제사한 뒤 받은 천자권을 활용해 통치권 보호를 위한 세의 확보에 나선다. 이로써 각종 참절僭竊함이 난무해진다. 통치권 보호를 위해서는 어쩔 수 없는 일이다. 그래서 "세는 제왕의 권權이요, 도는 성인의 권이라"는 말이 나온 것이다.

하지만 성인의 도가 없는 군주의 권은 일시적으로만 유효할 뿐 결국에는 굽혀지기 마련이다. 국가의 존망은 세를 믿는 데서 비롯된다는 말도 여기서 나온 것이다. 그래서 공자도 "무위無爲로 다스리는 자는 순임금이다. 자기를 공손히 하여 남면南面을 할 뿐이었다"[32]라 하여, 무위로 다스린 순임금의 사례를 들어 공경으로 왕 노릇을 하라고 했다. 그러나 이것이 가능하려면 통치 담당자들, 즉 군주의 가문과 군주에게 통치권을 위임받은 관료 간의 실제적인 합의가 있어야 한다. 즉 군주는 천하를 공적인 것으로 생각하고 법이 정한 군주권만 행사해야 하며, 관료는 군주가 위임한 권력을 오직 공적인 일에만 사용해야 한다.

그러나 역사에서도 보듯이 군주는 공적인 정책을 통해 통치권 보호를 위한 사적인 장치들을 계속 만들고 있고, 관료들 또한 군주에게 위임받은 권력을 이용해 공익을 실천하는 한편으로, 자신의 부를 축적하는 데 주력한다. 관료들의 성장은 군주의 통치권 행사에 심각한 위협이 된다. 그래서 군주는 통치권 보호를 위해 사적으로 천자권을 사용하여 세를 형성할 수밖에 없는 것이다. 천하 백성을 위해, 즉 도를 실현하기 위해 출사한다는 당위와 자신의 이익을 취득하기 위해 출사할 수밖에 없는 현실적 문제 사이의 갈등은 군주와 관료 간의 길항 관계를 형성하며, 이것은 전제 군주 국가 체제가 지속되는 한 사라질 수 없는 것이다. 이것은 통치권이 민의民意에서 나오는 근대 국가에 와서야 비로소 종식된다.

이와 같이 보면 맹자가 말한 "왕공도 공경을 지극히 하고 예를 다하지 않으면, 자주 그를 볼 수 없었다. 만나는 것도 오히려 자주 할 수 없는데, 하물며 그를 신하로 삼음에 있어서랴!" 하는 말의 혁명적인 의미를 알 수 있다. 군왕과 관료 간의 대타협이 이루어지면서 '공적천하론天下爲公'이 등장하는 송대에 '현인재상론賢人宰相論'이 이상적인 통치질서로 정초되었던 것도 이와 무관하지 않다고 본다. 하지만 공적천하론과 현인재상론에도 불구하고 군왕과 관료 간의 길항 국면은 계속 이어졌으며, 그때마다 통치권 보호를 위한 군왕 측의 살육이 연례행사처럼 반복되었다.

한편 『논어』에는 세에 대한 언급이 보이지 않는다. 앞서 인용한 요순의 일도 공자의 말이라고 보기 어렵다. 하여튼 공자와 맹자에게 이와 같은 뜻이 있었기 때문에, 당시의 군주들이 공자와 맹자를 즐겨 받아주지 않았던 것이다.

진자陳子가 말했다. "옛날 군자들은 어떠하면 벼슬했습니까?" 맹자께서 말씀하셨다. "나아간 것이 세 가지요, 떠난 것이 세 가지였다. 공경을 지극히 해서 맞고 예를 갖추며 장차 그 말을 행하겠다고 하면 나아가고, 예모禮貌가 쇠하지 않았더라도 말이 시행되지 않으면 떠났다. 그다음은 비록 그 말을 시행하지는 않았으나 공경을 지극히 하여 맞이하고 예를 갖추면 나아가고, 예의가 쇠하면 떠났다. 마지막으로 아침도 먹지 못하고 저녁도 먹지 못하여 굶주려 문을 나갈 수 없을 때, 군주가 이를 듣고 '내 크게는 그 도를 행하지 못하고 또 그 말을 따르지도 못하지만, 내 땅에서 굶주리게 하는 것은 부끄러워한다'라 하면서 구원해주면, 그것을 받을 수 있거니와 그것은 단지 죽음을 면하기 위함일 뿐이다."

「고자하告子下」

위 문장은 출사를 바라는 사의 절박한 심정을 우회적으로 표현한 것이다. 맹자가 가장 원했던 것은 제1 유형, 즉 "공경을 지극히 하고 예를 갖추고 도를 실현하겠다는 약속을 할 경우에만 출사한다"는 것이었다. 하지만 이것을 기대하기에는 현실의 세가 너무 거대했다. 그나마 받아들일 수 있는 나은 환경이 제2 유형인데, 이것도 당시로서는 기대하기 힘든 상황이었다. 결국 남는 것이 제3 유형인데, 이것은 사실 출사라고 보기도 어려운 것이다. 아사를 면하기 위해 잠시 머무르며 구제를 받는 것일 뿐이니 오래지 않아 떠나야 할 상황이다. 결국 취할 수 있는 것이 도를 실현할 의지가 없다 해도 공경을 지극히 하고 예의를 갖추어 초빙하면 출사하겠다는 제2 유형인데, 이것도 새로운 지식 없이 고대의 이상만을 고집하던 사에게는 기회가 거의 없었다. 그런 태도를 보인 제후들도 없었지만, 열국간의 전쟁이 극을 향해 치닫는 상황에서는 '인의지사仁義之士'보다 '법술지사法術之士'가 더 절실하게 필요했기 때문이다.

그래서 『맹자』에는 제3 유형에 관한 언급이 많이 나온다. "벼슬함은 가난을 위해서가 아니지만, 때로는 가난을 위한 경우가 있다"[33] "가난을 위해 벼슬하는 자는 높은 자리를 사양하고 낮은 자리에 처하며, 녹봉이 많은 것을 사양하고 적은 데에 처해야 한다"[34] "어떻게 하여야 마땅한가? 관문關門을 안고 목탁을 치는 일이다"[35] "공자도 일찍이 위리委吏가 되어서 말했다. '회계를 마땅히 할 뿐이다.' 승전乘田이 되어서는 '소와 양을 잘 키울 뿐이다'"[36] "지위가 낮으면서 말을 높게 하는 것이 죄요, 남의 조정에 서 있으면서 도가 행해지지 않음이 부끄러운 일이다"[37] 등이 그 예다. 이 중에서 생각해볼 만한 것이 맨 마지막에 있는 '지위가 낮으면서 말을 높게 하는 것'을 책망한 문장인데, 내용인즉 "도를 행하고 싶으면 높은 자리로 출사하라. 도를 실천할 마음도 없으면서 녹을 먹기 위해 어쩔 수 없이 출사한 처지에, 왜 높은 자리에 출사한 사람에게 도를 행하지 않느냐고 핀잔을 하느냐, 아무런 책임도 지지 않으려고 도를 행할 수 있는 지위에서 벗어나 있는 것을 오히려 죄스럽게 생각하라"라고 하겠다. 생각건대 당시 도에 뜻을 둔 사의 처지가 바로 이와 같았을 것이다.

맹자는 사의 양심과 용기에 큰 기대를 걸었던 것 같다. 맹자는 "천하의 넓은 자리에 거처하고 천하의 바른 자리에 서며 천하의 대도를 행하여 뜻을 얻어서는 백성과 함께하고, 뜻을 얻지 못해서는 홀로 그 도를 행한다. 부귀가 음란하게 하지 못하고 빈천이 변심하게 하지 못하며 위무가 굴복시키지 못하는 사람을 대장부라 한다"[38]고 하여 진정한 대장부라면 원하는 것을 얻지 못해도 그에 개의치 않고 인의를 좇아 뜻한 바를 행한다고 했다. 또 "일정한 재산이 없는데 항심恒心을 둔 자는 오직 사라야 가능하다. 백성의 경우에는 일정한 재산이 없으면 항심이 없다"[39]라 했다. 하지만 '항恒'은, 공자도 지적한 바 있지만 쉽게 얻을 수 있는 것이 아니다. 공자는 말했다. "내가 성인을 만나볼 수 없다면, 군자만이라도 만나볼 수 있으면 좋겠다. 선한 이를 만나볼 수 없다면, 항심을 지닌 자라도 만나볼 수 있으면 좋겠다. 없으면서 있는 체하고 비었으면서 가득한 체하고 적으면서 많은 체하면 항심을 두기 어렵다"[40]는 공자의 말처럼 항심을 가지기란 참으로 어렵다. 그러나 맹자는 사만이 항심을 유지할 수 있는 자로 상정했다. 이는 맹자가 사에 대한 기대가 그만큼 크다는 사실을 시사한다.

그러면 항심을 지키자면 어떻게 해야 하는가. 맹자는 출사 문제를 부동심不動心의 문제로 끌고 간다. 여기서도 맹자는 "뜻은 지극하고 기는 그다음이다"[41]라 하여 뜻이 기보다 더 귀중한 것이라고 했다. 그러나 뜻을 기르기 위해서는 기의 도움을 받아야 한다면서 호연지기를 말했다. 호연지기에 대해서는 이렇게 말했다. "그 기운 됨은 의와 도를 짝한다"[42]라 했다. 여기서 볼 때 호연지기는 완력으로서의 기가 아니라, 도덕적 자신감이라 할 수 있다. 도덕적 자신감은 사가 자신을 수양함으로써 얻어지는 기운이다. 이는 용사들의 힘에서 나오는 기운과는 성질상 판이한 것이다. 호연지기의 성질에 대해 맹자는 말했다. "그 기운 됨이 지극히 크고 지극히 굳세니 곧게 길러 해침이 없으면 천지간에 가득 찬다."[43] 호연지기란 아주 크고 아주 강하여 천지를 가득 채울 힘을 가진다. 이러한 기운을 가질 때, 사는 항심을 유지할 수 있는 것이다. 이것은 출처에 과감할 수 있는 기초적인 힘으로서 역할을 한다.

그러나 맹자의 말처럼 당시의 사에게 그렇게 할 수 있는 용기와 의지가 있었는지도 의문이지만, 도와 의를 바탕으로 한 마음으로 대처한다고 해서 정치가 바르게 될 것 같지도 않았던 게 당시의 현실이었다. 물론 현대의 지식 사회학에서는 지식인의 가치 중립성과 지식인의 사상적 신념을 믿지만, 그것은 이제까지의 역사가 보여주듯이 단 한 번도 현실화된 적이 없으며, 지금도 지식인들은 세를 가진 군주의 편에 서기를 주저하지 않는다. 존망에 처한 군주에게 "당신에게는 선을 행할 수 있는 소질이 있으니 힘써 그것을 기르다 보면 나라는 저절로 안정될 것"이라는 맹자의 권고는 겸병 전쟁이 치열한 상황에서는 시행되기 어려운 게 현실이었다. 결국 맹자도 공자와 마찬가지로 자신의 뜻을 펼칠 수 없었다. 도를 편다는 이상이 이념적 지주는 될 수 있어도 현실의 세에 굴하지 않을 수 있는 실제적인 힘을 제공하기는 어려운 것이 현실적 상황이다.

【 중용 1 】 원문 22

군자는 자기의 현재 위치에서 행하고 그 밖의 것을 원하지 않는다. 부귀에 처해서는 부귀를 행하고 빈천에 처해서는 빈천을 행하고 오랑캐에 처해서는 오랑캐에서 행하며 환란에 처해서는 환란을 행하니, 군자는 들어가는 데마다 스스로 얻지 않는 것이 없다. 위의 지위에 있어서는 아래를 업신여기지 않으며, 아래의 지위에 있어서는 위를 끌어 잡지 않으며, 몸을 바르게 하고 사람에게 구하지 않으면 원망이 없을 것이니, 위로 하늘을 원망치 않으며 아래로 사람을 허물하지 않는다. 고로 군자는 평이平易한데 있으면서 천명을 기다리고 소인은 위험한 것을 행하며 요행을 구한다.

「14장」

일찍이 공자는 말했다. "중용은 그 지극하도다. 백성들 가운데 이에 능한 이가 드문 지가 이미 오래도다."[44] 중용은 사 계층이 실천하려 했던 최고의 덕목이자 공자가 도달하려고 했던 최고의 경지다. 이 문장에는 바로 이 중용의 실천 강령이 압축적으로 표현되어 있다.

197

2장 원전으로 읽는 출처

공자의 사회적 신분은 사였다. 당시 사회의 중간에 처했던 사의 위로는 공경대부 등 귀족이 있었고, 아래로는 농農·공工·상商 등 서인이 있었다. 사는 능력으로만 보면 귀족을 대신하여 통치를 수행할 수 있었지만 신분적 한계 때문에 귀족이 될 수 없었다. 또 잘못하게 되면 서인으로 추락하여 실직할 수 있는 처지에 있었다. 군사상으로는 작전의 핵심이었고 정치상으로는 중하급 관리의 행정을 수행했으며 문화상으로는 고금의 지식을 소유하고 있었고 경제적으로는 전택과 생업을 소유한 중간 계층이었다. 사회적 역할은 매우 중요했지만 지위는 높지 않았고 출사를 하려면 반드시 국정을 장악한 세경世卿 귀족에 의지해야 했다.

사는 통치 계급의 최하층으로서, 벼슬과 녹을 구해야했기 때문에 상층 귀족들과도 어울렸지만, 뜻을 얻지 못해 곤궁함에 처했을 때에는 서민을 동정하는 진보적인 사상도 함께 표출했다. 중용 사상의 정치적 의미는 상하 계층을 모두 아울러 조화시키는 데서 찾을 수 있다. 극단을 조화시키려는 정치적 몸짓은 중용 사상의 출현의 한 동기가 되었다. 그래서 공자의 학설은 모두 "가운데 서서 기울어지지 않는다"[45]는 의미의 중용 사상으로 관철되어 있는 것으로 볼 수 있다.

중용이 인륜상에 적용되면, 부자자효父慈子孝, 형량제제兄良弟悌, 부의부청夫義夫聽, 장혜유순長惠幼順, 군인신충君仁臣忠의 덕목이 출현하고, 통치술에 적용되면 "백성은 임금을 마음으로 여기고, 임금은 백성을 몸으로 여긴다"[46]는 사상이 출현된다. 그리고 행위상에 적용되면 진취進就와 퇴축退縮을 조화롭게 한다. "염구는 퇴축하므로 진취하게 하고 자로는 진취하므로 퇴축하게 했다."[47] 이 말은 공자가 너무 소극적인 염구와 너무 적극적인 자로의 행동 양식을 조절하고자 한 말이다.

일체의 모든 것이 중용의 도에 부합하고 중도에 처하려면 정황에 따라 수시로 이동해야 한다. 그것을 '권도權道'라고 한다. '권도'에 대한 설명은 『맹자』에 분명하게 표현되어 있다. "양주楊朱는 위아爲我를 취했으니, 하나의 털을 뽑아서 천하가 이롭더라도 하지 않았다. 묵자는 겸애를 취했으니, 이마를 갈아 발꿈치에 이르더라도 천하에 이로우면 했다. 자막子莫은 이 중간을 잡았으니, 중간을 잡는 것이 도에 가까우나 중간을 잡고 저울질함이 없는 것은 융통성 없이 한쪽만 잡고 있는 것과 같다. 한 쪽을 잡는 것을 미워하는 까닭은 도를 해치기 때문이니, 하나를 들고 백 가지를 폐한다."[48] 권도는 중용 사상을 현실화시킨 개념이다. 처를 물건의 무게에 따라 좌우로 옮겨 중심점을 찾는 것이 바로 권도라면 권도는 중용의 현실적 차원의 개념이 되는 것이다.

출처관에서의 중용은 행위의 정당성을 확보해준다. 그러므로 중용의 덕은 군자의 출처를 정하는 기준이 된다. 출처는 상황을 헤아려 거기에 맞추어 출사를 하든지, 아니면 처사의 삶을 살아야만 한다. 그래서 『중용』에서는 "부귀에 처해서는 부귀를 행하고 빈천에 처해서는 빈천을 행하고 오랑캐에 처해서는 오랑캐에서 행하며 환란에 처해서는 환란을 행하니, 군자는 들어가는 데마다 스스로 얻지 않는 것이 없다"라 했다. 부귀를 누릴 만한 상황에 있으면 부귀에 처해야 하고 빈천해야 할 상황에 있으면 빈천을 기꺼이 받아들여야 한다. 그래서 군자는 언제 어디서든 중용에 맞는 처신을 하기 위해 힘쓴다. 이것이 출처관으로 이어지면, 자연스럽게 출처의 정당성을 확보할 수 있게 해준다. 출처에 편안하면, 그 지극한 공효는 "위로 하늘을 원망하지 않고 아래로 사람을 허물하지 하는 경지不怨天不尤人"
에 이른다. 하늘을 원망하지 않고 사람을 허물하지 않으려면, 중용을 진
심으로 몸에 체득해야만 가능해진다. 원망과 허물이 사라지면, 안심입명
安心立命의 경지에 든다. 이것이야말로 지극한 도를 체득한 군자의 태도일
것이다.

    사의 출처는 시의時宜에 맞아야 한다. 이는 역철학은 물론 중용 사상이
지향하는 바이기도 한다. 출처의 정당성은 시간성이 개입된다. 그래서 공
자를 '시중지성時中之聖'으로 찬미한 것이다. 시간성이 담보된 중용 사상은
출처의 정당성을 확보해주는 척도이며 저울과 같은 역할을 한다. 군자의
학문은 결국 상황을 정당하게 파악하고, 또 그에 맞는 처신법을 배우기 위
해 하는 것이다. 그러므로 군자의 학문은 출처의 정당성을 확보하는 것으
로 귀결된다고 하겠다.

【주역 1】 원문 23

> 초구는 잠긴 용龍이니 쓰지 말라. 구이는 나타난 용이 밭에 있으
> 니 대인을 봄이 이롭다. 구삼은 군자가 종일토록 삼가 저녁까지
> 두려워하면, 위태로우나 허물이 없다. 구사는 혹 뛰어 연못에
> 있으면 허물이 없다. 구오는 나는 용이 하늘에 있으니 대인을 봄
> 이 이롭다. 상구는 끝까지 올라간 용이니 후회가 있다.
>
> 「건괘乾卦」

『주역』은 다양한 방향으로 활용된다. 군자는 점을 통하여 행동 방향을 제시 받기도 하지만, 한편 괘효卦爻의 형상을 보고서 자발적으로 행동 방향을 모색해야 한다. 역의 인간적인 의미는 점의 계시보다는 스스로 자신의 상황을 괘로 포착해내 미래를 개척해가는 데서 찾아야 한다. 건괘의 여섯 효는 위位에 맞는 군자의 행동 양식을 잘 표현하고 있다. 여기서 본다면, 건괘의 효사는 때에 따른 군자의 출처의 양식을 잘 드러내고 있다고 할 수 있다.

건괘乾卦는 곤괘坤卦와 더불어 역의 문호門戶다. 건괘에서는 때에 따른 인간의 출처 양식을 제시해준다. 그 점은 건괘 「단전彖傳」의 "때에 맞게 여섯 마리의 용을 타고 하늘에 운행한다"[49]에서 볼 수 있다. 용은 신성한 동물로 변화의 상징체다. 용이 행동 양식을 바꾸는 것은 바로 때를 근거로 한다. 이미 정이程頤의 「역전서易傳序」에서 "역은 변역하는 것이니, 때에 맞게 변역하여 도를 따르는 것이다"[50]로 역의 의미에 대해 규정한 바가 있다. 용이 때에 따라 변화하는 것처럼 군자는 출처를 시의성을 충족시키는 방향을 향해야 한다.

초효의 용은 잠룡潛龍이다. 육효 중 최하위에 있기에 수면 아래 잠겨 있는 상이 되므로 '잠룡'이라 한다. 그래서 초효에서는 "잠긴 용이니 쓰지 말라"라고 한 것이다. 이때는 처사의 상태를 의미한다고 하겠다. 이때의 구체적 행동 양식은 건괘 「문언전文言傳」에서 설명하고 있다. "용의 덕을 가지고 은둔한 자니, 세상에 따라 바뀌지 않으며 명성을 이루려 하지도 않아 세상에서 은둔하되 근심하지 않으며, 옳게 여김을 받지 못하여도 민망히 여기지 않아, 즐거우면 행하고 근심스러우면 떠나가서, 확고하여 그 뽑을 수 없음이 잠긴 용이다."⁵¹ 잠룡은 용의 덕을 가진 자로서 때를 만나지 못한 상황에 처한 군자를 상징한다. 그는 지조를 지키고 명성을 멀리하며 근심이 없고 서운함이 없으며 뜻을 굳게 지킨다. 잠룡의 태도는 처사의 행동양식에 부합한다고 하겠다.

구이효의 용은 현룡見龍이다. 즉 세상에 막 출현한 용이란 말이다. 그래서 현룡은 출사의 상태를 드러내는 용이라 하겠다. 구이효는 하괘 삼효 가운데 중의 자리에 있다. 그래서 모든 처신이 마땅함을 얻은 상태에 있다. 그러므로 임금에게 채용되어 뜻을 펼 기회를 얻는 이로움을 얻게 된 것이다. 이때의 행동양식은 「문언전」에 나타나 있다. "용의 덕으로 정중正中한 자이니, 떳떳한 말을 믿게 하고 떳떳한 행실을 삼가여 사邪를 막고 성誠을 보존하며, 세상을 착하게 하고서도 자랑하지 않으며, 덕이 넓어 교화를 함이니, 역에서 '나타난 용이 밭에 있으니 대인을 봄이 이롭다'고 했으니, 이는 군왕의 덕이다."⁵² 출사할 사람은 용의 덕을 가지면서 동시에 중의 도를 행할 능력을 가졌다. 세상에 뜻을 펴기 위한 가장 큰 덕목은 중도를 행할 능력을 가지는 것이다. 이 위에 다시 언행을 삼가고 겸손하게 행동하면서 널리 교화를 펴는 태도야말로 바로 현룡, 즉 나타난 용이 행할 도이다. 구이효는 출사했을 때의 군자의 모습을 상징한다.

제삼효로부터 제오효까지는 세상에 출현했을 때의 상황을 설명한다. 그리고 마지막 상구는 모든 일을 마치고 자리에서 물러난 군자를 상징한다. 이 역시 초구효의 처사처럼 일선의 무대에서 물러나 은적隱迹한 상태에 있다. 그러나 더 이상 일선에 돌아올 수 없다면, 출사를 지향하는 유가적 처사관에는 어울리지 않는다. 건괘에서는 초구효와 구이효에서 출과 처의 두 양태를 잘 드러내고 있다. 출과 처는 세상에서 드러남과 세상에서 자취를 감춤을 의미한다. 물론 유학에서의 처는 은둔이 아니다. 세상에 출사를 위해 때를 기다리는 의미의 은적이다. 역의 괘사가 서주西周 초기 또는 전기의 작품이라 할 때[53], 출처에 대한 의식은 공자가 살았던 춘추 말기 이전부터 존재했음을 알 수 있다. 다만 『주역』 건괘에서의 출처는 단순히 의義를 기준으로 삼기보다는 의를 포함한 시의성을 출처의 주요 기준으로 보는 특성을 가진다.

그 등에 그치면 그 몸을 보지 못하며, 그 뜰에 가더라도 그 사람을 보지 못하여 허물이 없다. 「단전彖傳」에서 말했다. "간艮은 그침이니, 때가 그쳐야 할 때면 그치고 때가 가야 할 때면 가서 움직임과 고요함이 때를 잃지 아니함이 그 도가 광명하니, 그 그칠 곳에 그침은 그 그쳐야 할 곳에 그치기 때문이다. 상하가 적으로 응하여 서로 함께하지 못함 때문이니, 이로써 그 몸을 보지 못하며 그 뜰에 가더라도 그 사람을 보지 못하여 허물이 없는 것이니라."

「간괘艮卦」

견물생심見物生心이라 했다. 사물이 눈에 보이면 마음이 동하지만, 눈에

보이지 않으면 마음이 동하지 않는다. 그래서 사물이 등에서 그쳐버려 자신의 안면에 보이지 않는다. 눈에 보이지 않으면, 당연히 마음의 세계는 무심無心에 이른다. 그것이 더 깊어지면, 다시 무아無我의 상태로 전입轉入된다. 그리고 이미 무아이기에 뜰에 나가더라도 사물에 눈길을 주지 않는다. 이는 절대 무아의 경지에 들어갔음을 의미한다.

무아의 상태에 가면 당연히 그쳐야 할 때는 당당하고 의젓하게 그칠 수 있다. 그래서 이런 사람은 욕심에 이끌려 출세를 구하려는 행위를 하지 않는다. 정이程頤는 "무아가 되면 그칠 수 있지만, 무아에 이르지 못하면 그침의 도를 실행할 수 없다"[54]라 했다. 자신을 내세우면 욕심이 생기고, 욕심이 생기면 진퇴와 출처를 도리에 맞게 실행할 수 없다. 사람의 허물은 나서고 싶어하는 데서 생긴다. 자신을 내세우려는 것은 자기 애착의 본능에서 나온 것이다. 그래서 그 욕망을 억제하기란 쉽지 않다. 그래서 많은 사람은 자기를 나타내기 위해 출세를 지향한다. 출처에 있어 처함에서보다 출함에서 더 많은 허물이 생기는 이유는 바로 이 때문이다.

무아의 덕을 통하여 출세하려는 욕망을 완전히 제어했을 때 비로소 시중의 출처를 실행할 수 있다. 그래서 「단전」에서 "간은 그침이니, 때가 그쳐야 할 때이면 그치고 때가 가야 할 때이면 가서 움직임과 고요함이 때를 잃지 아니함이 그 도가 광명하니, 그칠 곳에 그침은 그 그쳐야 할 곳에 그치기 때문이다"라 했다. '간'은 '그침'이다. 그러나 그 그침은 반드시 때에 맞아야 한다. 그침이 때에 맞지 않으면, 시중의 도를 얻지 못한다. 마찬가지로 때가 나가야 할 상황이면 나아가야 한다. 나아가려는 욕망을 억눌러야 하지만, 그러나 움직여야 할 때는 반드시 움직여야 한다. 움직여야 할 때

움직이지 않으면, 그 그침은 미덕이 아니라 무책임 또는 무능력이 된다.

『주역』에서의 출처관이 보여주는 한 특성은 간괘의 "그 등에 그치면 그의 몸을 보지 못한다"라고 한 데서 볼 수 있다. 이는 사물을 눈에 보지 않음으로써 무심의 경지에 가고, 또 무아의 경지에 들어감으로써 욕심을 내지 않게 된다는 뜻이다. 욕심을 버릴 때, 출처가 때에 맞출 수 있게 된다. 동정動靜이 때에 맞을 때, 그 도가 광명해져 마침내 허물없는 군자가 될 수 있다.

【 논어집주 3 】 원문 25

'독실함'은 두터우면서 힘쓰는 것이니, 독실하게 믿지 않으면 학문을 좋아할 수 없다. 그러나 독실하게 믿지만 학문을 좋아하지 않으면 믿는 것이 바르지 못하다. 죽음으로 지키지 않으면 그 도를 착하게 하지 못한다. 그러나 죽음으로 지키지만 그 도를 착하게 하지 않으면 또한 헛된 죽음을 할 뿐이다. 대개 죽음으로 지키는 자는 믿음을 독실하게 한 효험이고, 도를 선하게 하는 것은 학문을 좋아한 공덕이다. 군자는 위태함을 보면 목숨을 버리고, 위태한 나라에 버슬하는 자는 떠날 의리가 없거니와 밖에 있으면 들어가지 않음이 옳다. 어지러운 나라는 위태하지는 않지만 형벌과 정치가 펴지지 않아 기강이 문란한 것이다. 그래서 그 몸을 조촐하게 하여 떠나야 한다. 천하는 온 세상을 통틀어 말한 것이니, 도가 없으면 그 몸을 숨겨 나타나지 않는다. 이는 오직 돈독히 믿고도 학문을 좋아하며 죽음으로 지키고 도를 착하게 하는 자라야 할 수 있다. 치세가 왔음에도 행할 만한 도가 없고 난세를 당하여 지킬 절개가 없으면 쓸모없는 용렬한 사람이라, '사'라고 할 것이 없으니 심히 부끄러운 일이다.

「태백泰伯」

이 글은 『논어』「태백泰伯」의 '독신호학獨身好學'장에 주희가 주석을 단 것이다. 주희는 군자의 출처를 학문의 힘을 바탕으로 해야만 그 정당성을 확보할 수 있다고 한다. 출처에 밝은 군자는 도를 독실하게 믿으면서도 학문을 좋아해야 한다. 학문을 좋아하지 않으면 선을 알지 못한다. 선을 알지 못하면 죽음을 택하면서까지 행동 방향을 정할 수 없다.

출처는 특정한 정치적 상황을 맞이했을 때, 행위의 양식이다. 벼슬에 나가고 물러섬은 행위상에서 중대한 일이다. 출처가 정당성을 얻을 때 치세에 임하는 관리는 언행에 정당성을 부여받을 수 있다. 그래서 『맹자』「등문공하」에서 "자기를 굽히는 자는 사람을 바로잡을 수 없다"[55]라고 한 것이다. 진퇴를 때에 맞게 하는 것은 선비의 모든 처신에 있어 기초가 된다. 출처가 도에 어긋나면 남을 설득시킬 수 없다.

주희는 공자의 "위태한 나라에는 들어가지 않고 어지러운 나라에는 머물지 않으며, 천하에 도가 있으면 나타나고 도가 없으면 숨는다"[56]의 구절에서 말한 출처에 대해 구체적인 근거를 제시했다. "군자는 위태함을 보면 목숨을 주므로 위태한 나라에 벼슬하는 자는 떠날 의리가 없거니와 밖에 있으면 들어가지 않음이 옳다. 어지러운 나라는 위태하지는 않지만 형벌과 정치가 펴지지 않아 기강이 문란한 것이다. 그래서 그 몸을 조촐하게 하여 떠나야 한다"라 했다. 위태한 나라에는 애당초 들어가지 않아야 하지만 만약 이미 출사한 나라가 위태한 지경에 빠지면 그 나라와 운명을 함께해야 한다. 만약 출사한 나라가 위태함에 빠졌다고 하여 떠나가면 이는 떠나감으로써 도를 어기는 행위이다. 그러므로 애당초 국정이 문란한 나라에 가서 벼슬해서는 안 된다. 문란한 상황을 간파하는 것도 위태한 나라를 위해 목숨을 바치는 것도 이는 모두 학문을 돈독히 한 결과물이다. 학문이 익숙하지 않으면 올바른 도리를 찾을 수 없다. 그리고 치세가 되었을 때 등용될 능력을 갖추고 나라가 위태해졌을 때 부귀를 구하지 않는 결단력도 역시 학문을 말미암아 얻을 수 있는 행위이다.

주희의 학문은 격물궁리格物窮理에서부터 시작한다. 격물궁리를 통해야 기미를 미리 살필 수 있고, 또 특정의 상황을 만났을 때 올바른 처신을 얻을 수 있다. 이것이 벼슬과 연관되었을 때는 출처관으로 이어진다. 주희는 학문을 말미암을 때, 비로소 출처의 타당성을 얻을 수 있다.

【 남명집 1 】 원문 2 6

엄광嚴光은 젊은 시절 광무제光武帝와 교유했기 때문에 그가 기량을 다 펴더라도 삼대三代의 도로 다스리지 못할 줄을 알고 다시 떠나가버린 것이다. 만약 광무제로 하여금 양한兩漢의 가장 어진 임금이 되는 정도만 만들 뿐이라면 광무 자신의 자질만으로도 그 일을 하기에 족하니 엄광 자신을 기다릴 필요가 없었던

것이다. 그런데 그가 제왕의 도를 훼손하고 패자霸者의 신하가
되어 한갓 높은 벼슬과 많은 봉록만을 받으려고 했겠는가? 이와
같이 했다면 엄광이 편 것은 한 자도 못되면서 굽힌 것은 여덟 자
도 더 되리라. 하물며 당시는 민생이 조금은 편하여 하夏의 걸桀
이 그 백성을 도탄에 빠뜨리던 때와는 달랐으니, 민생을 급하게
여기는 뜻이 어찌 이윤과 같았겠는가?

「엄광론嚴光論」

이 글은 엄광嚴光의 삶을 통하여 자신의 출처관을 드러낸 작품이다. 엄
광이나 조식曺植 자신은 무조건 출사를 거부한 것이 아님을 밝히고 있다.
엄광은 전한 말기와 후한 초기에 생존한 인물이다. 후한의 광무가 왕자로
있을 때, 같은 서당에서 함께 공부했다. 광무가 제위에 오르자 은둔해 있
던 엄광을 널리 수색하여 서울로 초빙했다. 광무제가 엄광을 간의대부諫議
大夫에 임명하려 했으나 엄광은 간의대부에 나아가지 않고 부춘산富春山에
들어가 낚시질을 하면서 일생을 마쳤다. 조식은 이러한 엄광이 출사를 무
조건 거부한 도가적 은자가 아님을 밝히면서 자신 또한 엄광과 같은 생각
을 가졌음을 드러내었다.

조식은 「엄광론」에서, 이윤은 탕왕湯王이 세 번 초빙하자 출사하여 탕왕
을 성인 군주가 되도록 도왔는데, 엄광은 광무제를 겨우 한 번 만나고 광
무제를 버려두고 은둔했으니, 엄광이 세상에 대해 무책임함을 비난하는
말로 서두를 열었다. 「엄광론」에서는 이에 대한 반박이론을 전개하는 과

정 중에 엄광을 위하여 변명해주었다. 이것은 벼슬하지 않는 조식 자신에 대한 변명이기도 하다.

조식의 출처관은 엄정하기로 유명하다. 그는 일생 벼슬길에 나가지 않았다. 그래서 세상으로부터 은둔자로 오해를 받기도 했다. 이황 역시 "황이 그윽이 생각해보니, 벼슬하지 않음이 의가 없습니다. 군신의 큰 윤리를 어찌 폐할 수 있으리까"[57]라 하여 은둔의 상태로 있는 조식을 나무라면서 출사하기를 권했다. 그러나 조식은 지금의 임금과 지금의 시대는 자신이 뜻을 펼 시대가 아님을 들면서 출사를 거부했다. 이러한 자신의 출처관을 후한의 엄광의 고사를 빌어 드러내었다.

엄광은 광무제를 본래 알기에 그의 그릇이 결코 삼대의 성스러운 왕재 王才가 아님을 알았다. 그래서 자신의 기량을 다 펼칠 수 있는 여건이 되지 않을 것이라고 판단했다. 엄광의 눈에 비친 광무제는 다만 양한의 임금 중 어진 임금이 될 정도에 그칠 그릇일 뿐이었다. 그러나 양한의 어진 임금쯤은 광무제 자신이 그 그릇이기에 엄광의 도움이 없어도 스스로 이룰 수 있다고 보았다. 만약 이러한 상황에서 벼슬에 나간다면, 이것은 국록을 탐하는 짓일 뿐이라고 엄광은 생각했다. 그래서 끝내 엄광은 광무제의 조정에 출사할 수 없었던 것이다. 만약 탕임금 같은 재목을 만났으면 엄광은 이윤과 같은 현신이 되었을 것이다.

여기서 본다면, 조식은 일방적으로 처사의 삶을 고집한 것이 아님을 알 수 있다. 그러나 조식은 그의 성격처럼 엄정한 잣대로 자신과 세상을 측량했다. 그러했을 때 자신의 시대는 벼슬할 때가 아니라고 보았고, 또 스스로는 현신의 그릇임을 자부하는 태도를 견지하고 있었음을 엿볼 수 있겠다.

조식은 38세(1538) 때 이언적李彦迪의 추천에 의해 헌릉참봉獻陵參奉에 제수되었고, 48세(1548) 때 전생서주부典牲署主簿에 제수되었다. 이후 여러 차례 관직이 제수되었으나, 끝까지 처사의 삶을 고수하면서 벼슬길에 나아가지 않았다. 여기서 본다면 조식의 마음속에는 출처에 대한 엄정한 잣대와 그것을 지키려는 신념이 깊이 자리하고 있음을 알 수 있다.

그가 끝내 출사하지 않은 이유는 아무래도 그의 의식 깊은 곳에는 이황의 "다만 조남명이 있는데, 그는 장자의 학문南華學을 창도했다"[58]고 한 지적처럼 노장의 풍이 자리 잡고 있었음도 한 원인이 될 것이다. 물론, 조식은 자신의 정신세계를 확장시키려는 입장에서 장자의 학풍을 수용했을 뿐, 순전히 장자학을 지향한 것은 아니다. 즉 정신적 세계의 거대 지향이란 측면에서 장자학을 접촉했지만, 그는 여전히 유생의 삶을 유지하고 있었다. 그래서 그가 출사하지 않는 것은 그가 도가적 은자이기 때문인 것은 아니다. 그러나 그의 의식 속에 장자적 사고가 여전히 자리하고 있음 또한 사실이다. 거기에다 엄정한 출처관 때문에 그가 종신토록 처사의 삶을 살도록 한정된 결과를 부른 것으로 보인다.

【 퇴계집 1 】 원문 27

나는 생각건대, 벼슬을 하지 않는 것은 의가 아니니 군신의 큰 윤리를 어찌 폐하겠습니까. 그런데 선비가 혹 벼슬하는 것을 어렵게 여기는 것은 다만 과거가 사람을 어지럽게 하고, 또 과거 없

출처, 경계의 철학

이 말직에 나가는 잡진雜進의 길은 더 천하기 때문입니다. 이것이 그 몸을 깨끗이 하고자 하는 선비가 종적을 감추고 숨어서 나아가는 것을 달갑게 여기지 않는 까닭입니다. 그런데 지금은 산림山林에서 천거된 것이니 과거처럼 혼탁한 것도 아니고, 품계를 뛰어넘어 육품직을 주는 것이니 잡진처럼 더럽지도 않습니다. 그러므로 동시에 천거된 사람으로 성수침成守琛은 이미 토산兎山에 부임했고, 이희안李希顏도 고령高靈에 부임했습니다. 이 두 사람은 다 전일에 벼슬을 사퇴하고 은거하여 장차 그대로 몸을 마칠 것같이 하던 사람들인데, 전에는 벼슬길에 나서지 않다가 지금은 나섰습니다. 이것이 어찌 그 뜻이 변하여서 그런 것이겠습니까. 그들은 틀림없이 자신이 지금 나가면 위로는 성조聖朝의 아름다움을 이룰 수 있고, 아래로는 자신이 쌓아온 경륜을 펼 수 있으리라 하여 그러는 것뿐입니다.

「여조건중與曹楗仲」

이 문장에서 이황李滉이 견지한 출처관의 한 장면을 볼 수 있겠다. 이 편지는 조식에게 주는 글이다. 이황과 조식은 동시의 인물로 학문적 경향성뿐 아니라, 출처에 있어서도 상반된 면모를 보여준다. 조식이 가진 출처의 잣대는 출사하지 않는 쪽으로 기울어져 있다. 이황은 이러한 성향의 출처관을 가진 조식에게 출사를 함이 선비의 의무임을 일깨우면서 벼슬하기를 권했다.

이황 역시 무조건 출사를 추구하지 않는다. 이 글에서도 보듯이 출사의 주요 조건으로는 시대적 상황을 꼽을 수 있다. 시대적 상황이 왕도를 펼 만할 때, 비로소 벼슬에 나가야 한다고 보는 것이 이황이 가진 출처관의 한 단면이다. 그래서 "지금 나가면 위로는 성조의 아름다움을 이룰 수 있고, 아래로는 자신이 쌓아온 경륜을 펼 수 있다"고 하면서 지금의 시국은 출사해도 무방한 때임을 주장했다. 그러면서 은둔해 있던 성수침과 이희안이 출사한 것을 예로 들었다. 그리고 지금의 인재 등용 형태는 유일遺逸을 융숭히 대우해주는 모습을 보인다고 했다. 일거에 육품직을 제수하는 것은 파격적인 대우라는 것이다. 이는 고대에 선비를 공경히 대하는 예를 그대로 실천하고 있는 것으로 보아야 한다는 의미의 말이다. 선비는 시대를 만나고 또 예로써 대우를 해주면 당연히 벼슬에 나아가야 한다. 그 당위성을 이황은 자로子路의 "벼슬하지 않는 것은 의가 아니다"[59]라는 말을 인용하여 설파했다.

위의 글에서 보았을 때, 이황은 선비는 장차 벼슬을 하기 위해 학문하는 자로 규정했음을 알 수 있다. 그 조건 위에 때가 도래하고, 더불어 임금의 공경스러운 대우가 있으면 당연히 벼슬에 나가야 한다는 출처관을 가졌을 알 것이다. 이황은 고집스럽게 처사의 몸을 지키고 있는 조식에게 이상의 논리로 출사를 권했다.

이를 통해 미루어볼 때, 이황은 학문의 목적이 출사하여 성인聖人의 도를 현실에서 실현시키는 데 있다고 말할 수 있다. 그러나 이황 역시 무조건적으로 출사를 하지는 않았다. 도리어 그의 호에 '퇴退'자가 붙은 데서 보듯이 그는 학문을 통하여 내면에 침잠하는 것을 더 즐겼다. 다만 출사하

는 것이 선비의 당위적인 의무이기에 벼슬에 나선 것뿐이었다. 그 점은 그
의 벼슬길에 수많은 사직이 따랐다는 데서 알 수 있다.

出處

원문

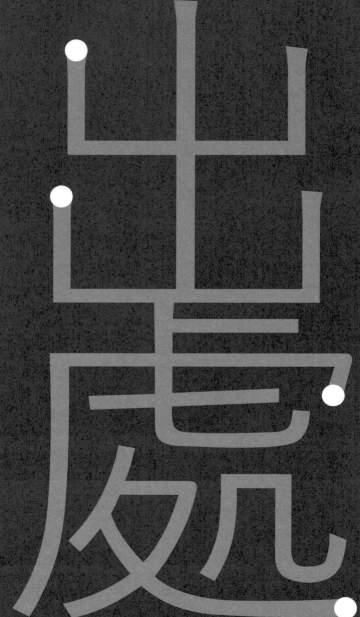

[논어 1] 원문 1

子貢曰, 有美玉於斯, 韞櫝而藏諸. 求善賈而沽諸. 子曰, 沽之哉,
沽之哉. 我待賈者也.

「子罕」

[논어 2] 원문 2

子, 擊磬於衛, 有荷蕢而過孔氏之門者. 曰, 有心哉, 擊磬乎. 旣而
曰, 鄙哉, 硜硜乎. 莫己知也, 斯己而已矣. 深則厲, 淺則揭. 子曰,
果哉. 末之難矣.

「憲問」

[논어 3] 원문 3

長沮, 桀溺耦而耕, 孔子過之, 使子路問津焉. 長沮曰, 夫執輿者
爲誰. 子路曰, 爲孔丘. 曰, 是魯孔丘與. 曰, 是也. 曰, 是知津矣. 問
於桀溺, 桀溺曰, 子爲誰. 曰, 爲仲由. 曰, 是魯孔丘之徒與. 對曰,
然. 曰, 滔滔者天下皆是也, 而誰以易之. 且而與其從辟人之士也,
豈若從辟世之士哉. 耰而不輟. 子路行以告, 夫子憮然曰, 鳥獸不
可與同群, 吾非斯人之徒與而誰與. 天下有道, 丘不與易也.

「微子」

[논어 4] 원문 4

齊景公, 待孔子, 曰, 若季氏則吾不能, 以季孟之間待之. 曰, 吾老矣, 不能用也. 孔子行.

「微子」

[논어 5] 원문 5

齊人歸女樂, 季桓子受之. 三日不朝, 孔子行.

「微子」

[논어 6] 원문 6

子曰, 君子之於天下也, 無適也, 無莫也, 義之與比.

「里仁」

[논어집주 1] 원문 7

子曰, 不降其志, 不辱其身, 伯夷 叔齊與. 謂柳下惠, 少連, 降志辱身矣. 言中倫, 行中慮, 其斯而已矣. 謂虞仲, 夷逸, 隱居放言. 身中淸, 廢中權. 我則異於是, 無可無不可.

「微子」

[논어 7] 원문 8

子曰, 飯疏食飲水, 曲肱而枕之, 樂亦在其中矣. 不義而富且貴,
於我如浮雲.

「述而」

[논 어 집 주 2] 원 문 9

子曰, 義是吾心所處之宜者, 見事合恁地處則隨而應之更無所執
也. 義當富貴便富貴, 義當貧賤便貧賤, 當生則生, 當死則死, 只
看義理合如何.

「里仁」

[논 어 8] 원 문 10

憲, 問恥, 子曰, 邦有道, 穀, 邦無道, 穀, 恥也.

「憲問」

[논 어 9] 원 문 11

子曰, 篤信好學, 守死善道. 危邦不入, 亂邦不居. 天下有道則見,
無道則隱. 邦有道, 貧且賤焉, 恥也, 邦無道, 富且貴焉, 恥也.

「泰伯」

[맹 자 1] 원 문 12

孟子曰, 伯夷, 非其君不事, 非其友不友, 不立於惡仁之朝, 不與惡
人言, 立於惡人之朝, 與惡人言, 如以朝衣朝冠, 坐於塗炭, 推惡惡

之心, 思與鄕人立, 其冠不正, 望望然去之, 若將浼焉, 是故, 諸侯
雖有善其辭命而至者, 不受也, 不受也者, 是亦不屑就已. 柳下惠,
不羞汙君, 不卑小官, 進不隱賢, 必以其道, 遺佚而不怨, 阨窮而不
憫, 故曰, 爾爲爾, 我爲我, 雖袒裼裸裎於我側, 爾焉能浼我哉, 故,
由由然與之偕而不自失焉, 援而止之而止, 援而止之而止者, 是亦
不屑去已. 孟子曰, 伯夷, 隘, 柳下惠, 不恭, 隘與不恭, 君子, 不由
也.
「公孫丑上」

[맹자 2] 원문 1 3

王子墊問曰 士何事? 孟子曰 尙志. 曰 何謂尙志? 曰 仁義而已矣.
殺一無罪非仁也, 非其有而取之, 非義也. 居惡在? 仁是也. 路惡
在? 義是也. 居仁由義, 大人之事備矣.
「盡心上」

[맹자 3] 원문 1 4

孟子曰 天下有道, 以道殉身, 天下無道, 以身殉道. 未聞以道殉乎
人者也.
「盡心上」

[맹자 4] 원문 1 5

孟子曰 伯夷, 非其君不事, 非其友不友, 不立於惡人之朝, 不與惡

人言. 立於惡人之朝, 與惡人言, 如以朝衣朝冠, 坐於塗炭, 推惡惡
之心, 思與鄕人立, 其冠不正, 望望然去之, 若將浼焉. 是故, 諸侯
雖有善其辭命而至者, 不受也, 不受也者, 是亦不屑就已.

「公孫丑上」

[맹자 5] 원문 16

柳下惠, 不羞汙君, 不卑小官, 進不隱賢, 必以其道, 遺佚而不怨,
阨窮而不憫. 故, 曰 爾爲爾, 我爲我, 雖袒裼裸裎於我側, 爾焉能
浼我哉. 故, 由由然與之偕而不自失焉, 援而止之而止, 援而止之
而止者, 是亦不屑去已.

「公孫丑上」

[맹자 6] 원문 17

伊尹曰 何事非君, 何使非民. 治亦進, 亂亦進. 曰 天之生斯民也,
使先知, 覺後知, 使先覺, 覺後覺, 予, 天民之先覺者也, 予將以此
道, 覺此民也. 思天下之民, 匹夫匹婦有不與被堯舜之澤者, 若己
推(퇴)而內之溝中, 其自任以天下之重也.

「萬章下」

[맹자 7] 원문 18

萬章問曰 或曰 百里奚自鬻於秦養牲者, 五羊之皮, 食牛, 以要秦
穆公, 信乎. 孟子 曰 否. 不然. 好事者爲之也. 百里奚, 虞人也, 晉

人, 以垂棘之璧, 與屈産之乘, 假道於虞, 以伐虢, 宮之奇, 諫, 百
里奚, 不諫. 知虞公之不可諫而去之秦, 年已七十矣. 曾不知以食
牛, 干秦穆公之爲汙也, 可謂智乎. 不可諫而不諫, 可謂不智乎. 知
虞公之將亡而先去之, 不可謂不智也. 時擧於秦, 知穆公之可與有
行也而相之, 可謂不智乎. 相秦而顯其君於天下, 可傳於後世, 不
賢而能之乎. 自鬻以成其君, 鄉黨自好者, 不爲, 而謂賢者爲之乎.
「萬章上」

[맹자 8] 원문 19
可以速則速, 可以久則久, 可以處則處, 可以仕則仕, 孔子也. 孟子
曰 伯夷, 聖之淸者也, 伊尹, 聖之任者也, 柳下惠, 聖之和者也, 孔
子, 聖之時者也.
「告子下」

[맹자 9] 원문 20
孟子曰 古之賢王, 好善而忘勢, 古之賢士, 何獨不然. 樂其道而忘
人之勢. 故, 王公, 不致敬盡禮, 則不得亟見之, 見且猶不得亟, 而
況得而臣之乎.
「盡心上」

[맹자 10] 원문 21
陳子曰 古之君子, 何如則仕? 孟子曰 所就三, 所去三. 迎之致敬

以有禮, 言將行其言也, 則就之. 禮貌未衰, 言弗行也, 則去之. 其次, 雖未行其言也, 迎之致敬以有禮, 則就之. 禮貌衰, 則去之. 其下, 朝不食, 夕不食, 飢餓不能出門戶, 君聞之曰 吾大者不能行其道, 又不能從其言也, 使飢餓於我土地, 吾恥之. 周之, 亦可受也, 免死而矣.

「告子下」

[중용 1] 원문 22

君子, 素其位而行, 不願乎其外. 素富貴, 行乎富貴, 素貧賤, 行乎貧賤, 素夷狄, 行乎夷狄, 素患難, 行乎患難, 君子, 無入而不自得焉. 在上位, 不陵下, 在下位, 不援上, 正己而不求於人, 則無怨, 上不怨天, 下不尤人. 故, 君子, 居易以俟命, 小人, 行險以徼幸.

「十四章」

[주역 1] 원문 23

初九, 潛龍, 勿用. 九二, 見龍在田, 利見大人. 九三, 君子, 終日乾乾, 夕惕若, 厲, 无咎. 九四, 或躍在淵, 无咎. 九五, 飛龍在天, 利見大人. 上九, 亢龍, 有悔.

「乾卦」

[주역 2] 원문 24

艮其背, 不獲其身, 行其庭, 不見其人, 无咎. 彖曰 艮, 止也, 時止則

止, 時行則行, 動靜不失其時, 其道光明, 艮其止, 止其所也. 上下
敵應, 不相與也. 是以不獲其身行其庭不見其人无咎也.
「艮卦」

[논어집주 3] 원문 25

篤, 厚而力也, 不篤信, 則不能好學. 然篤信而不好學, 則所信, 或
非其正. 不守死, 則不能以善其道. 然守死而不足以善其道, 則亦
徒死而已. 蓋守死者, 篤信之效, 善道者, 好學之功. 君子見危授
命, 則仕危邦者, 無可去之義, 在外則不入, 可也. 亂邦, 未危而刑
政紀綱紊矣. 故, 潔其身而去之. 天下, 擧一世而言, 無道則隱其身
而不見也. 此惟篤信好學, 守死善道者, 能之. 世治而無可行之道,
世亂而無能守之節, 碌碌庸人, 不足以爲士矣, 可恥之甚也.
「泰伯」

[남명집 1] 원문 26

少與帝遊, 知其器量之所極, 必未以三代之道制治, 復捲而去之.
若使帝得爲兩漢之賢主, 則光武之才, 足以自辦, 無待於己也, 其
肯毁帝王之道, 爲伯者之臣, 徒受人高位重祿而已乎. 若是則光
之所伸者, 不至於尺, 而所屈者, 不止於尋乎. 況當是時, 生民小安,
有異於夏桀之塗炭其民, 其急生民之意, 豈可與伊尹一道乎.
「嚴光論」

滉私竊以爲不仕無義, 君臣大倫, 烏可廢也, 而士或難於進用者, 徒以科擧溷人雜進之路, 則又其每下者, 此欲潔其身之士, 所以不得不藏蹤晦迹, 逃遯而不屑就也. 今也擧於山林, 非科目之溷, 超授六品, 非雜進之汚. 故同時之擧, 有若成君守琛, 已赴兔山, 有若李君希顔, 亦赴高靈, 是二君者, 皆昔之辭官高臥. 若將終身之人, 向也不起, 而今也起, 是豈其志之有變哉. 其必曰今吾之出, 上可以成聖朝之美, 下可以展一己之蘊而然耳.

「與曹楗仲」

주註

1장 출처의 이해를 위한 경계境界

1 『논어』「태백泰伯」제13장, "危邦不入, 亂邦不居, 天下有道則見, 無道則隱."

2 『논어』「자장子張」제1장, "士見危授命."

3 『논어』「팔일八佾」제19장, "定公問 君使臣, 臣事君, 如之何? 孔子對曰 君使臣以禮, 臣事君以忠."

4 『논어』「태백」제14장, "子曰 不在其位, 不謀其政."

5 『순자荀子』「요문堯問」, "夫仰祿之士猶可驕也, 正身之士不可驕也. 彼正身之士, 舍貴而爲賤, 舍富而爲貧, 舍佚而爲勞, 顏色黎黑而不失其所. 是以天下之紀不息, 文章不廢也."

6 『논어』「태백」제13장, "子曰 危邦不入, 亂邦不居, 天下有道則見, 無道則隱."

7 『논어』「이인里仁」제1장, "子曰 里仁, 爲美. 擇不處仁, 焉得知."

8 『논어』「헌문憲問」제11장, "子曰 貧而無怨, 難, 富而無驕, 易."; 『논어』「헌문」제37장, "子曰 不怨天, 不尤人.", "子曰 飯疏食飮水, 曲肱而枕之, 樂亦在其中矣. 不義而富且貴, 於我如浮雲."; 『논어』「옹야雍也」제9장, "子曰 賢哉, 回也. 一簞食, 一瓢飮, 在陋巷, 人不堪其憂, 回也, 不改其樂, 賢哉, 回也."

9 『논어』「이인」제9장, "子曰 士志於道而恥惡衣惡食者, 未足與議也."

10 『논어』「학이學而」제16장, "子曰 不患人之不己知, 患不知人也."

11 『논어』「이인」제13장, "子曰 不患無位, 患所以立, 不患莫己知, 求爲可知也."

12 『논어』「술이」제6장, "子曰 志於道, 據於德, 依於仁, 游於藝."

13 『한비자韓非子』「현학顯學」

14 『논어』「요왈堯曰」, "堯曰 咨爾舜, 天之曆數在爾躬, 允執厥中. 四海困窮, 天祿, 永終."; 『시경詩經』「증민烝民」, "天生烝民, 有物有則, 民之秉彝, 好是懿德."

15 『논어』「학이」제1장, "子曰 學而時習之, 不亦說乎. 人不知而不慍, 不亦君子乎. 有朋自遠

方來 不亦樂乎"

16 피터 볼Peter Bol, 『역사 속의 성리학』, 김영민 옮김, 예문서원, 2010, 104쪽.

17 『한서漢書』「동중서전董仲舒傳」 '거현량대책擧賢良對策'

18 『논어』「위정爲政」 제23장, "子張問十世可知也. 子曰, 殷因於夏禮, 所損益, 可知也. 周因於殷禮, 所損益, 可知也. 其或繼周者, 雖百世, 可知也."

19 『논어』「자한子罕」 제5장, "子畏於匡, 曰, 文王旣沒, 文不在玆乎. 天之將喪斯文也, 後死者不得與於斯文也, 天之未喪斯文也, 匡人其如予何."

20 주대周代의 봉건 제도에 대해서는 왕궈웨이王國維의 『은주제도론殷周制度論』(「관당집림觀堂集林」 소수所收) 참고.

21 『순자荀子』「비십이자非十二子」 '맹자조孟子條', "案往舊造說."

22 『주례周禮』에는 이 육부六府의 명칭이 "천지춘하추동天地春夏秋冬"으로 되어 있다.

23 『맹자孟子』「진심상盡心上」 제8장, "孟子曰 古之賢王, 好善而忘勢, 古之賢士, 何獨不然. 樂其道而忘人之勢. 故, 王公, 不致敬盡禮, 則不得亟見之, 見且猶不得亟, 而況得而臣之乎."

24 『맹자』「만장하萬章下」 제2장, "君, 一位, 卿, 一位, 大夫, 一位, 上士, 一位, 中士, 一位, 下士, 一位, 凡六等.";『예기禮記』「왕제王制」, "諸侯之上大夫卿, 下大夫, 上士, 中士, 下士, 凡五等"

25 『맹자』「만장하」 제2장, "下士與庶人在官者, 同祿, 祿足以代其耕也."

26 이에 대해서는 정론이 없다. 혹자는 '사민四民'(사농공상士農工商)이란 사용되고 있음을 예로 들며 주대에는 사士와 민民이 동급이었다고 하는데, 전국시대 말기에는 '사대부士大夫'라는 말까지 등장한다. 아마 이것은 춘추전국시대에 토지 겸병 전쟁으로 인하여 봉국이 붕괴하면서 신분 질서가 붕괴된 뒤의 일이 아닐까 한다. 이에 대해서는 위잉스余英時, 「고대지식계층적흥기여발전古代知識階層的興起與發展」(『사여중국문화士與中國文化』, 상해인민출판사, 1987) 참조.

27 『논어』「자로子路」 제7장, "子路從而後, 遇丈人, 以杖荷蓧. 子路問曰, 子見夫子乎, 丈人曰 四體不勤, 五穀不分. 孰爲夫子."

28 『논어』「자한」 제6장, "大宰問於子貢曰 夫子聖者與? 何其多能也. 子貢曰 固天縱之將聖, 又多能也. 子聞之, 曰大宰知我乎, 吾少也賤, 故, 多能鄙事."

29 『여씨춘추呂氏春秋』「존사尊師」 참조.

30 자오지빈趙紀彬, 『논어신구論語新探』 상, 인민출판사, 1976, 157~158쪽.

31 『설원說苑』「건본建本」「입절立節」과 자오지빈, 앞의 책, 158쪽.

32 『좌전左傳』 소공昭公 32년 조, "社稷無常奉, 君臣無常位, 自古以然. 故詩 曰 '高岸爲谷, 深谷爲陵'. 三侯(虞夏殷)之姓于今爲庶. 主所知也." 삼성지후三姓之侯는 망국의 공족자손公族子孫을 말한다.

33 이에 사례는 위잉스, 『전게서』, 12~13쪽에 나와 있다.

34 『사기史記』「중니제자열전仲尼弟子列傳」.

35 『맹자』「양혜왕상梁惠王上」 제2장, "孟子 見梁惠王. 王曰 叟, 不遠千里而來, 亦將有以利吾國乎."

36 이에 대해서는 『사기』「위세가魏世家」에 가장 유명한 고사가 전해진다. 전자방田子方이 위문후의 태자가 말한 '빈천자교인貧賤者驕人, 부귀자불능교인富貴者不能驕人'를 공격한 일. 이 일은 『사기회주고증史記會注考證』 권44, 『한시외전』 권9, 『설원』 존현尊賢」에도 보인다. 당시 널리 알려져 있던 일 같다.

37 『순자』「해폐解蔽」와 「치사致士」 참조.

38 백이伯夷에 대해서는 『논어』「미자微子」와 특히 『맹자』「공손추상公孫丑上」 및 「만장하」에 집중 소개되어 있다.

39 진량陳亮, 『진량집陳亮集』 권34(피터 볼, 위의 책, 71~72쪽에서 재인용)

40 『논어』「술이」 제14장, "子貢曰 (…) 伯夷叔齊, 何人也. 曰 古之賢也. 曰 怨乎 曰 求仁而得仁, 又何怨."

41 『논어』「미자」 제2장, "柳下惠爲士師, 三黜, 人曰 子未可以去乎? 曰 直道而事人, 焉往而不三黜, 枉道而事人, 何必去父母之邦."

42 『맹자』「만장하」 제1장, "故聞柳下惠之風者, 鄙夫寬, 薄夫敦."

43 『맹자』「진심상」 제42장, "孟子曰 天下有道 以道殉身 天下無道 以身殉道."

44 『맹자』「만장상」 제7장, "萬章問曰 人有言, 伊尹, 以割烹要湯, 有諸?"

45 『맹자』「만장상」 제7장, "孟子曰 否. 不然. 伊尹耕於有莘之野, 而樂堯舜之道焉. 非其義也, 非其道也, 祿之以天下, 弗顧也. 繫馬千駟, 弗視也. 非其義也, 非其道也, 一介, 不以與人, 一介, 不以取諸人. 湯使人以幣聘之, 囂囂然曰 我何以湯之聘幣爲哉! 我豈若處畎

畝之中, 由是以樂堯舜之道哉. 湯三使往聘之."

46 『맹자』「만장상」제7장, "旣而, 幡然改曰 與我處畎畝之中, 由是以樂堯舜之道, 吾豈若使
    是君, 爲堯舜之君哉, 吾豈若使是民, 爲堯舜之民哉, 吾豈若於吾身, 親見之哉. 天之生
    此民也, 使先知, 覺後知, 使先覺, 覺後覺也. 予, 天民之先覺者也, 予將以斯道, 覺斯民
    也, 非予覺之, 而誰也. 伊尹思天下之民, 匹夫匹婦, 有不被堯舜之澤者, 若己推而內之溝
    中, 其自任以天下之重如此. 故就湯而說之, 以伐夏救民. 吾未聞枉己而正人者也, 況辱
    己以正天下者乎. 聖人之行不同也. 或遠或近, 或去或不去, 歸潔其身而已矣. 吾聞其以
    堯舜之道, 要湯, 未聞以割烹也."

47 『맹자』「만장상」제7장, "伊尹思天下之民, 匹夫匹婦, 有不被堯舜之澤者, 若己推而內之
    溝中, 其自任以天下之重如此, 故就湯而說之, 以伐夏救民."

48 "書曰 昔先正保衡 作我先王. 曰予弗克俾厥后爲堯舜 其心愧恥 若撻于市. 一夫不獲 則
    曰時予之辜. 孟子之言 蓋取諸此."(『맹자』「만장상」제7장에 대한 주희朱熹의 주석에서 재인용)

49 『맹자』「만장상」제7장, "吾未聞枉己而正人者也, 況辱己以正天下者乎. (…) 吾, 聞其以
    堯舜之道, 要湯, 未聞以割烹也."

50 『맹자』「공손추상」제2장, "何事非君, 何使非民, 治亦進, 亂亦進, 伊尹也."

51 『맹자』「만장상」제9장, "萬章問曰 或曰 百里奚 自鬻於秦養牲者, 五羊之皮, 食牛, 以要秦
    穆公, 信乎? 孟子曰 否. 不然. 好事者爲之也. 百里奚, 虞人也. 晉人, 以垂棘之璧, 與屈産
    之乘, 假道於虞, 以伐虢, 宮之奇, 諫, 百里奚, 不諫. 知虞公之不可諫而去之秦, 年已七十
    矣. 曾不知以食牛干秦穆公之爲汚也, 可謂智乎? 不可諫而不諫, 可謂不智乎! 知虞公之
    將亡而先去之, 不可謂不智也. 時擧於秦, 知穆公之可與有行也而相之, 可謂不智乎! 相
    秦而顯其君於天下, 可傳於後世, 不賢而能之乎! 自鬻以成其君, 鄕黨自好者不爲, 而謂賢
    者爲之乎."

52 『논어』「자한」제6장, "大宰問於子貢曰 夫子聖者與? 何其多能也. 子貢曰 固天縱之將
    聖, 又多能也. 子聞之, 曰 大宰知我乎. 吾少也賤, 故, 多能鄙事."

53 『맹자』「만장상」제9장, "范氏曰 古之聖賢 未遇之時 鄙賤之事 不恥爲之. 如百里奚爲人
    養牛 無足怪也. 惟是人君不致敬盡禮 則不可得而見. 豈有先自汙辱 以要其君哉. 莊周曰
    百里奚爵祿不入於心 故飯牛而牛肥 使穆公忘其賤而與之政 亦可謂知百里奚矣"에 대한
    주희의 집주에서 재인용.

54 은민隱民에 대한 고사는 『논어』「미자」제6장에 보인다. 그 전문을 인용하면 다음과 같다. "長沮 桀溺, 耦而耕, 孔子過之, 使子路問津焉. 長沮曰 夫執輿者, 爲誰? 子路曰 爲孔丘 曰是魯孔丘與? 曰是也 曰是知津矣. 問於桀溺, 桀溺曰 子爲誰 曰爲仲由 曰是魯孔丘之徒與 對曰 然 曰滔滔者天下皆是也, 而誰以易之. 且而與其從辟人之士也, 豈若從辟世之士哉. 耰而不輟. 子路行, 以告. 夫子憮然曰 鳥獸, 不可與同群, 吾非斯人之徒與, 而誰與. 天下有道, 丘不與易也."

55 일민逸民에 대한 고사는 『논어』「미자」제8장에 보인다. "逸民, 伯夷 叔齊 虞仲 夷逸 朱張 柳下惠 少連. 子曰 不降其志, 不辱其身, 伯夷叔齊與. 謂柳下惠 少連, 降志辱身矣, 言中倫, 行中慮, 其斯而已矣. 謂虞仲 夷逸, 隱居放言, 身中淸, 廢中權."

56 『논어』「위정」제3장, "子曰, (…) 導之以德, 齊之以禮, 有恥且格."

57 『논어』「계씨季氏」제1장, "丘也聞有, 國有家者, 不患寡而患不均, 不患貧而患不安. 蓋均, 無貧, 和, 無寡, 安無傾."

58 『논어』「선진先進」제16장, "季氏富於周公, 而求也爲之聚斂而附益之. 子曰 非吾徒也, 小子, 鳴鼓而攻之可也."

59 『논어』「자한」제8장, "子曰 鳳鳥不至, 河不出圖, 吾已矣夫."

60 『논어』「술이」제5장, "子曰 甚矣, 吾衰也. 久矣, 吾不復夢見周公."

61 『논어』「이인」제8장, "子曰 朝聞道, 夕死, 可矣."

62 『논어』「술이」제5장, "子曰 甚矣, 吾衰也. 久矣, 吾不復夢見周公."

63 『논어』「자한」제5장, "子畏於匡. 曰 文王旣沒, 文不在玆乎. 天之將喪斯文也, 後死者不得與於斯文也, 天之未喪斯文也, 匡人其如予何.";『논어』「술이」제22장, "子曰 天生德於予, 桓魋其如何."

64 『논어』「자한」제8장, "子曰 鳳鳥不至, 河不出圖, 吾已矣夫."

65 『논어』「이인」제9장, "士志於道而恥惡衣惡食者, 未足與議也."

66 『논어』「헌문」제3장, "子曰 士而懷居, 不足以爲士矣."

67 『논어』「위영공衛靈公」제31장, "子曰 (…) 君子, 謀道, 不憂貧."

68 『논어』「술이」제17장, "子所雅言, 詩書執禮, 皆雅言也."

69 『논어』「술이」제3장, "子曰 德之不修, 學之不講, 聞義不能徙, 不善不能改, 是吾憂也."

70 『논어』「자장」제1장, "子張曰 士見危授命 見得思義."

71 『논어』「헌문」제23장, "子路問事君. 子曰 勿欺也. 而犯之."

72 『논어』「이인」제26장, "子游曰 事君數, 斯辱矣. 朋友數, 斯疏矣."

73 『논어』「선진」제23장, "所謂大臣者, 以道事君, 不可則止."

74 『논어』「학이」제5장, "子曰 道千乘之國, 敬事而信, 節用而愛人, 使民以時."

75 『논어』「위영공」제32장, "子曰 知及之, 仁不能守之, (…) 不莊以涖之, 則民不敬. (…) 動
   之不以禮, 未善也."

76 『논어』「자로」제13장, "子曰 苟正其身矣, 於從政乎, 何有, 不能正其身, 如正人何."

77 『논어』「이인」제10장, "子曰 君子之於天下也, 無適也, 無莫也, 義之與比."

78 『논어』「팔일」제1장, "孔子謂季氏, 八佾舞於庭, 是可忍也, 孰不可忍也."

79 『논어』「팔일」제6장, "季氏旅於泰山, 子謂冉有曰 女不能救與. 對曰 不能. 子曰嗚呼. 曾
   謂泰山不如林放乎."

80 『논어』「계씨」제2장, "子曰, 天下有道, 則禮樂征伐自天子出, 天下無道, 則禮樂征伐自
   諸侯出. 自諸侯出, 蓋十世希不失矣, 自大夫出, 五世希不失矣, 陪臣執國命, 三世希不失
   矣. 天下有道, 則政不在大夫. 天下有道, 則庶人不議."

81 『논어』「팔일」제24장, "儀封人, 請見 曰 君子之至於斯也, 吾未嘗不得見也. 從者見之,
   出曰二三子, 何患於喪乎. 天下之無道也久矣, 天將以夫子爲木鐸."

82 『맹자』「만장하」제20장, "子貢問曰 何如, 斯可謂之士矣. 子曰 行己有恥, 使於四方, 不辱
   君命, 可謂士矣. 曰 敢問其次. 曰 宗族稱孝焉, 鄕黨稱弟焉. 曰 敢問其次. 曰 言必信, 行
   必果, 硜硜然小人哉, 抑亦可以爲次矣. 曰 今之從政者, 何如. 子曰 噫. 斗筲之人, 何足算
   也."

83 『맹자』「만장하」제1장, "孟子曰 伯夷, 聖之淸者也, 伊尹, 聖之任者也, 柳下惠, 聖之和者
   也, 孔子, 聖之時者也."

84 『맹자』「만장하」제1장, "孔子之謂集大成, 集大成也者, 金聲而玉振之也. 金聲也者始條
   理也, 玉振之也者, 終條理也, 始條理者, 智之事也, 終條理者, 聖之事也."

85 『논어』「미자」제5장, "楚狂接與歌而過孔子曰 鳳兮鳳兮, 何德之衰. 往者, 不可諫, 來者,
   猶可追. 已而已而. 今之從政者殆而. 孔子下, 欲與之言. 趨而辟(避)之, 不得與之言."

86 『논어』「팔일」제24장, "儀封人, 請見曰 君子之至於斯也, 吾未嘗不得見也. 從者見之, 出
   曰 二三子, 何患於喪乎. 天下之無道也久矣. 天將以夫子爲木鐸."

87 『맹자』「만장하」제1장, "可以速則速, 可以久則久, 可以處則處, 可以仕則仕, 孔子也."

88 『논어』「헌문」제37장, "子曰 莫我知也夫. (…) 不怨天, 不尤人, 下學而上達. 知我者, 其天乎."

89 『논어』「공야장公冶長」제21장, "子在陳曰 歸與歸與. 吾黨之小子狂簡, 斐然成章, 不知所以裁之."

90 『논어』「술이」제1장, "子曰 述而不作, 信而好古, 竊比於我老彭."

91 『맹자』「등문공하滕文公下」제9장, "孔子, 懼, 作春秋, 春秋, 天子之事也. 是故, 孔子曰 知我者, 其惟春秋乎, 罪我者, 其惟春秋乎."

92 『논어』「이인」제15장, "子曰 參乎. 吾道, 一以貫之. (…) 門人問曰 何謂也. 曾子曰 夫子之道, 忠恕而已矣."

93 『논어』「태백」제7장, "曾子曰 士不可以不弘毅, 任重而道遠. 仁以爲己任, 不亦重乎. 死而後已, 不亦遠乎."

94 『맹자』「진심상」제42장, "天下有道, 以道殉身, 天下無道, 以身殉道. 未聞以道殉乎人者也."

95 『맹자』「진심상」제42장, "孟子曰 天下有道, 以道殉身, 天下無道, 以身殉道. 未聞以道殉乎人者也."

96 『맹자』「진심상」제33장, "王子墊問曰 士何事? 孟子曰 尙志. 曰 何謂尙志? 曰 仁義而已矣. 殺一無罪非仁也, 非其有而取之, 非義也. 居惡在? 仁是也. 路惡在? 義是也. 居仁由義, 大人之事備矣."

97 양주楊朱와 묵적墨翟에 대한 비판을 말한다. 양주는 '위아설爲我說'을 주장했으니 도道를 실현한다고 보기 어렵고, 묵적은 '상동설尙同說'과 '상현설尙賢說'을 주장했으니 오직 재능이 있는 자가 중심이 되는 천하 건설을 꿈꿨다 하겠다. 따라서 묵적의 이론은 능력 있는 자의 능력 없는 자에 대한 독재를 불러올 수 있는바, 인간의 존엄성에 기초한 공자의 도와는 같은 유 개념하에 포섭될 수 없는 것이라 하겠다.

98 『맹자』「진심상」제8장, "孟子曰 古之賢王, 好善而忘勢, 古之賢士, 何獨不然. 樂其道而忘人之勢. 故, 王公, 不致敬盡禮, 則不得亟見之, 見且猶不得亟, 而況得而臣之乎."

99 여기에서 언급되는 사士는 고대의 반작제에 보이는 사가 아니다. 그때도 사는 있었지만, 도의 실현을 자신의 임무로 생각하던 현사는 고대의 전장 제도가 무너진 이후에 등장하

출처, 경계의 철학

기 때문이다. 또 하나 분명히 지적해야 할 것은 고대 봉건제 하의 사는 통치에 대한 지식을 구비한 사람이긴 해도 왕공이 얻을 수 없는 신은 아니었다.

100 『맹자』「진심상」 제42장, "未聞以道殉乎人者也."

101 『논어』「위영공」 제4장, "子曰 無爲而治者, 其舜也與. 夫何爲哉, 恭己正南面而已矣."

102 역사상 군주의 세勢가 가장 강력했던 시기는 청나라 때였다. 청유淸儒들은 건륭과 가경 때부터 도道가 세보다 존귀하다는 말을 일절 꺼내지 못했고, 그런 말이 있는지조차 듣지 못했다.

103 『맹자』「고자하告子下」 제14장, "陳子曰 古之君子, 何如則仕? 孟子曰 所就三, 所去三. 迎之致敬以有禮, 言將行其言也, 則就之. 禮貌未衰, 言弗行也, 則去之. 其次, 雖未行其言也, 迎之致敬以有禮, 則就之. 禮貌衰, 則去之. 其下, 朝不食, 夕不食, 飢餓不能出門戶, 君聞之曰 吾大者不能行其道, 又不能從其言也, 使飢餓於我土地, 吾恥之. 周之, 亦可受也, 免死而已矣."

104 『맹자』「등문공하」, "居天下之廣居 立天下之正位 行天下之大道 得志與 民由之 不得志 獨行其道 富貴不能淫 貧賤不能移 威武不能屈 此之謂大丈夫."

105 『맹자』「양혜왕상」 제7장, "無恒産而有恒心者, 惟士爲能. 若民則無恒産, 因無恒心."

106 『논어』「술이」 제26장, "子曰 聖人, 吾不得而見之矣, 得見君子者, 斯可矣. 子曰 善人, 吾不得而見之矣, 得見有恒者, 斯可矣. 亡而爲有, 虛而爲盈, 約而爲泰, 難乎有恒矣."

107 『논어』「자로」 제22장, "子曰 南人, 有言曰 人而無恒, 不可以作巫醫, 善夫! 不恒其德, 或承之羞."

108 『맹자』「공손추상」 제3장 참조.

109 『논어』「자로」 제13장, "子曰 苟正其身矣, 於從政乎, 何有. 不能正其身, 如正人何."

110 『순자』「요문」 참조.

111 『논어』「자로」 제3장, "子路曰, 衛君, 待子而爲政, 子將奚先. 子曰 必也正名乎. 子路曰 有是哉, 子之迂也. 奚其正."

112 물론 이와 같은 유형의 인물로 백이와 같은 인물이 있지만, 그것은 고대의 전설이기 때문에 여기에서는 공문 제자를 중심으로 살펴보려 한다. 제3 유형도 이에 따랐다.

113 『논어』「옹야」 제7장, "季氏使閔子騫, 爲費宰. 閔子騫曰 善爲我辭焉. 如有復我者, 則吾必在汶上矣."

114 『논어』「공야장」 제5장, "子使漆彫開仕. 對日 吾斯之未能信. 子說."

115 『논어』「선진」 제25장, "子路曾晳冉有公西華侍坐. 子曰 (…) 如或知爾, 則何以哉. (…) 對
日 異乎三子者之撰. 子曰 何傷乎. 亦各言其志也. 日 莫春者, 春服旣成, (…) 浴乎沂, 風乎
舞雩, 詠而歸."

116 『논어』「자로」 제21장, "子曰, 不得中行而與之, 必也狂狷乎. 狂者, 進取, 狷者, 有所不爲
也."

117 『논어』「자로」 제21장, "子曰, 不得中行而與之, 必也狂狷乎. 狂者, 進取, 狷者, 有所不爲
也"에 대한 『주자집주朱子集註』 참조.

118 이하의 글은 가와카쓰 요시오川勝義雄, 『중국의 역사: 위진남북조』(임대희 옮김, 혜안,
2004)의 제3장과 제4장에 수록된 내용을 참고해서 정리함.

119 『예기』「예운禮運」, "大道之行也."

120 『논어』「학이」 제5장, "子曰 道千乘之國, 敬事而信, 節用而愛人, 使民以時."

121 『논어』「자한」 제13장, "子欲居九夷, 或曰 陋, 如之何. 子曰 君子居之, 何陋之有."

122 이수건, 『영남학파의 형성과 전개』, 일조각, 1997 참조.

123 『약봉선생문집藥峯先生文集』 권3,「차권장중호문배래방미우소유시환기이수次權章仲
好文輩來訪未遇所留詩還寄二首」, 158면, "京洛紅塵闇, 江湖白日閒. 已甘尋野興, 那憶
點朝班. 疎散陶彭澤, 悲凉庚子山. 吾生雖異代, 尙友意難刪."

124 『약봉선생문집』 권3,「서사제경순정書舍弟景純亭」, 246면, "身外虛名摠不關, 歸來誰禁
碩人寬. 急開廢宅十年勝, 永奉靈春百世懽. 白白江魚宜晚稻, 靑靑莉樹暎幽蘭. 一官羈
絆眞無賴, 歸養唯應早就閒."

125 『약봉선생문집』 권1,「청계선생행장靑溪先生行狀」, 79~80면.

126 『간송집澗松集』 권1,「재송간변栽松澗邊」, 30면, "獨愛澗邊松, 天寒不改容. 深根盤絶
壑, 直幹聳危峯. 風烈聲逾壯, 霜嚴翠更濃. 君看春夏節, 百物共靑蔥."

127 19세(1603)에 왜란이 평정되자 다시 입암공立巖公과 함께 고향인 함안군 검암리로 돌
아왔다. 이해에 장수藏守의 목적으로 지은 곤지재困知齋가 낙성하게 된다. 그는 이곳 개
울가에 두 그루의 소나무를 손수 심게 되는데, 이로 인하여 자호를 '간송澗松'이라 했다.
이에 대해 시에서 "개울가 소나무를 좋아하는 것은 추운 겨울에도 그 위용을 고치지 않
기 때문이라"고 하였으니, 그의 세한지절歲寒之節을 엿볼 수 있다時倭亂已平先生陪侍

還鄉困知齋成 先生請立書室以爲藏修之所 立巖公爲構數椽於溪亭舊基 名其堂曰日新 使趙洗馬平序之 而又命先生名其齋 先生始扁晚覺 更名困知 爲序敍其事 手種二松於 澗邊 因自號澗松 有詩曰 爲愛澗邊松 天寒不改容."(「간송선생연보澗松先生年譜」)

128 김중청金中淸(1567~1629), 조선 중기의 문신. 본관은 안동. 자는 이화而和, 호는 만퇴헌 晚退軒, 구전苟全, 반천槃泉. 그의 아버지는 절충첨지중추부사折衝僉知中樞府事 몽호 夢虎다. 조목趙穆의 문인으로, 봉화의 반천서원槃泉書院에 제향되었다.

129 고응척高應陟(1531~1605), 조선 중기의 학자이자 시인. 본관은 안동安東. 자는 숙명叔 明, 호는 두곡杜谷, 취병翠屛. 몽담夢聃의 아들이다. 김범金範의 문인으로, 1549년(명종 4) 사마시에 합격했으나 고향에서 학문 연구에 전심하여 『대학大學』『주자혹문朱子或 問』 등을 읽고 깨달은 바가 많았다. 1702년(숙종 28) 선산의 낙봉서원洛峯書院에 제향되 었다. 저서로는 『두곡집杜谷集』『대학개정장大學改正章』이 있으며, 시조 작품으로는 「도부道賦」「탄시嘆詩」「차기음差慕吟」「두곡우음杜谷偶吟」「유감有感」「임인제야시壬 寅除夜詩」 등이 있다.

130 『간송집』권1, 「취정록就正錄」, 128면, "顏如渥丹 目容端正 視瞻無回 言動有則 從容和 毅 沖澹凝遠 竊觀其溫厚平易之中有確乎不可拔之操 恭遜謙虛之中有截然不可犯之象 任道雖在童稚之年 未有知識 而心實異之."

131 『간송집』권1, 「배려헌선생우원회당拜旅軒先生于遠懷堂」, 33면, "景仰張夫子 高名冠 斗南 淵沖滄海闊 壁立泰山巖 蘭室春風滿 氷壺皓月涵 浮雲看富貴 甘老不知庵."

132 『간송집』「간송선생연보」, 9면, "先生嘗曰 某始名幾道 辛丑之拜旅軒 先生曰 幾者近辭 人能近於道 亦不偶然 但以學者立志言之 似未盡便 當求造其極 先君聞而是之 卽以任 字易之 蓋以先生之訓爲重云."

133 『간송집』권1, 「취정록」, 128면, "任道問于先生曰 曾子以魯見稱於聖門 魯字之義 朱子 釋之曰鈍也 愚意孔子之喪 曾子年僅卄六 一貫之旨 已得聞焉 則安見其鈍也 質鈍之人 而能有是乎."

134 『간송집』권1, 「취정록」, 128면, "今日與君論及孔顏事 豈偶然哉 安得每日如此慰悅我心 哉."

135 『간송집』「간송선생연보」, 9면, "先生內受庭訓, 外承師教, 憺憺進修, 理趣益長, 年未弱 冠, 而人多敬慕之."

136 『간송집』「간송선생연보」, 3면, "其立志確 其見義明 篤於君親 隆於師友 嚴於持己 審於
出處 傲富貴安貧賤 樂志江湖 沒齒而無悶 然先生非果於忘世也 (…) 三除官而三不應 使
孔門而評先生 豈不在夷連之倫哉."

137 『간송집』권2, 「묘갈명병서墓碣銘幷序」, 155면, "甲戌 除恭陵參奉不就 丁亥 除大君師
傅 己亥 除工曹佐郎 俱以老病辭 公恥名 凡有徵召 未嘗起而應之."

138 『여헌전서旅軒全書』「연보年譜」42세조歲條.

139 『간송집』권3, 「상여헌선생上旅軒先生」, 59면, "處山林處朝廷 其事不同例 或有不得自
由 而枉屈其本心者比比 自古守正之士 孰不欲收斂其身心 砥礪其名節 期爲終始不惌
之君子 而及到名場 鮮不失本步 甚可懼也."

140 『간송집』권3, 「자전」, 76면, "疏迂伉拙 寡偶稀合 早業文 無所成名 自少有異趣 不喜煩
囂 每遇幽泉奇石茂林脩竹祕邃岑寂之處 便欣然忘返 有結第茅終焉之願 性好酒 量至
少 數杯輒大醉 熙然發其天眞 自作歌以詠懷."

141 『간송집』권3, 「자전」, 76면, "翁先君子愛而憂之曰 吾兒氣質 瑩若秋水 但恐其不能諧
俗 難乎免於今之世耳 翁亦任其白直 不爲防護曰 自好而已 人之好不好 何與於我 自知
而已 世之知不知 何有於我 求全之毀 不虞之譽 往往一時幷至."

142 『간송집』권3, 「자전」, 76면, "中年遯居奈內 號其亭曰翔鳳 晩又築室于龍華山麓 命其臺
曰鳶魚 開居終日 泊然無營 只以文墨自娛 寄興山水 逍遙物表 不知老之將至云 贊曰 才
疏而短 性執而癡 出世則蹇 在山則頤 林泉無禁 魚鳥有契 從吾所好 聊以卒世."

143 『간송집』권3, 「자전」, 76면, "才疏而短, 性執而癡. 出世則蹇, 在山則頤. 林泉無禁, 魚鳥
有契. 從吾所好, 聊以卒世."

144 『간송집』권3, 「관규쇄설管窺瑣說」, 78면, "天理爲物 厭巧而喜拙 厭黠而喜癡 厭辯而
喜訥 厭銳而喜鈍."

145 『간송집』권3, 「저닉설沮溺說」, 77면, "或有問於余者 曰 長沮桀溺何如人 余應之 曰 古
之隱者也曰 隱之何意 曰 知時不可而不爲者也 曰 然則是賢智之士歟 曰 然."

146 『간송집』권3, 「저닉설」, 77면, "尤然絶人離俗 甘與鳥獸同群 此不過爲方外一節之士 而
果於忘世者耳."

147 『간송집』권3, 「저닉설」, 77면, "余觀世之徇利競進之徒 例以古聖賢行道濟世 藉爲口實
假公義以逞私欲 蠅營狗苟 昏夜乞哀者 亦論二子之非 多見其不自量也."

148 『간송집』 권2, 「용전운우점이절用前韻又占二絶」, 44면, "平生志願在幽貞 肯學群兒逐
利名 千載何人吾所慕 樂天唯有晉淵明."

149 『간송집』 권2, 「만술謾述」, 45면, "忘言忘物又忘機, 忘世忘身忘是非. 此外悠悠千萬億,
都忘來臥釣魚磯."

150 『간송집』 권2, 「희점이수희점이수戲占二首」, 43면, "世人爭說桃源好, 未必桃源避世喧. 若醉山醪
忘世事, 人間何地不桃源?"

151 『간송집』 권2, 「희리극흠행주한거성저戲李克欽行周恨居城底」, 44면, "大隱從來隱城市
新居莫歎在湫卑 但令方寸能虛靜 霽月光風動自隨."

152 『간송집』 권2, 「강재우점江齋偶占」, 50면, "一臥江湖萬念空, 雲浮天末水流東. 淸凉境
上心長逸, 昭曠原頭眼忽通. 月到風來閒詠裏, 花開葉脫靜觀中. 桃源只在尋常處, 郤笑
漁郎眩落紅."

153 『병와집甁窩集』 권14, 「영양우거서永陽寓居序」, 449면, "於乎 世路羊腸 功名蟻穴 好虎
皮相似 生欲殺而死方稱 噫人情不均 惡斯揚而善必隱 樂富貴而悲貧賤 我豈異於人哉
巧顏色而乘機幾 吾不樂於世也 而況一篇中心事難掩 百代後公論始分 片言隻字將誰欺
萬世千秋應我識 使後世指點而稱曰 效古人行止則幸云."

154 『병와집』 「행장변行藏辨」, 426면, "行藏之道至微 惟孔顏可能 蓋伯夷之秋容太肅 故高
下惠之春溫獨發 故穩 伊尹之涼熱得時 故大 夫子四時也 寰宇之舒日將泰 開闔皆隨節
甯武子特寒裹而已 然此亦難能 故曰其愚不可及 一種自潔之士 不動於禍福 不爲利欲所
誘者 不過窮峽中奇花 初非臣義之可論 若夫工於燥濕 巧於得失 不知廉恥爲何物 不以
理義愛君父者 蠅之營狗之苟 可憐不可責."

155 『논어』 「술이」, "伯夷叔齊 何人也 曰古之賢人也 曰怨乎 曰求仁而得仁 又何怨 出曰 夫子
不爲也. 伯夷叔齊 孤竹君之二子 其父將死 遺命立叔齊 父卒 叔齊遜伯夷 伯夷曰父命也
遂逃去 叔齊亦不立而逃之 國人立其中子 其後武王伐紂 夷齊扣馬而諫 武王滅商 夷齊
恥食周粟 去隱于首陽山 遂餓而死 怨猶悔也 君子居是邦 不非其大夫 況其君乎 故子貢
不斥衛君 而以夷齊爲問 夫子故之如此 則其不爲衛君 可知矣 蓋伯夷以父命爲尊 叔齊
以天倫爲重 其遜國也 皆求所以合乎天理之正而卽乎人心之安 旣而各得其志焉 則視棄
其國 猶敝蹝爾 何怨之有 若衛輒之據國拒父而唯恐失之 其不可同年而語 明矣 程子曰
伯夷叔齊遜國而逃 諫伐而餓 終無怨悔 夫子以爲賢 故 知其不與輒也."

156 『논어』「공야장」, "子曰 伯夷叔齊 不念舊惡 怨是用希. 伯夷叔齊 孤竹君之二子 孟子稱 其不立於惡人之朝 不與惡人言 與鄉人立 其冠不正 望望然去之."

157 『논어』「공야장」, "若將浼焉 其介如此 宜若無所容矣 然其所惡之人 能改卽止 故人亦不 甚怨之也."

158 『맹자』「공손추상」, "柳下惠不羞汚君 不卑小官 進不隱賢 必以其道 遺佚而不怨 阨窮而 不憫 故曰爾爲爾 我爲我 雖袒裼裸裎於我側 爾焉能浼我哉 故由然與之偕而不自失 焉 援而止之而止 援而止之而止者 是亦不屑去已."

159 『맹자』「공손추상」, "何事非君 何使非民 治亦進 亂亦進 伊尹也."

160 『맹자』「만장상」, "思天下之民 匹夫匹婦 有不被堯舜之澤者 若己推而內之溝中 其自任 以天下之重如此 故就湯而說之 以伐夏救民."

161 『논어』「공야장」, "子曰 寧無子 邦有道則知 邦無道則于 其知 可及也 其愚 不可及也."

162 『병와집』권13, 「제이안재기후題易安齋記後」, 430면, "始翁之窮於峽也 屈金玉而混沙 謝簪笏而秉耒 薑鹽不繼 裘褐難充 豈不戛戛乎難哉 惟其靜也 是以安之 噫 動之害 我知 之矣 時至則雲飛 不逢卽蓬蔂而行 矻矻勞五官 及其失之也 怵迫喪其眞 此無他焉 動耳 非靜也."

163 『병와집』권13, 「제이안재기후」, 430면, "若所謂歸去來者 翁以爲何如人耶 不肯爲斗米 折腰 强項令亦復爲之 烏以瞰徵士心哉 塞馬而視亨屯 孟甌而齊得失 東皐西疇 步躒之 安也 菊籬松逕 耳目之安也 顏怡於庭柯之眄 憂消於琴書之樂 以至舟於流而安 觴於壺 而安 其所以不危而安 不難而易者 若恢恢乎刃有餘地也 若巨魚縱大壑 而晴波麗日 爲 之下上也 況其雲鳥泉木之喩 尤足以想其趣之淡淡 而縶而言之 均出於靜."

164 『병와집』권2, 「신묘생일차엄주운辛卯生日次弇州韻」, 214면, "惟我獨早孤 零丁失學媚. 內無程課督 外乏師友忌. 以此益魯莽 甘爲聖世棄. 雖然大綱在 去難就不易. 久速皆有 時 所期惟不愧. 矧今天門隔 可否安所替. 設有簪履收 筋力亦難致. 寧爲夷炭隘 不作劉 綿悖."

165 『맹자』「공손추상」, "可以仕則仕 可以止則止 可以久則久 可以速則速孔子也."

166 『맹자』「공손추상」, "立於惡人之朝 與惡人言 如以朝衣朝冠 坐於塗炭."

167 『맹자』「공손추상」, "孟子曰 伯夷隘 柳下惠不恭 隘與不恭君子不由也."

168 『병와집』권4, 「출처出處」, 255면, "出不必榮 處不必窮 三旌或羞 一瓢亦通 想得天造 零

茂皆時 量勢順義 非我獨私."

169 『병와집』 권1, 「호연정팔폭浩然亭八幅-융중포슬隆中抱膝」, 200면, "綸巾鶴氅洞幽冥 抱膝先籌鼎足形. 出處堂堂名義正 至今遺恨在街亭."

170 『병와집』 권1, 「부암축장傅巖築牆」, "夢未賚良象未肖 半生虛老濟川姿 須知版　當年役 先築商王不拔基."

171 『병와집』 권1, 「반계조어磻溪釣魚」, "三千六百日垂綸 誰識文王夢已眞 莫道此翁惟取適 釣周基業大於鱗."

172 『병와집』 권1, 「이상습리圯上拾履」, "心韓迹漢畏人知 功利先從拾履時 乍墜旋尋都是術 固陵押闖祖於師."

173 『병와집』 권1, 「호연정팔폭浩然亭八幅-소허청절巢許淸節」, 200면, "耳何爲洗瓢何掛 無事山中事更多. 外物若能移我性 世間安有飮牛河."

174 『병와집』 권1, 「저닉우경沮溺耦耕」, "物於浮世貴無聲 爲是爲非所不爭 壟上一通由也問 至今人道耦耕名."

175 『병와집』 권1, 「상안채지商顏採芝」, "堪笑商山跡太勞 疴痒何必隔靴搔 杜陵佳句人皆誦 萬事如碁不着高."

176 『병와집』 권1, 「초광가봉楚狂歌鳳」, "何以歌爲須察音 如其狂也豈言深 從來大小皆天分 燕雀安知鴻鵠心."

177 초나라의 육통陸通은 난세를 피하기 위하여 거짓 미치광이 행세를 하였다佯狂避世. 그래서 사람들은 그를 '초광楚狂'이라 불렀다.『논어』「미자」에 보면, "공자가 초나라에 갔을 때, 그는 공자의 수레를 지나면서 다음과 같이 말했다. '봉황새야 봉황새야 어찌 덕이 쇠했는가. 지나간 일은 간할 수 없지만 닥쳐올 일은 오히려 따를 수 있으니, 그만두게나 그만두게나 지금 정사에 종사하는 사람들은 위태롭다楚狂接輿 歌而過孔子曰 鳳兮鳳兮 何德之衰 往者不可諫 來者猶可追 已而已而 今之從政者 殆而'"라고 하면서, 봉황을 공자에 비유하고 은거하지 못하는 것은 덕이 쇠했기 때문이라고 희롱한 것이다. 물론 이것은 육통이 공자와는 출처의 취향이 달랐기 때문에 그렇게 말했을 것이다.

178 호연정浩然亭은 병와가 장수藏修와 후학 양성을 목적으로 1701년에 건립한 정자인데, 지금도 금호강琴湖江 강가의 언덕에 옛 모습을 그대로 갖추고 있다. 병와는 고향이 서울이었으나, 그의 선조인 효령대군孝寧大君의 신위가 병자란丙子亂으로 경북 상주尙州

에 옮겨와 있었기에 상주의 함창咸昌에 세거지를 정했다. 그러나 그는 장자와 장손은 함창에 남겨두고 영천永川에 터를 잡고 이곳에서 평생 은거할 심산으로 호연정을 짓고 우거했는데, 1년 남짓한 제주목사濟州牧使 생활을 제외하고는 이곳에 은거하며 창작 저술과 후학 양성으로 보냈다.

179 『병와집』 권1, 「차강절안분운여권수찬천장두경次康節安分韻與權修撰天章斗經」, 209면, "苟無青紫戀 城市亦山房. 習氣江湖熱 風情韛敝涼. 口談當世懶 心逐暮雲長. 物與相終始 平生已自量."

180 권두경權斗經(1654~1725), 조선 중기의 학자. 본관은 안동이며 자는 천장天章, 호는 창설재蒼雪齋다. 충정공忠定公 벌樾의 5세손이며 이현일李玄逸(1627~1704)의 문인으로 이재李栽(1657~1730) 등과 교유했다. 저서로는 『창설집蒼雪集』이 있고, 편서로는 『퇴계선생언행록退溪先生言行錄』 『도산급문제현록陶山及門諸賢錄』 등이 있다.

181 『병와집』 권1, 「유감有感」, 196면, "苦或爲甘熱或寒 此生於世貴無干. 莫將虛譽騰人 休息江湖恐不安."

182 『병와집』 권2, 「처궁處窮」, 219면, "摶飯噁羹飽卽休 此心常足更何謀. 經綸在室規宜大 坐臥隨時養亦優. 無事可當王謝貴 有書寧羨泰恒遊. 玆歡倘使朱門覺 夢裡浮榮恐不求."

183 『병와집』 권1, 「수채학사중기팽윤酬蔡學士仲耆彭胤」, 203면, "嗟吾厭塵喧 飄零獨在澗. 竊仰垂天翼 何異斥中鷃. 養精心怡靜 脫巾衣懶攝. 尺朽棄宜工 寸斑窺未幾. 始覺邯鄲生 寵辱皆夢幻."

184 채팽윤蔡彭胤(1669~1731). 조선 후기의 문신으로 본관은 평강平康이며 자는 중기仲耆, 호는 희암希菴, 은와恩窩다. 1687년에 진사가 되고, 1689년 증광문과에 갑과로 급제하여 검열을 지낸 뒤 그해 사가독서賜暇讀書 했다. 그때 숙종의 명에 의하여 오칠언五七言 십운율시十韻律詩를 지어 후일 나라를 빛낼 인재라는 찬사와 함께 사온賜醞의 영예를 입었다. 어려서부터 신동이라 불렸고, 특히 시문과 글씨에 뛰어났다. 해남海南의 두륜산頭輪山 대화사중창비大花寺重創碑와 대흥사사적비大興寺事蹟碑의 비문을 찬하고 썼다. 저서로는 『희암집希菴集』 29권이 있고, 『소대풍요昭代風謠』를 편집했다.

185 『병와집』 권1, 「우흥寓興」, 202~203면, "絶勝山居興 何憂虎攫入. 藉石稀囊枕 看書獨掩窓. 神交付六友 相長不相降. 山雀巢人屋 沙禽解客愁. 如何仙裏鶴 隨我在城頭. 雲疊花

叢白 杯傾竹葉靑. 堪嗟名利客 狗苟又蠅營. 氣槩登山聳 生涯傍水居. 雖然心不局 觀物
勝觀書. 洗心頻看易 牽興强題詩. 莫怪遊觀小 風情臥亦知."

186 『병와집』 권1, 「수침승지직부계량酬沈承旨直夫季良」, 204면, "惟應白雪偏知意 自保紅
塵不係心. 莫道此行無所得 鍊丹吾欲上雲岑."

187 『병와집』 권1, 「수채학사酬蔡學士」, 204면, "一蹴眞仙界 心空色不空 川肥前夜雨 帆飽
夕陽風魯叟桴無外 秦童海有中 最憐東踏地 今古幾英雄"

188 『농암집農巖集』 권5, 「경차백부하시운敬次伯父下示韻」, 83면, "終古難明去就眞 權時
處義執停均. 餘生只覺深藏是 達節還須是聖人."

189 이 글에서 인용한 자료는 경인문화사 영인본 『농암전집農巖全集』을 기본 텍스트로 하
고, 이하 『농암전집』은 『농암집』으로 약칭한다.

190 『농암집』 권12, 「상우재선생上尤齋先生」, 203면, "難進易退, 固儒者之大節也. 然無義
而退, 猶無禮而進也. 二者之過, 其失正均, 豈可謂退之必善於進乎?"

191 『농암집』 권12, 「상우재선생」, 203면, "先生, 自孝廟之世, 其進, 而造朝, 恩禮, 雖隆, 而當
退, 則退, 浩然若江河, 決壅貢育莫禦. 此先生之出處, 所以明白磊落, 日光玉潔, 而人莫
得以議者也. 然其去也, 顧何嘗無名而去哉? 惟其不爲無名而苟去也. 故人亦莫得以議
也."

192 『농암집』 별집 권3, 「부록附錄」, 732면, "自古聖賢出處, 有二道焉. 有伊呂出處, 所謂達
可行於天下, 而後行之者也. 有孔子出處, 乘田委吏, 隨處盡道者也. 在吾東儒, 先則如成
牛溪宋尤菴, 則是伊呂出處也. 如金寒暄金沙溪, 則是孔子出處也."

193 위의 주 참조.

194 『농암집』 별집 권3, 「부록」, 728면, "聖賢處事, 所以貴不失時也.";『농암집』 권12, 「상우
재선생」, 202면, "夫去就出處, 何常之有? 亦惟其時而已矣. 始先生之來, 非有久志, 則固
國人所共知也."

195 『농암집』 권23, 「은구암기隱求菴記」, 406면, "君子之事, 莫大於出處而時爲貴. 時可矣,
而不出, 謂之隘, 不可矣, 而出, 謂之躁. 躁則失己, 隘則廢倫. 廢倫失己, 君子不由也. 是
故得其時, 則冠冕珮玉, 享千鍾之祿, 而不以爲泰, 不得其時, 則巖居谷處, 飮食簞瓢, 而
不以爲約. 二者固各有當也."

196 『농암집』 권23, 「은구암기」, 406면, "雖然, 君子之出處, 豈獨其身之隱顯哉? 必將有所事

焉. 不然, 其趣舍雖時, 而亦無以異於顧冥富貴, 放曠山澤者矣. 何足尙哉? 其出也有爲, 其處也有守. 若是者, 庶乎其可也, 而其所爲與所守者, 又未可知也. 世盖有小廉曲謹以爲守, 私智淺數, 以有爲者, 此非君子之所事也."

197 『농암집』 권23, 「은구암기」, 407면, "是以, 古之君子, 方其處畎畝之中也, 儼然若無意於天下也, 囂然樂而忘富貴也. 惟日慥慥於身心性情之際, 以求其所志, 而天下國家之本, 在此矣. 及其一朝擧以行之, 沛然四達, 若決江河, 而放之海, 莫之能禦也. 是其所達, 卽所求, 非二道也. 雖其不幸, 而不得行於天下國家, 亦不害其爲可行也. 此君子所爲, 汲汲於求志, 而遯世而不悶, 遺佚而不怨也."

198 『농암집』 별집 권35, 「부록」, 619~620면, "今旣不偶於時, 而自屛於深山嶄巖之中, 窮餓之事, 枯槁之處, 乃其所自求也. 夫旣已求之矣, 而又從而怨悔. 僕雖甚駑, 亦不爲此也. 且僕少而有閑居求道之志, 竊嘗慕邵堯夫百源靜坐, 而願學焉, 久矣. 今之來也, 固樂其幽深淸曠, 可以藏修游息, 旣已築環堵之室, 而牣六藝之籍, 晨夜吟諷以求聖人之遺旨. 其暇也, 輒彈琴賦詩, 以歌詠其性情, 而及其倦, 夜則又登高而臨深, 覽觀川流之不息, 雲煙之變化, 禽魚鳥獸之往來, 以適其志, 是亦足以樂, 而忘死矣. 何不安之有?"

199 『농암집』 권25, 「제유영숙기우가후題兪寧叔騎牛歌後」, 426면.

200 『농암집』 권22, 「증유영숙부연서贈兪寧叔赴燕序」, 390면, "寧叔, 以其所爲騎牛歌者抵余. 盖卽事記興, 而引古甯戚劉凝之事以自況. 余謂二子者, 其出處始終, 旣不同, 而寧叔亦非久於山野者. 苟異日富貴, 無忘騎牛之樂則善矣."

201 『농암집』 권22, 「증유영숙부연서」, 391면, "余之禍始中廢, 雖不敢自比於四十年淸淨退, 而爵祿不入於心, 則久矣. 柴車黃犢, 往來山澤間, 以終吾年固其分耳.

202 『농암집』 권8, 「사부제학소辭副提學疏」, 132면, "凡我子孫, 宜以我爲戒, 常存謙退之志, 居家則力行恭儉, 仕宦則避遠顯要, 以爲褆身保家之地."

203 『농암집』 권8, 「사호조참의소辭戶曹參議疏」, 128면, "臣等, 罔念負承之戒, 知足之訓, 冥行冒進, 乘至誠而不返. 終使滿盈之菑, 獨及於先臣, 而臣則倖免. 其爲不孝, 又莫大於此矣. 臣每念及此, 未嘗不慚痛寃酷, 汗淚俱下. 竊自誓長爲農夫, 以沒其世, 而不復列於士大夫之林, 久矣. 今若幸一時之會, 忘宿昔之志, 輒復影纓結綬, 以馳騁於當世, 則是將重得罪於仁孝君子, 而無以見先臣於地下矣."

204 『농암집』 권1, 「첩전운답사경疊前韻答士敬」, 14면, "達人抱高情, 寓地卽山林. 豈如世中

출처, 경계의 철학

士, 擾擾空浮沈. 我家北山下, 地僻唯鳴禽. 宴坐絶還往, 日看庭草深. 林花吐淸馥, 園柳 垂幽陰. 雲歸或送目, 風至時散襟. 西隣有嘉士, 同我遺世心. 因之寄此詩, 佇待瑤華音."

205 『농암집』 권1, 「춘일재거만용도사목흔향영천연유분운위시春日齋居漫用陶辭木欣向榮 泉涓流分韻爲詩 其四」, 22면, "少小無遠志, 頗懷軒冕榮. 揭來時不偶, 巖處偃柴荊. 夜聽 熊羆嘷, 晝看麋鹿行. 鳥獸非我羣, 誰與託幽情. 幸有兄弟樂, 可以卒平生."

206 『농암집』 권4, 「차검남운次劍南韻」, 63면, "端居感時序, 次第見霜氷. 名姓猶朝籍, 生涯 卽野僧. 忍飢支鶴料, 扶病就書燈. 世路休回首, 吾人已折肱."

207 『농암집』 권5, 「경차백부제벽운敬次伯父題壁韻 其二」, 80면, "只有靑山不我欺, 歸來相 對每依依. 華陰花鳥知何似, 兩地應同物外期."

208 『농암집』 권5, 「우차전동하속운又次前冬下屬韻」, 80면, "乾坤日覺鳳麟稀, 從政于今信 殆而. 木食草衣元我分, 百年身事野人爲."

209 『농암집』 권1, 「차이군계우운각기次李君季愚韻却寄」, 20면, "丘中獨臥有餘閒, 世路從 他百險艱. 不分高名馳谷口, 終期皓首老商顔. 雲峰漠漠蓮茅屋, 風瀨濺濺度石關. 野外 尙憐同好在, 數題詩句問空山."

210 『농암집』 권4, 「차검남운 其二」, 63면, "節食貧堪過, 貪書老易遺. 江湖留晚計, 霜露有深 悲. 過鴈衝風急, 遙船逆浪遲. 夜長渾不寢, 新得放翁詩."

211 소뿔을 두드려 제나라에 벼슬을 구했다叩角以干齊는 뜻이다. 춘추시대에 위인衛人이었 던 영척寧戚이 집이 가난하여 남의 수레를 끌어 입에 풀칠을 했는데 소의 뿔을 두드리 며 노래했다. 제환공齊桓公이 이상하게 여겨 관중管仲에게 맞아들이도록 하여 대부大 夫를 시켰고 나중에 국상國相이 되었다.(『진서晋書』「황보밀전皇甫謐傳」)

212 『농암집』 권5, 「우차야도운又次野渡韻」, 85면, "臥病江湖已白頭, 浮榮遣盡若雲收. 噫誰 識梁鴻恨, 九辯空悲宋玉秋. 水濶雲沙無弋鴈, 天寒野步少爭舟. 短衣至骭非吾恥, 叩角 何須怨飯牛."

213 『농암집』 별집 권3, 「부록」, 728면, "先生自哭子後, 絶不作詩, 如挽別之屬, 一切不應."

214 『초사楚辭』 「구변장구九辯章句」, "九辯者, 楚大夫宋玉之所作也. 辯者, 變也. 謂㴑道德 以變說君也. (…) 宋玉者, 屈原弟子也. 閔惜其師忠而放逐, 故作九辯, 以述其志. 至於漢 興, 劉向王鰻之徒, 咸悲其文, 依而作詞, 故號爲楚詞, 亦采其九, 以立義焉."

215 후한 때 양홍梁鴻이 지었다는 노래. 매구마다 뒤에 '희噫' 자가 있어 「오희가」라고 하였

다. 숙종肅宗이 듣고 슬프게 여기고 양홍을 찾았지만 찾지 못했다.

『후한서後漢書』「양홍전梁鴻傳」, "因東出關京師, 作五噫之歌曰, 陟彼北芒兮. 噫, 顧覽帝京兮. 噫, 宮室崔嵬兮, 噫. 人之劬勞兮, 噫. 遼遼未央兮, 噫. 肅宗聞而悲之, 求鴻不得."

216 『농암집』권5, 「조래풍일극청미홍발구점朝來風日極淸美興發口占」, 96면, "平生少適願, 幽事獨如期. 晴雨看天意, 溪山待我詩. 孤村爨煙細, 危石霧花欹. 去去中林興, 只應麋鹿知."

2장 원전으로 읽는 출처

1 『대학』「경1장」, "古之欲明明德於天下者, 先治其國, 欲治其國者, 先齊其家, 欲齊其家者, 先修其身, 欲修其身者, 先正其心, 欲正其心者, 先誠其意, 欲誠其意者, 先致其知, 致知, 在格物."

2 『사기』「공자세가孔子世家」, "冉求爲季氏將, 與齊戰有功, 康子乃召孔子, 而孔子歸魯.實哀公之十一年丁巳而孔子年六十八矣. 然魯終不能用孔子, 孔子亦不求仕."

3 『사기』「백이열전伯夷列傳」, "堯讓天下於許由, 許由不受, 恥之逃隱."

4 『논어』「헌문」, "是知其不可而爲之者與."

5 『사기』「공자세가」, "夫儒者, 滑稽而不可軌法, 倨傲自順, 不可以爲下. 崇喪遂哀, 破産厚葬, 不可以爲俗. 游說乞貸, 不可以爲國."

6 『석명釋名』, "義, 宜也. 裁制事物, 使各宜也."

7 『논어』「양화陽貨」, "子曰, 君子 義以爲上. 君子 有勇而無義爲亂, 小人 有勇而無義爲盜."

8 『맹자』「고자상」, "仁 人心也, 義 人路也."

9 『논어』「미자」, "直道而事人, 焉往而不三黜? 枉道而事人, 何必去父母之邦."

10 『맹자』「만장하」, "伯夷, 聖之淸者也, 伊尹, 聖之任者也, 柳下惠, 聖之和者也, 孔子, 聖之時者也."

11 『맹자』「만장하」, "君 一位, 卿 一位, 大夫 一位, 上士 一位, 中士 一位, 下士 一位, 凡六等."

12 『맹자』「만장하」, "下士與庶人在官者, 同祿, 祿足以代其耕也."

13 『논어』「미자」, "子路問, 曰子見夫子乎. 丈人曰 四體不勤, 五穀不分, 孰爲夫子."

14 『논어』「이인」, "子曰, 士志於道而恥惡衣惡食者, 未足與議也."

15 『논어』「태백」, "子曰 篤信好學, 守死善道."

16 『맹자』「고자하」, "今之事君者曰 我能爲君, 辟土地, 充府庫, 今之所謂良臣, 古之所謂民賊也."

17 『맹자』「고자하」 집주, "殉, 如殉葬之殉, 以死隨物之名也."

18 『논어』「태백」, "子曰 篤信好學, 守死善道. 危邦不入, 亂邦不居. 天下有道則見, 無道則隱. 邦有道, 貧且賤焉, 恥也, 邦無道, 富且貴焉, 恥也."

19 『논어』「태백」, "曾子曰 士不可以不弘毅, 任重而道遠. 仁以爲己任, 不亦重乎. 死而後已, 不亦遠乎."

20 『맹자』「등문공하」에서 맹자는, 공손연公孫淵과 장의張儀가 아첨하고 구차하게 용납하여 권세를 절취했으니 이는 바로 순종함을 정도正道로 삼는 첩부妾婦의 도리로서 대장부가 할 만한 일이 아니라고 한다.
경춘이 말했다. "공손연과 장의는 어찌 참된 대장부가 아니리오. 한 번 분노하니 제후가 두려워하고 편안히 머물면 천하가 안정되었습니다." 맹자가 말했다. "이가 어찌 대장부리오. 그대는 예를 배우지 못했는가? 장부가 관례를 치를 때는 아버지가 명하며 여자가 시집가면 어머니가 명한다. 떠날 때 문에서 전송하면서 경계하기를, '너의 시집가면 반드시 공경하고 조심하여 남편을 어기지 말라'고 한다. 순종으로 정도로 삼는 것은 첩부의 도리다."

21 『맹자』「만장하」, "孟子曰 伯夷, 目不視惡色, 耳不聽惡聲, 非其君不事, 非其民不使. 治則進, 亂則退. 橫政之所出, 橫民之所止, 不忍居也. 思與鄕人處, 如以朝衣朝冠, 坐於塗炭也. 當紂之時, 居北海之濱, 以待天下之淸也. 故, 聞伯夷之風者, 頑夫廉, 懦夫有立志."

22 백이에 대해서는 『논어』「미자」와 『맹자』「공손추상」, 그리고 『맹자』「만장하」에 집중적으로 설명돼 있다.

23 진량, 『진량집』 권34(피터 볼, 『역사 속의 성리학』, 김영민 옮김, 예문서원, 2010, 71~72쪽에서 재인용)

24 『논어』「술이」 제14장, "子貢曰 (…) 伯夷叔齊, 何人也. 曰 古之賢人也. 曰 怨乎 曰 求仁而

得仁, 又何怨."

25　『논어』「미자」, "直道而事人, 焉往而不三黜, 枉道而事人, 何必去父母之邦."

26　『맹자』「만장하」, "故聞柳下惠之風者, 鄙夫寬, 薄夫敦."

27　『논어』「자한」, "吾少也賤, 故, 多能鄙事."

28　『맹자』「공손추상」, "孟子曰 伯夷, 隘, 柳下惠, 不恭, 隘與不恭, 君子不由也."

29　『맹자』「만장하」, "孔子之謂集大成, 集大成也者, 金聲而玉振之也. 金聲也者, 始條理也, 玉振之也者, 終條理也, 始條理者, 智之事也, 終條理者, 聖之事也."

30　『논어』「헌문」, "不怨天, 不尤人. 下學而上達. 知我者, 其天乎."

31　『맹자』「진심상」, "未聞以道殉乎人者也."

32　『논어』「위영공」, "無爲而治者, 其舜也與. 夫何爲哉, 恭己正南面而已矣."

33　『맹자』「만장하」, "孟子曰 仕非爲貧也, 而有時乎爲貧."

34　『맹자』「만장하」, "爲貧者, 辭尊居卑, 辭富居貧."

35　『맹자』「만장하」, "惡乎宜乎. 抱關擊柝."

36　『맹자』「만장하」, "孔子嘗爲委吏矣, 曰 會計, 當而已矣. 嘗爲乘田矣, 曰 牛羊, 茁壯長而已矣."

37　『맹자』「만장하」, "位卑而言高, 罪也, 立乎人之本朝而道不行, 恥也."

38　『맹자』「등문공하」, "居天下之廣居 立天下之正位 行天下之大道 得志與民由之 不得志 獨行其道 富貴不能淫 貧賤不能移 威武不能屈 此之謂大丈夫."

39　『맹자』「양혜왕상」, "無恒産而有恒心者, 惟士爲能. 若民則無恒産, 因無恒心."

40　『논어』「술이」, "聖人, 吾不得而見之矣, 得見君子者, 斯可矣. 善人, 吾不得而見之矣, 得見有恒者, 斯可矣. 亡而爲有, 虛而爲盈, 約而爲泰, 難乎有恒矣."

41　『맹자』「공손추상」, "志至焉, 氣次焉."

42　『맹자』「공손추상」, "其爲氣也, 配義與道."

43　『맹자』「공손추상」, "其爲氣也, 至大至剛, 以直養而無害, 則塞于天地之間."

44　『중용장구中庸章句』3, "子曰 中庸, 其至矣乎. 民鮮能, 久矣."

45　『중용장구』10, "中立而不倚."

46　『예기』「치의緇衣」, "民以君爲心, 君以民爲體."

47　『논어』「선진」, "求也退, 故進之. 由也兼人, 故退之."

출처, 경계의 철학

48　『맹자』「진심상」, "孟子曰 楊子, 取爲我, 拔一毛而利天下, 不爲也. 墨子, 兼愛, 摩頂放踵, 利天下, 爲之. 子莫, 執中, 執中, 爲近之, 執中無權, 猶執一也. 所惡執一者, 爲其賊道也, 舉一而廢百也."

49　『주역』「건괘단전乾卦彖傳」, "時乘六龍, 以御天."

50　『주역』「역전서易傳序」, "易, 變易也, 隨時變易, 以從道也."

51　『주역』「건괘문언전乾卦文言傳」, "龍德而隱者也, 不易乎世, 不成乎名, 遯世无悶, 不見是而无悶, 樂則行之, 憂則違之, 確乎其不可拔, 潛龍也."

52　『주역』「건괘문언전」, "龍德而正中者也, 庸言之信, 庸行之謹, 閑邪存其誠, 善世而不伐, 德博而化, 易曰見龍在田利見大人, 君德也."

53　주백곤朱伯崑, 『주역산책』, 김학권 옮김, 예문서원, 1999, 60쪽 참조.

54　『주역』「간괘역전艮卦易傳」, "無我則止矣, 不能無我, 無可止之道."

55　『맹자』「등문공하」, "枉己者, 未有能直人者也."

56　『논어』「태백」, "危邦不入, 亂邦不居, 天下, 有道則見, 無道則隱."

57　『퇴계집退溪集』권10, 「여조건중與曺楗仲」, "滉私竊以爲不仕無義, 君臣大倫, 烏可廢也."

58　『간재집艮齋集』권6, 「계산기선록하溪山記善錄下」, "只有曺南冥, 唱南華之學."

59　『논어』「미자」, "子路曰, 不仕無義."

출처,
경계의 **철학**

ⓒ 오용원

초판 인쇄	2016년 12월 19일
초판 발행	2016년 12월 26일
지은이	오용원
기획	한국국학진흥원
펴낸이	강성민
편집장	이은혜
편집	박세중 박은아 곽우정 한정현 김지수
편집보조	조은애 이수민
마케팅	정민호 이연실 정현민 김도윤 양서연
홍보	김희숙 김상만 이천희
펴낸곳	(주)글항아리	출판등록 2009년 1월 19일 제406-2009-000002호
주소	10881 경기도 파주시 회동길 210
전자우편	bookpot@hanmail.net
전화번호	031-955-8891(마케팅) 031-955-1903(편집부)
팩스	031-955-2557
ISBN	978-89-6735-405-3 03100

글항아리는 (주)문학동네의 계열사입니다.

이 도서의 국립중앙도서관 출판예정도서목록(CIP)은 서지정보유통지원시스템 홈페이지
(http://seoji.nl.go.kr)와 국가자료공동목록시스템(http://www.nl.go.kr/kolisnet)에서 이용
하실 수 있습니다. (CIP제어번호: 2016030779)